Tre vant carambole: Opp og ned fjellmønstrene

Fra profesjonelle mesterskapsturneringer

Test deg selv mot profesjonelle spillere

Allan P. Sand
PBIA Sertifisert Biljard Instruktør

ISBN 978-1-62505-323-7
PRINT 7x10

ISBN 978-1-62505-487-6
PRINT 8.5x11

First edition

Copyright © 2019 Allan P. Sand

All rights reserved under International and Pan-American Copyright Conventions.

Published by Billiard Gods Productions.
Santa Clara, CA 95051
U.S.A.

For the latest information about books and videos, go to: http://www.billiardgods.com

Acknowledgements
Wei Chao created the software that was used to create these graphics.

Innholdsfortegnelse

Introduksjon 1
   Om bordoppsettene 1
   Tabelloppsett 2
   Formål med layoutene 2

A: Ned bakken, liten hjørne krok 3
   A: Gruppe 1 3
   A: Gruppe 2 8
   A: Gruppe 3 13
   A: Gruppe 4 18

B: Ned bakken, stort hjørne krok 23
   B: Gruppe 1 23
   B: Gruppe 2 28
   B: Gruppe 3 33
   B: Gruppe 4 38

C: Fullt bord (kort vant) 43
   C: Gruppe 1 43
   C: Gruppe 2 48
   C: Gruppe 3 53

D: Grunnleggende hjørne retur (lang vant) 58
   D: Gruppe 1 58
   D: Gruppe 2 63
   D: Gruppe 3 68
   D: Gruppe 4 73

E: Utvidet hjørne retur (lang vant) 78
   E: Gruppe 1 78
   E: Gruppe 2 83
   E: Gruppe 3 88

F: Grunt vinkelben, nedover bakken 93
   F: Gruppe 1 93
   F: Gruppe 2 98
   F: Gruppe 3 103
   F: Gruppe 4 108

G: Inn i hjørnet (kort vant) 113
   G: Gruppe 1 113
   G: Gruppe 2 118
   G: Gruppe 3 123

H: Grunnleggende dobbel krok 128
   H: Gruppe 1 128
   H: Gruppe 2 133
   H: Gruppe 3 138

I: Dobbeltkrok (utvidet) 143
   I: Gruppe 1 143

- I: Gruppe 2 148
- I: Gruppe 3 153
- I: Gruppe 4 158

J: Dobbelkrok (med diagonal retur) **163**
- J: Gruppe 1 163
- J: Gruppe 2 168
- J: Gruppe 3 173
- J: Gruppe 4 178

K: Dobbel toppen av bakken **183**
- K: Gruppe 1 183

L: Utvendig returkrok **189**
- L: Gruppe 1 189
- L: Gruppe 2 194

M: Utvendig hjørne retur (kort vant) **199**
- M: Gruppe 1 199

Other books by the author …

- 3 Cushion Billiards Championship Shots (a series)
- Carom Billiards: Some Riddles & Puzzles
- Carom Billiards: MORE Riddles & Puzzles
- Why Pool Hustlers Win
- Table Map Library
- Safety Toolbox
- Cue Ball Control Cheat Sheets
- Advanced Cue Ball Control Self-Testing Program
- Drills & Exercises for Pool & Pocket Billiards
- The Art of War versus The Art of Pool
- The Psychology of Losing – Tricks, Traps & Sharks
- The Art of Team Coaching
- The Art of Personal Competition
- The Art of Politics & Campaigning
- The Art of Marketing & Promotion
- Kitchen God's Guide for Single Guys

Introduksjon

Dette er en av en rekke Carom Biljardbøker som viser hvordan profesjonelle spillere tar avgjørelser, basert på tabelloppsettet. Alle disse layoutene er fra internasjonale konkurranser.

Disse oppsettene legger deg inne i spillerenes hode, som begynner med ballposisjonene (vist i første tabell). Den andre tabelloppsettet viser hva spilleren bestemte seg for å gjøre.

Om bordoppsettene

Dette er de tre ballene på bordet:

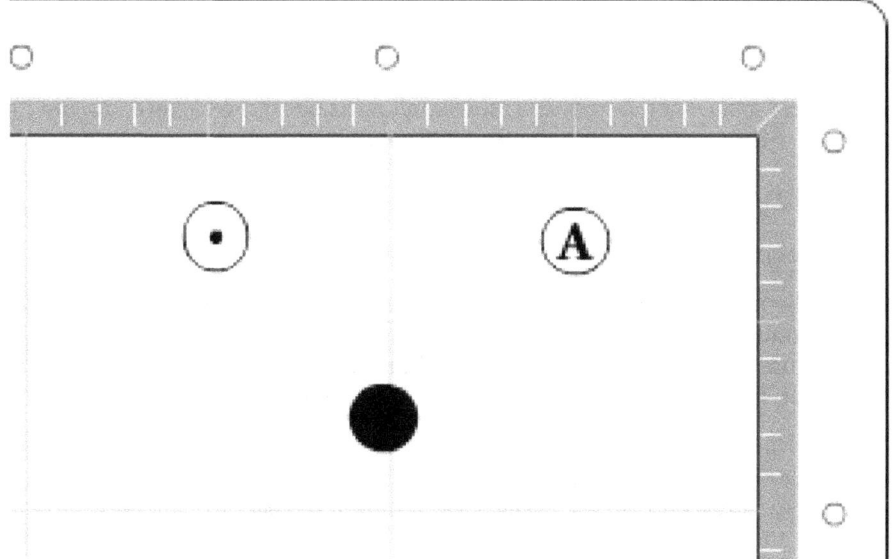

Ⓐ (CB) (biljardkulen din)

⊙ (OB) (motstander biljardball)

● (OB) (rød biljardball)

Hver konfigurasjon har to tabelloppsett. Den første tabellen er ballposisjonene. Det andre bordet er hvordan ballene beveger seg på bordet.

Tabelloppsett

Bruk papirbindingsringer for å merke ballposisjonene (kjøp hos enhver kontorforretning).

Plasser en mynt ved hver pute som den (CB) vil berøre.

Sammenlign din (CB) -bane med den andre tabellkonfigurasjonen. For å lære kan det hende du trenger flere forsøk. Etter hver feil, foreta justering og prøv igjen.

Formål med layoutene

Disse oppsettene er gitt for to formål.

- Din analyse - Hjemme kan du vurdere hvordan du spiller konfigurasjonen på den første tabellen. Sammenlign dine ideer til selve mønsteret på den andre tabellen. Tenk på løsningen, og vurder alternativer. Fra det andre bordet kan du også analysere hvordan du følger mønsteret. Mentalt spiller skudd og bestemmer hvordan du kan lykkes.

- Øv tabellkonfigurasjonen - Legg ballene på plass, i henhold til den første tabellkonfigurasjonen. Prøv å skyte på samme måte som det andre bordmønsteret. Du må kanskje ha mange forsøk før du finner den riktige måten å spille på. Slik lærer du og spiller disse skuddene under konkurranser og turneringer.

Kombinasjonen av mental analyse og praktisk praksis vil gjøre deg til en smartere spiller.

A: Ned bakken, liten hjørne krok

Den (CB) kommer av den første (OB) og går mot midten av den lange vant. (CB) går mot langt hjørne - inn i den korte vant og den lange vant.

(A) (CB) (biljardkule) - (•) (OB) (motstander billiardball) - ● (OB) (rød biljardball)

A: Gruppe 1

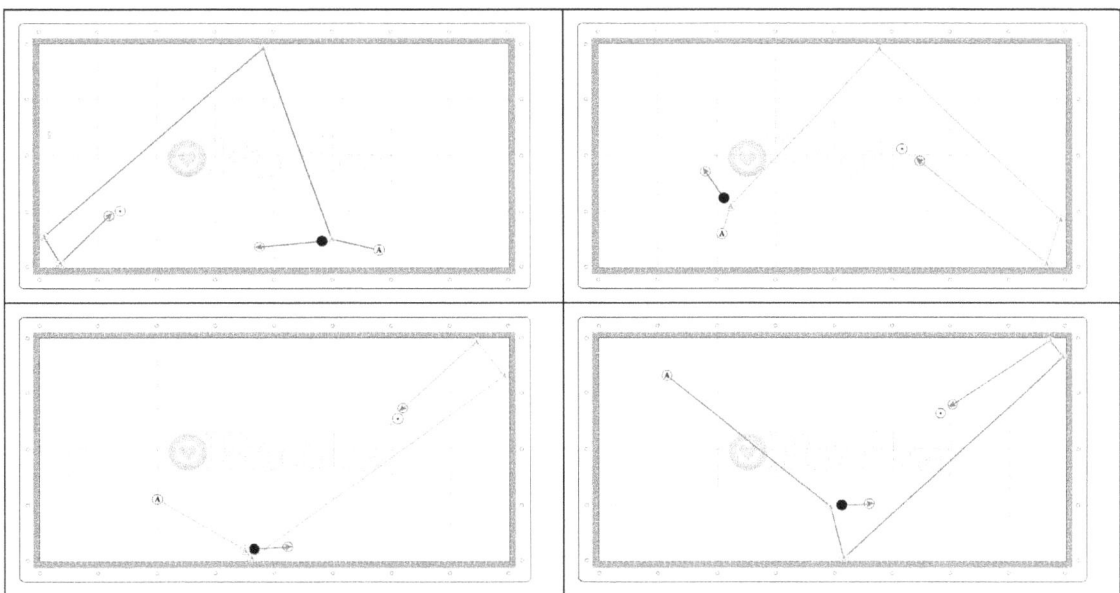

Analyse:

A:1a. _____

A:1b. _____

A:1c. _____

A:1d. _____

Tre vant carambole: Opp og ned fjellmønstrene

A:1a – Setup

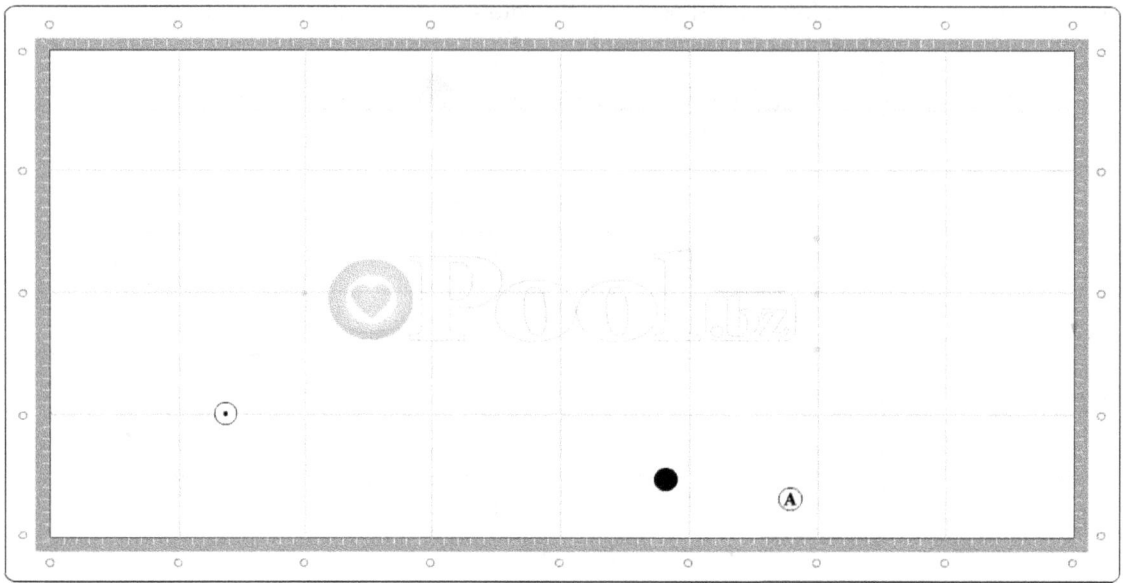

Notater og ideer:

Skudd mønster

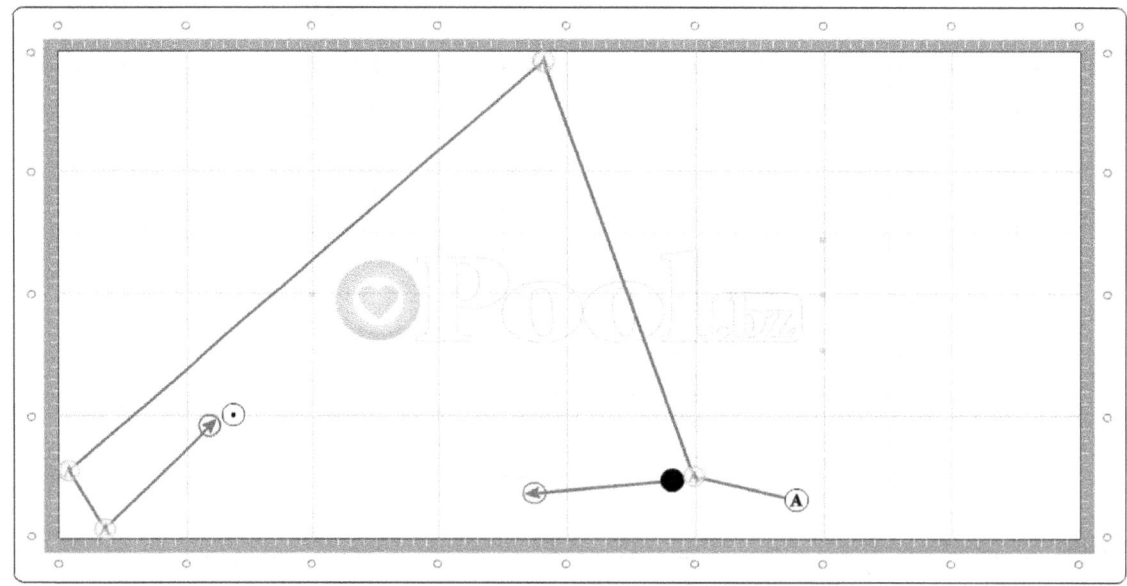

A:1b – Setup

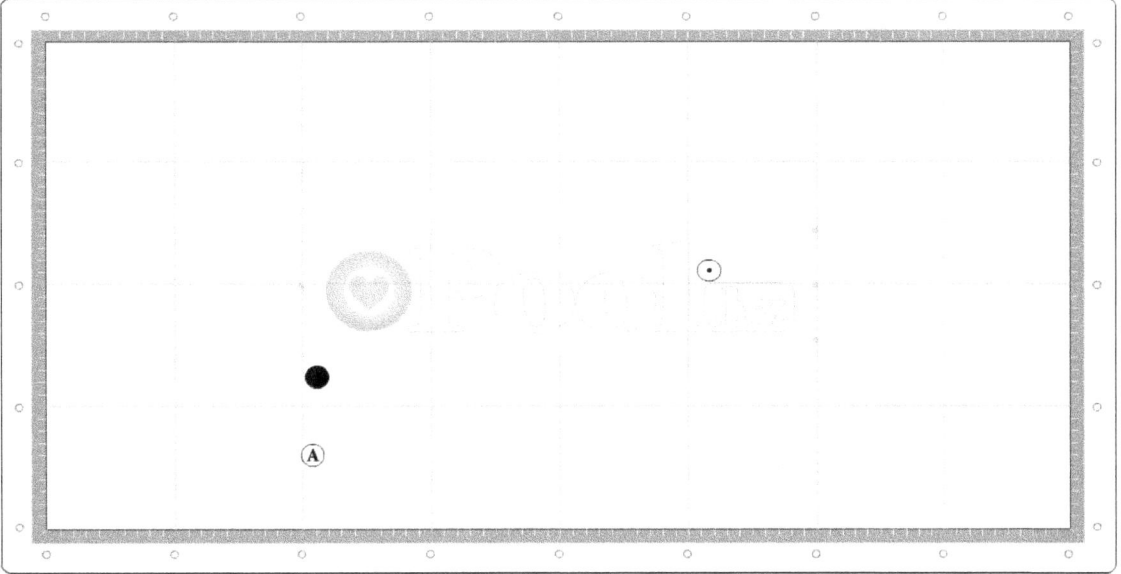

Notater og ideer:

Skudd mønster

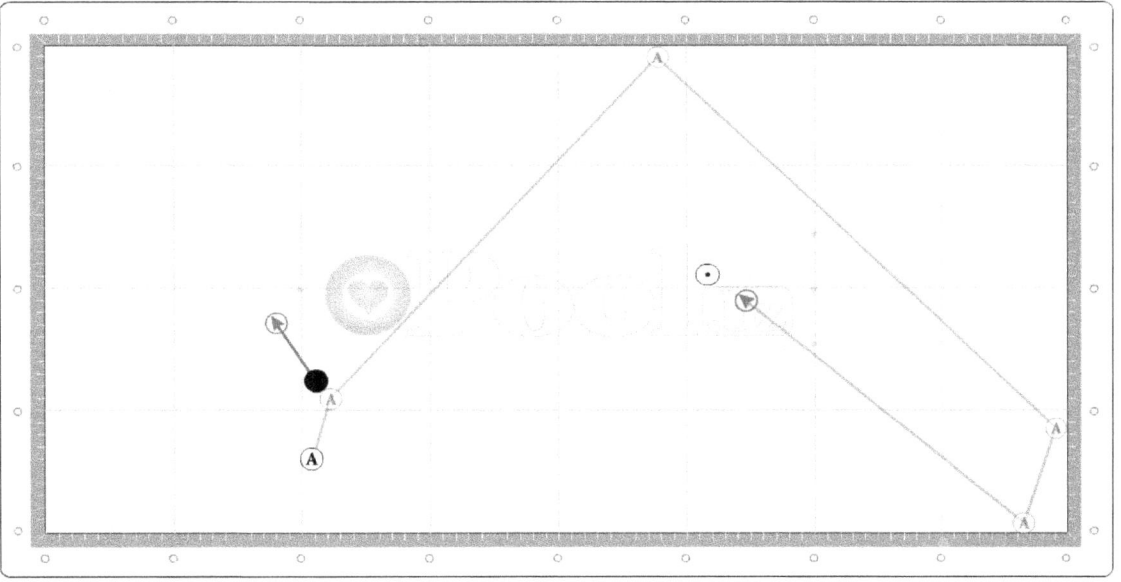

A:1c – Setup

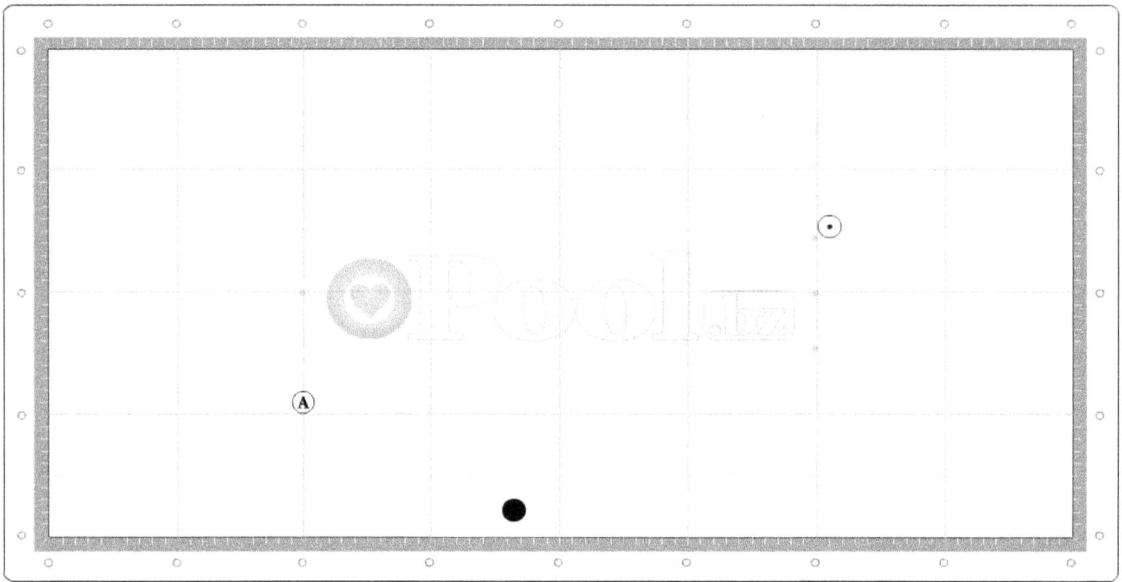

Notater og ideer:

Skudd mønster

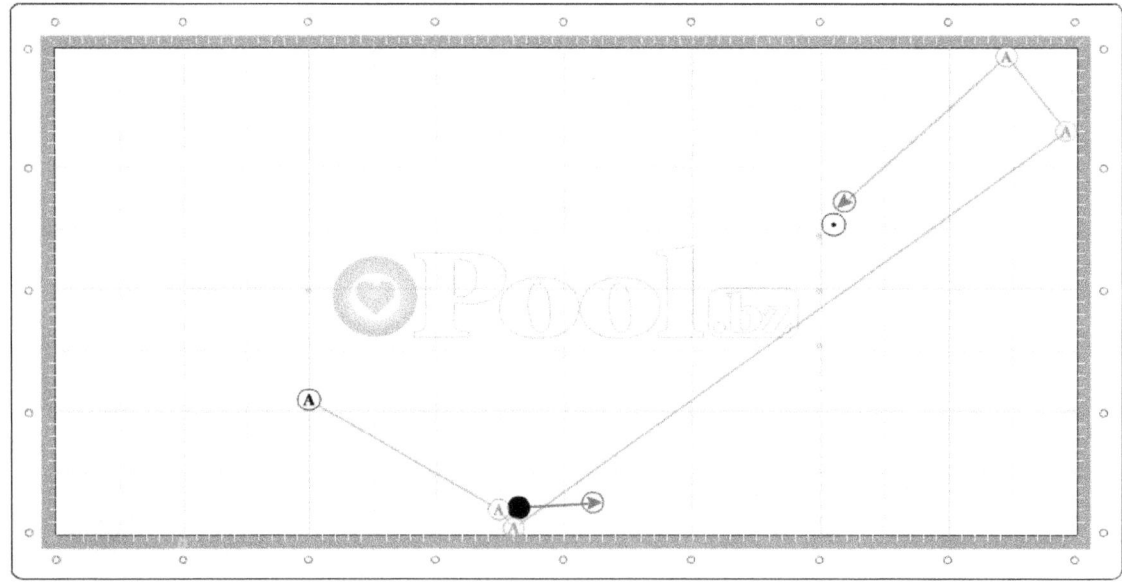

Tre vant carambole: Opp og ned fjellmønstrene

A:1d – Setup

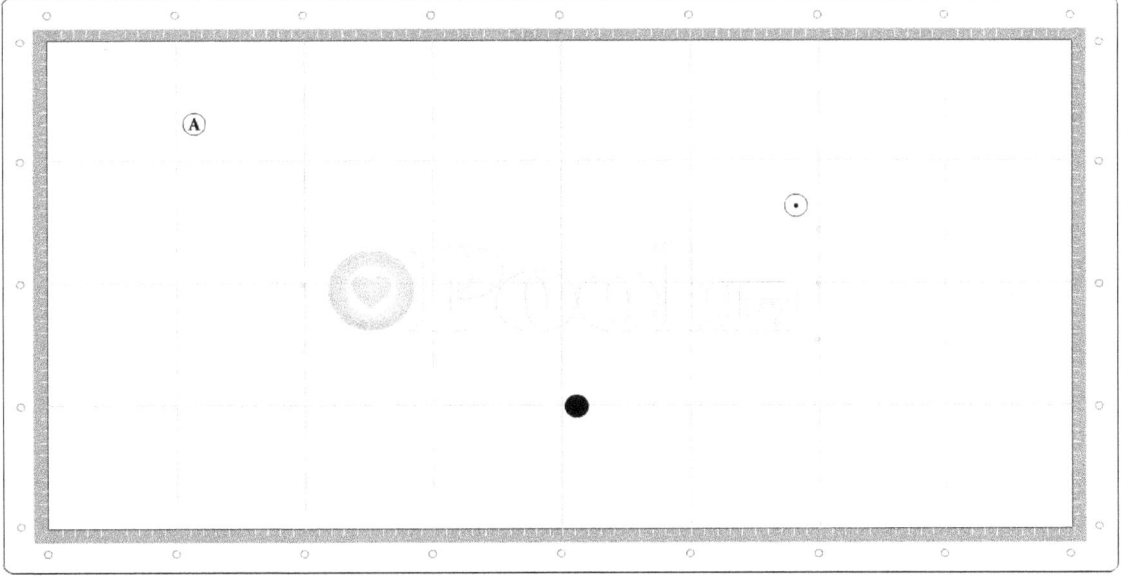

Notater og ideer:

Skudd mønster

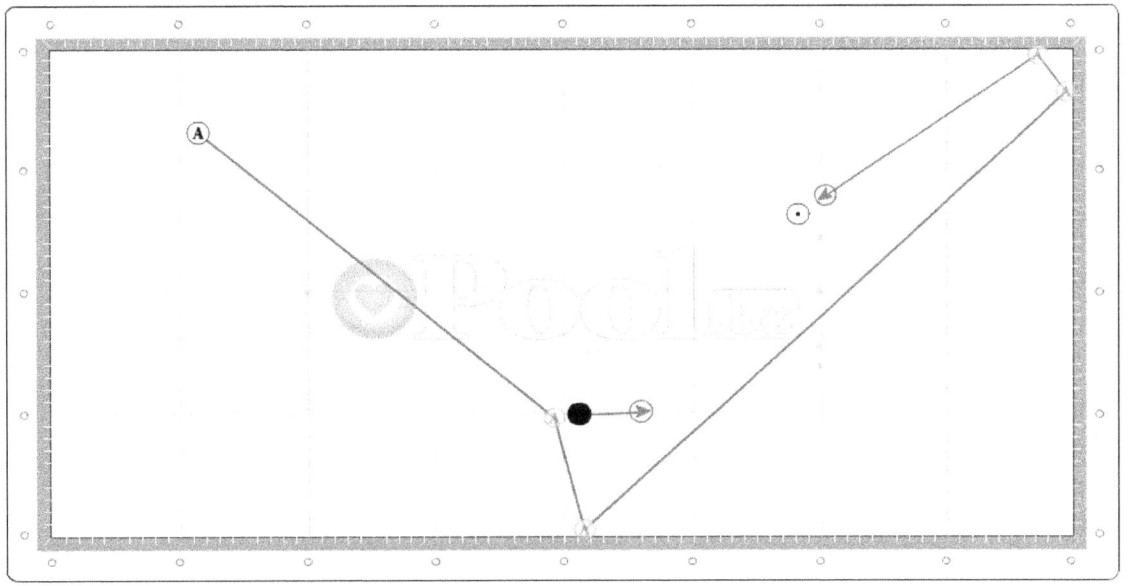

A: Gruppe 2

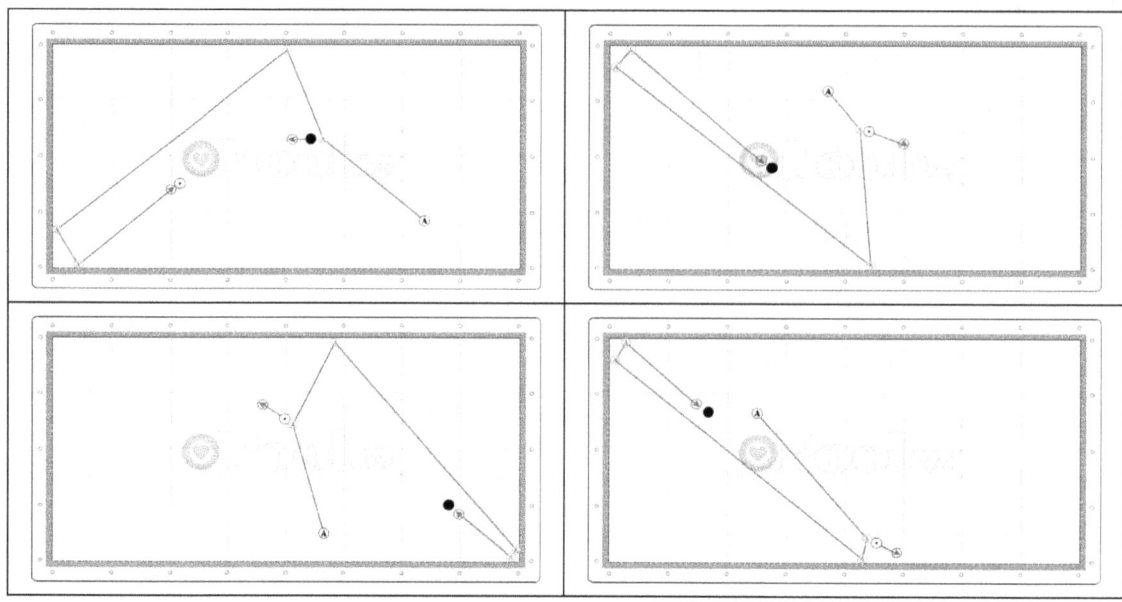

Analyse:

A:2a. _____

A:2b. _____

A:2c. _____

A:2d. _____

A:2a – Setup

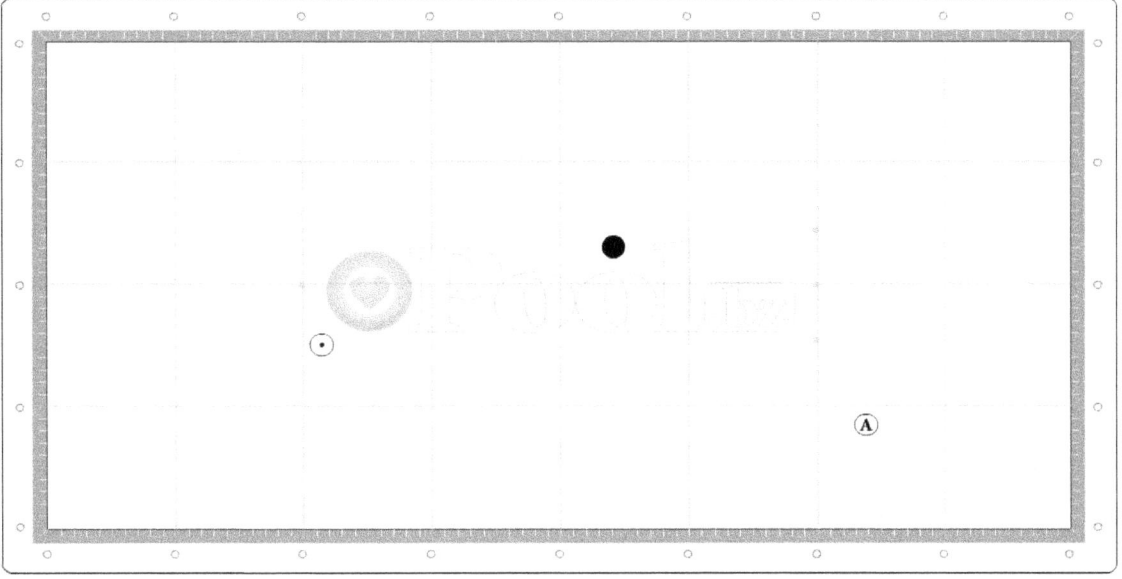

Notater og ideer:

Skudd mønster

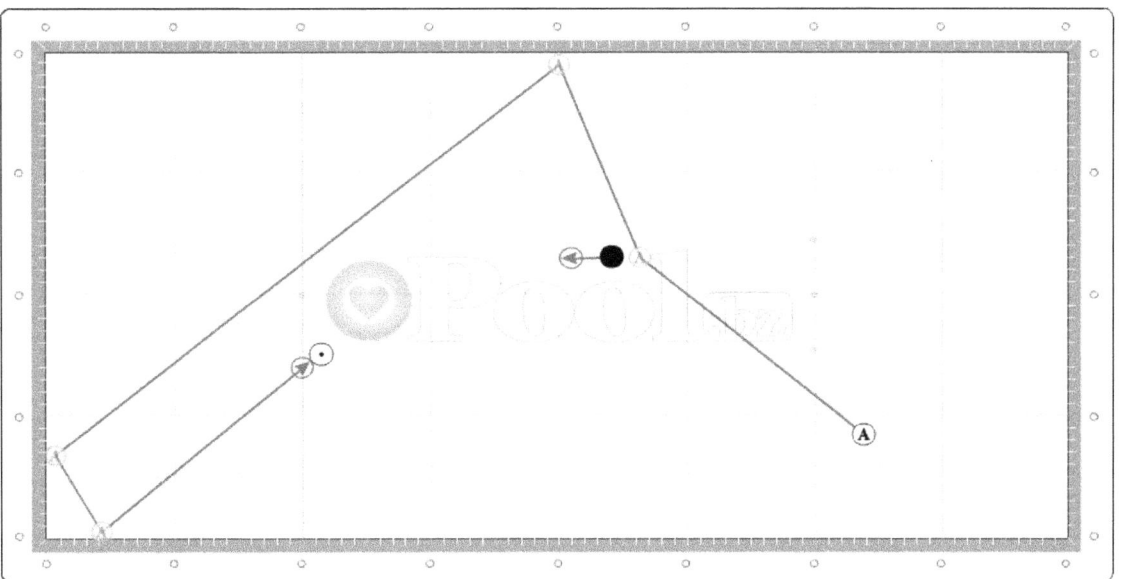

A:2b – Setup

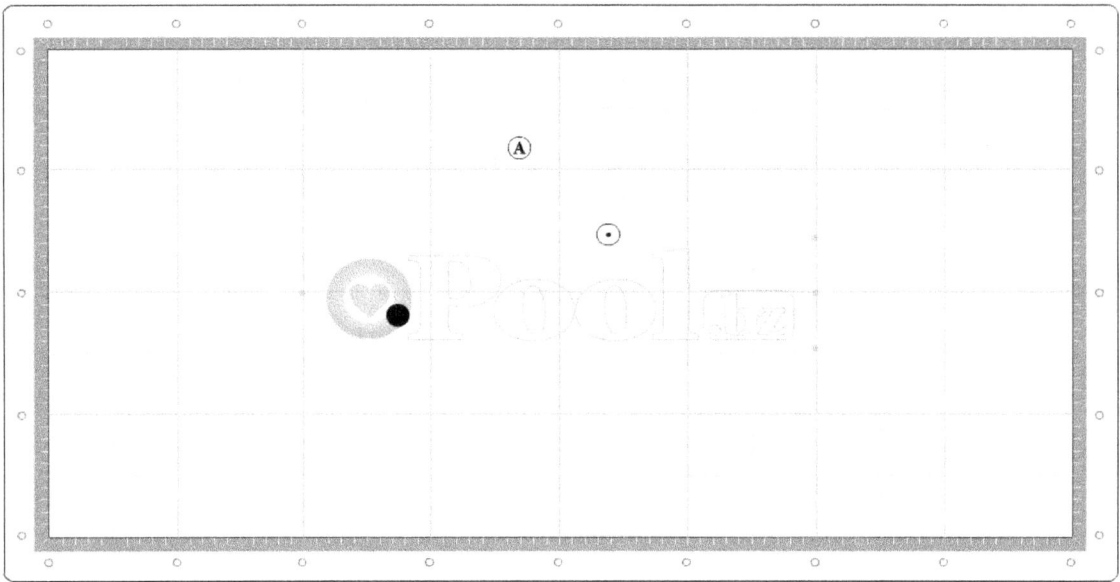

Notater og ideer:

Skudd mønster

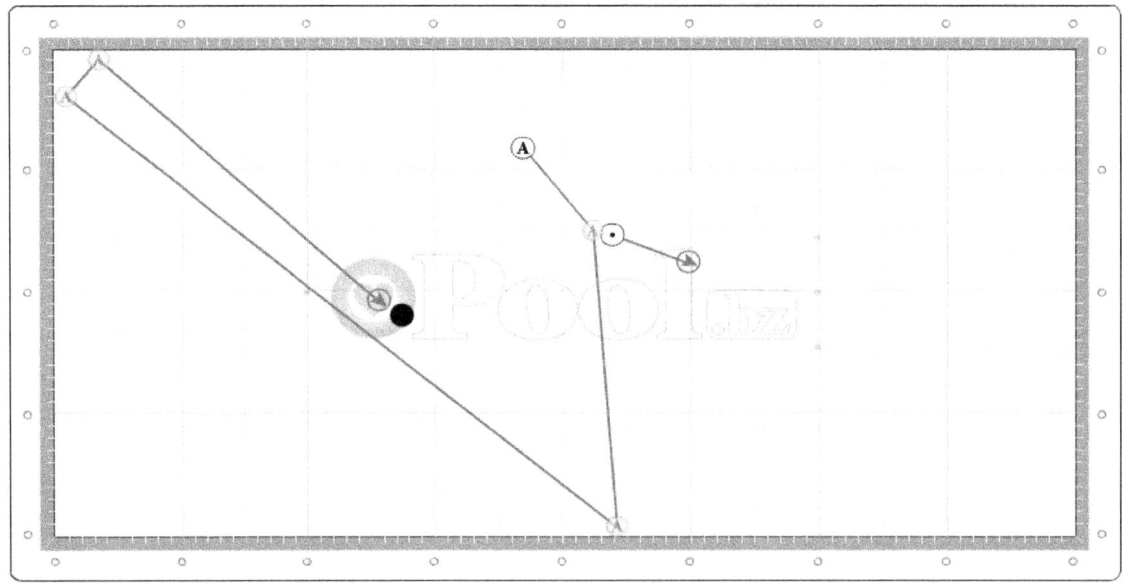

A:2c – Setup

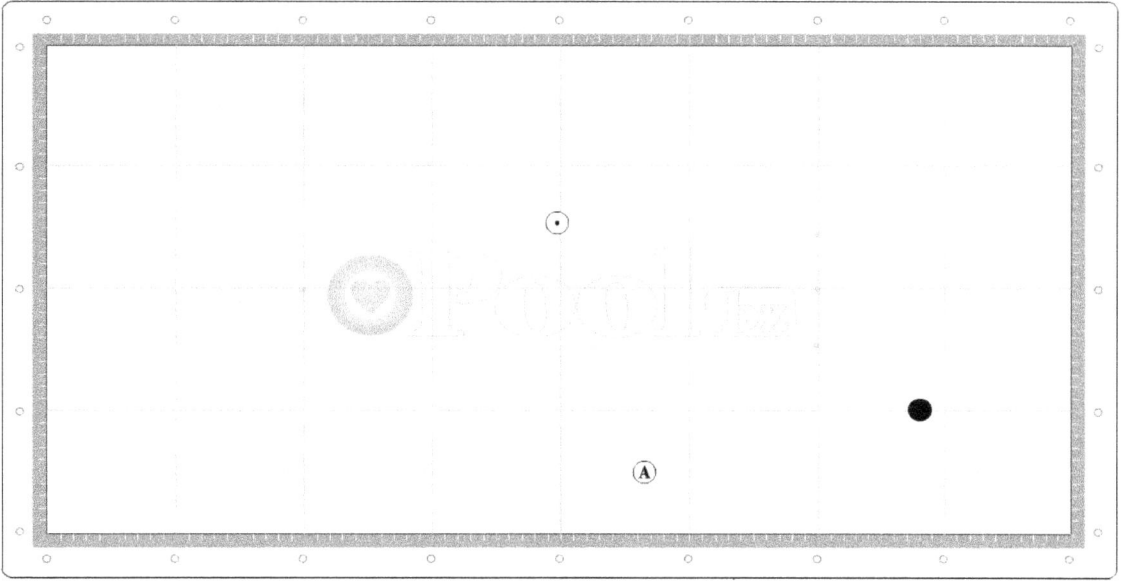

Notater og ideer:

Skudd mønster

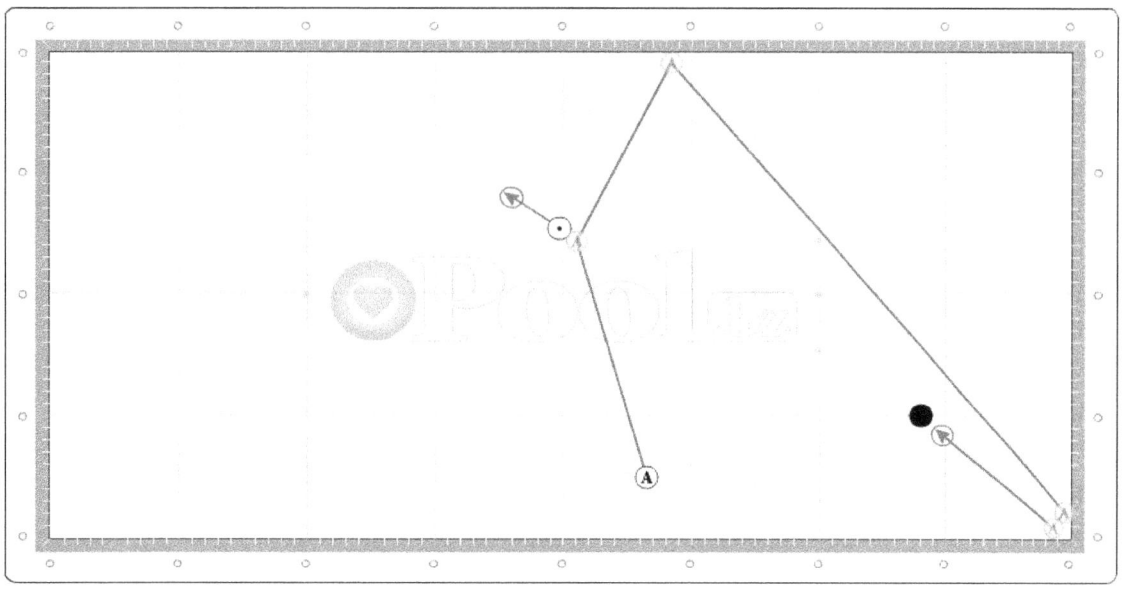

A:2d – Setup

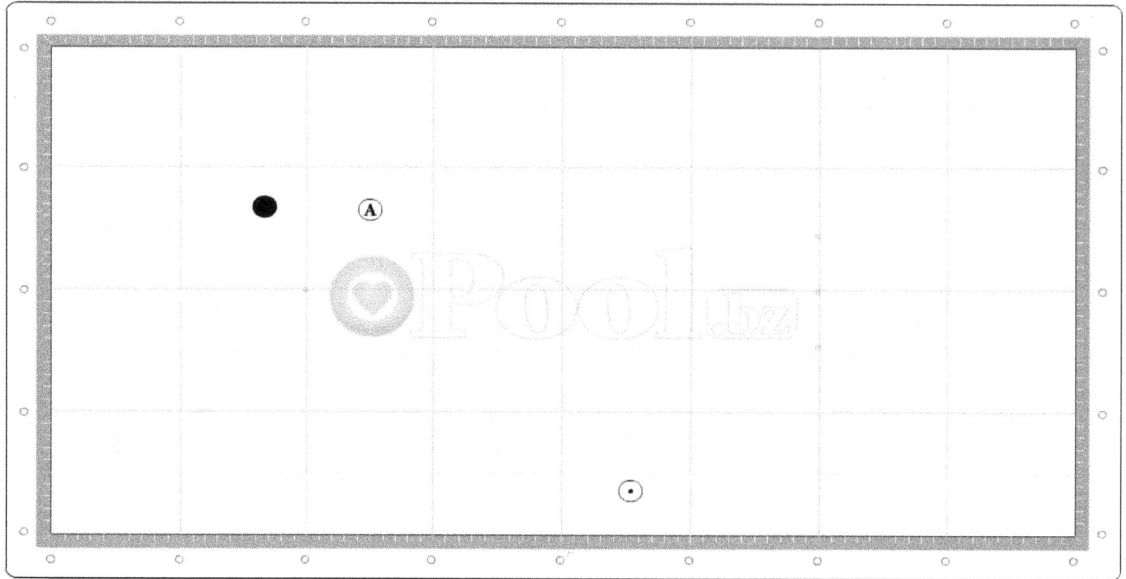

Notater og ideer:

Skudd mønster

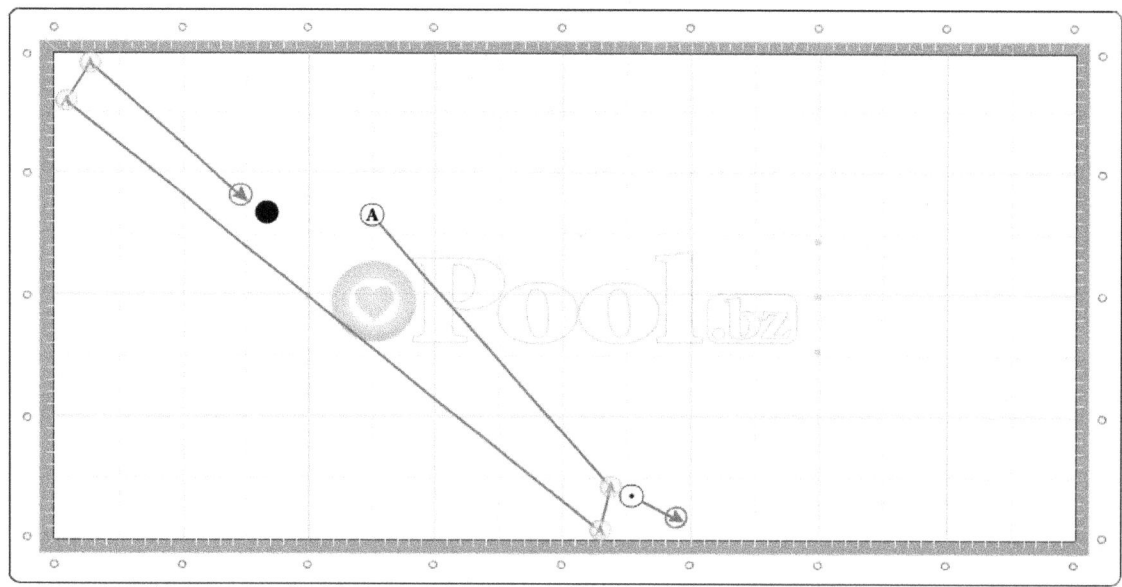

A: Gruppe 3

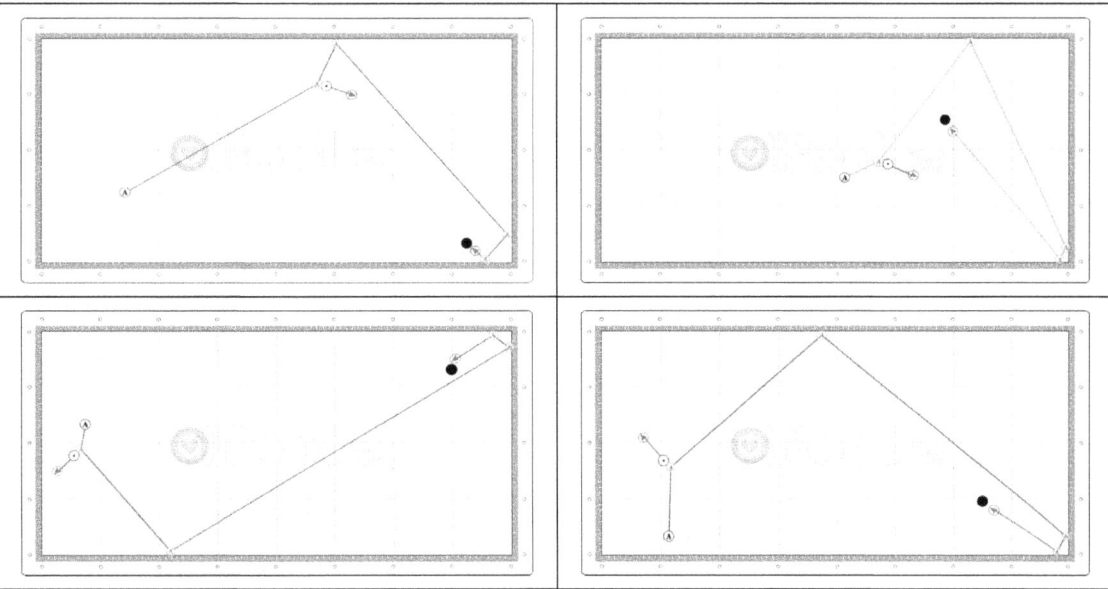

Analyse:

A:3a. _____

A:3b. _____

A:3c. _____

A:3d. _____

A:3a – Setup

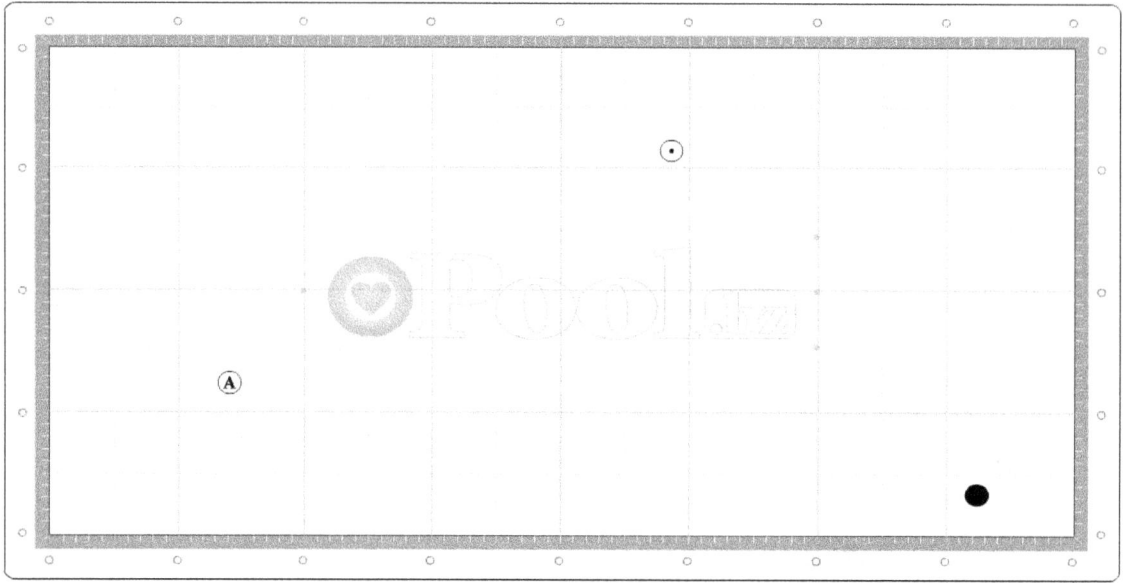

Notater og ideer:

Skudd mønster

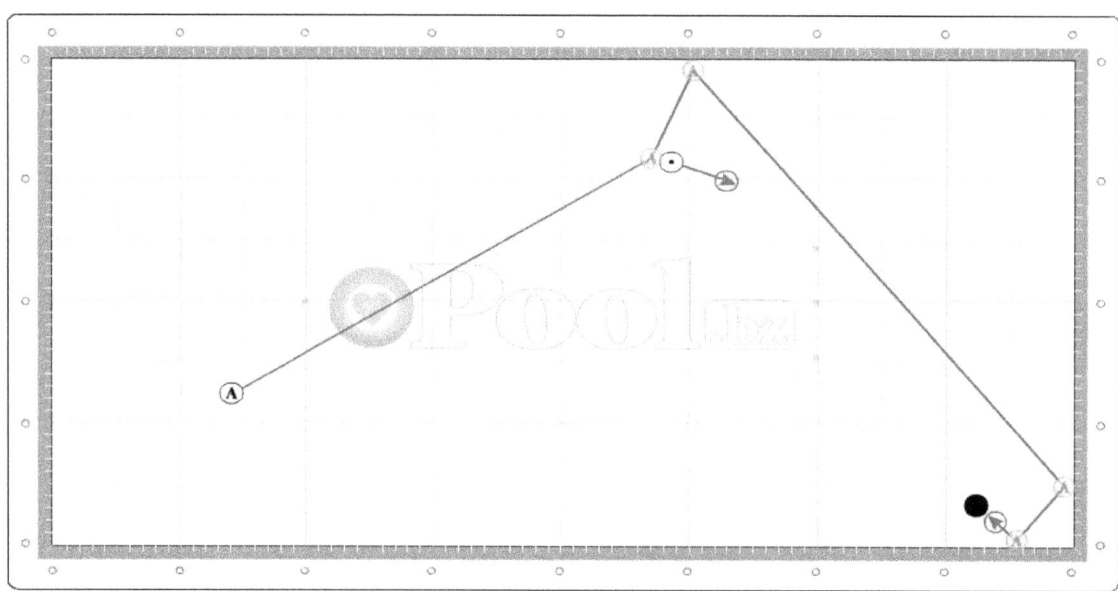

A:3b – Setup

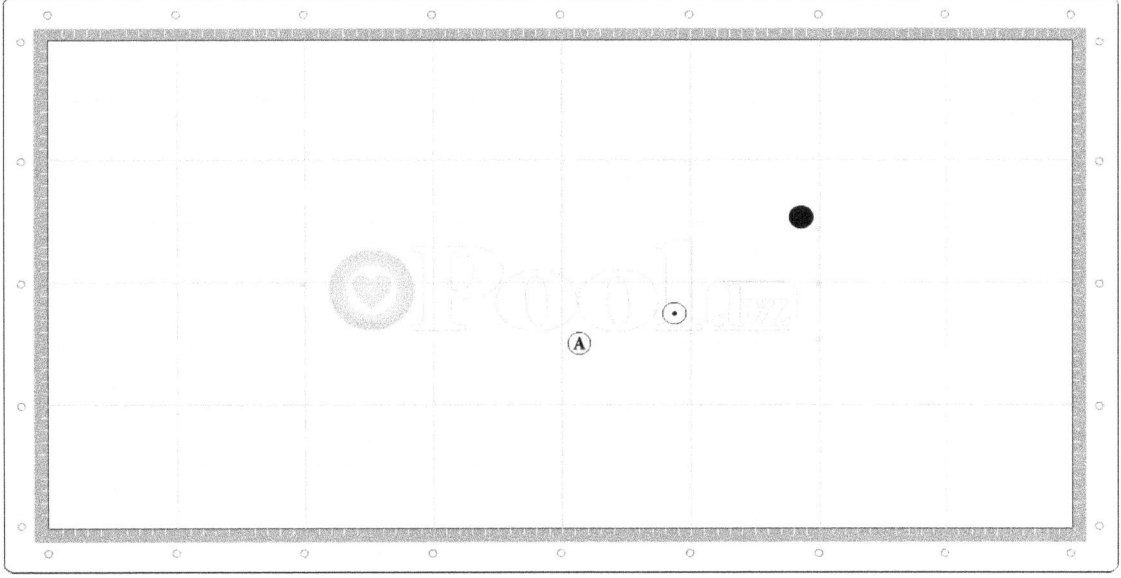

Notater og ideer:

Skudd mønster

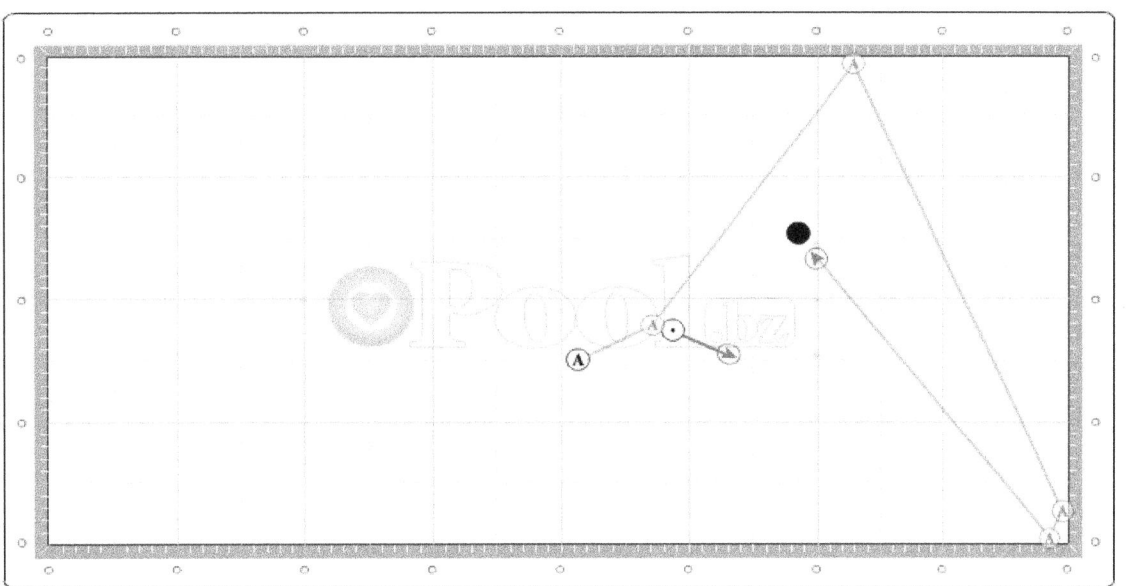

A:3c – Setup

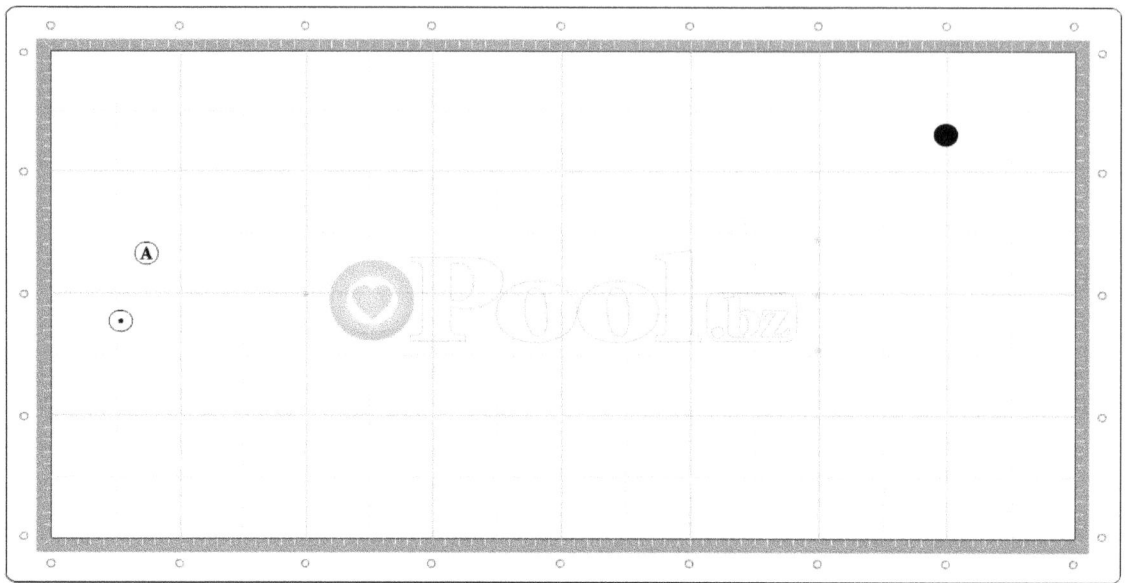

Notater og ideer:

Skudd mønster

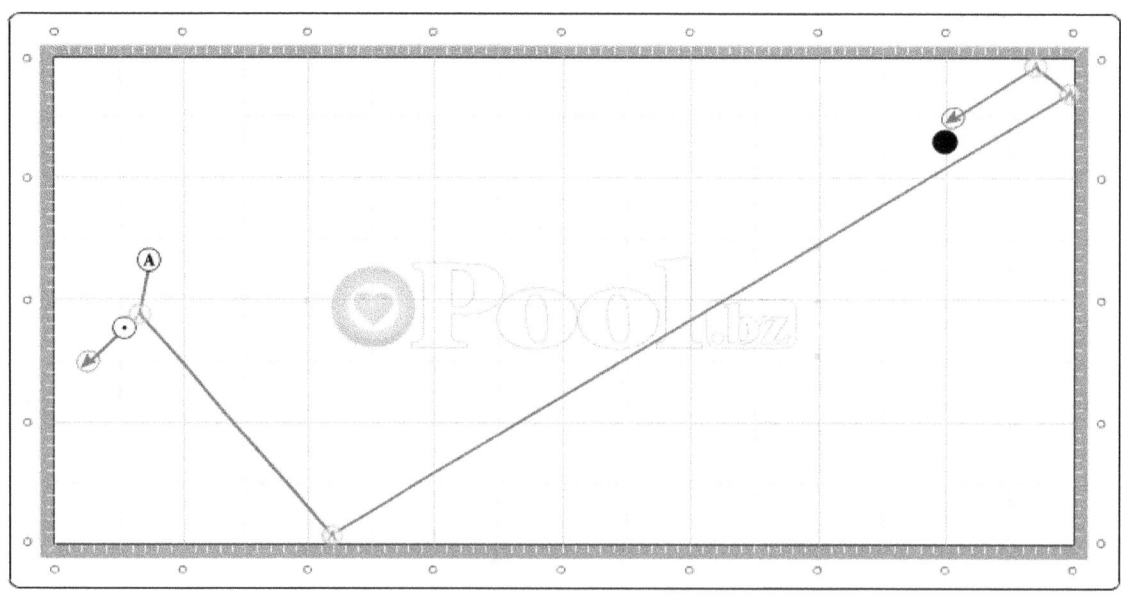

A:3d- Setup

Notater og ideer:

Skudd mønster

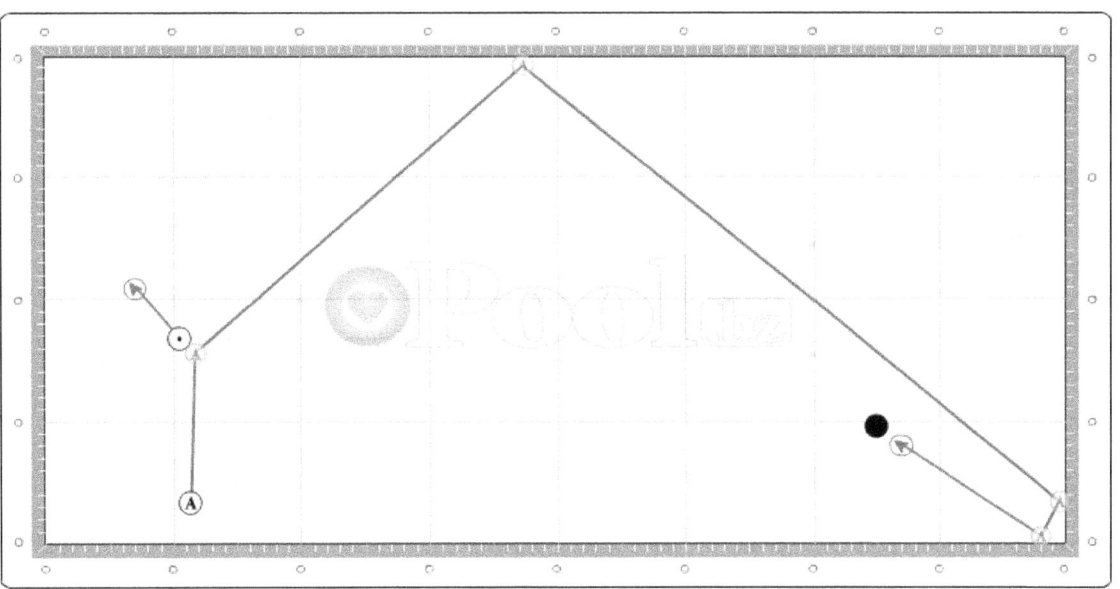

A: Gruppe 4

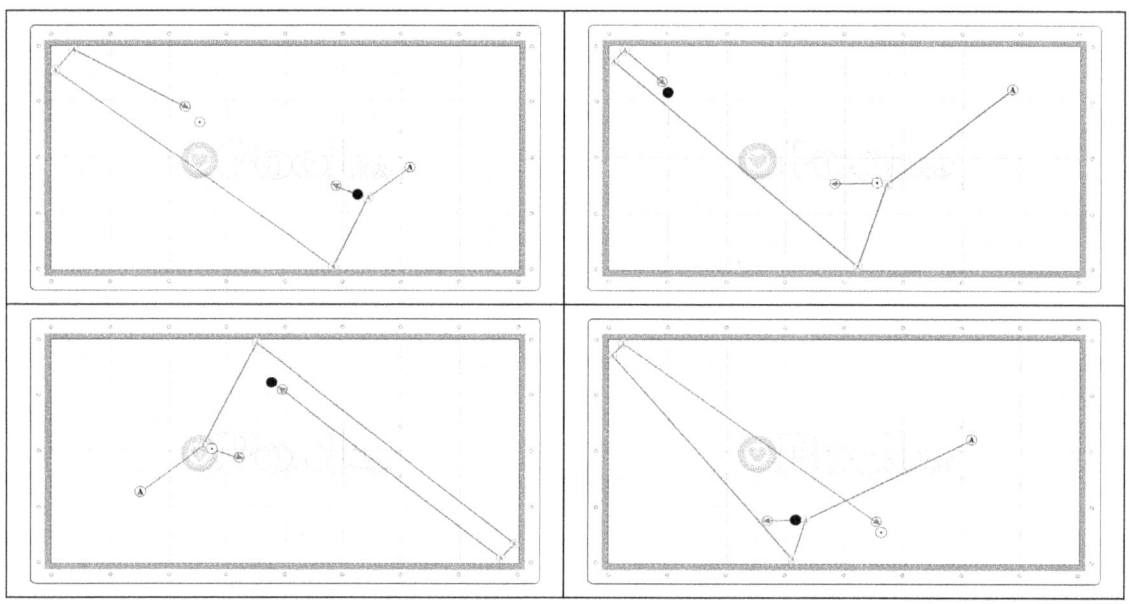

Analyse:

A:4a. _____

A:4b. _____

A:4c. _____

A:4d. _____

A:4a – Setup

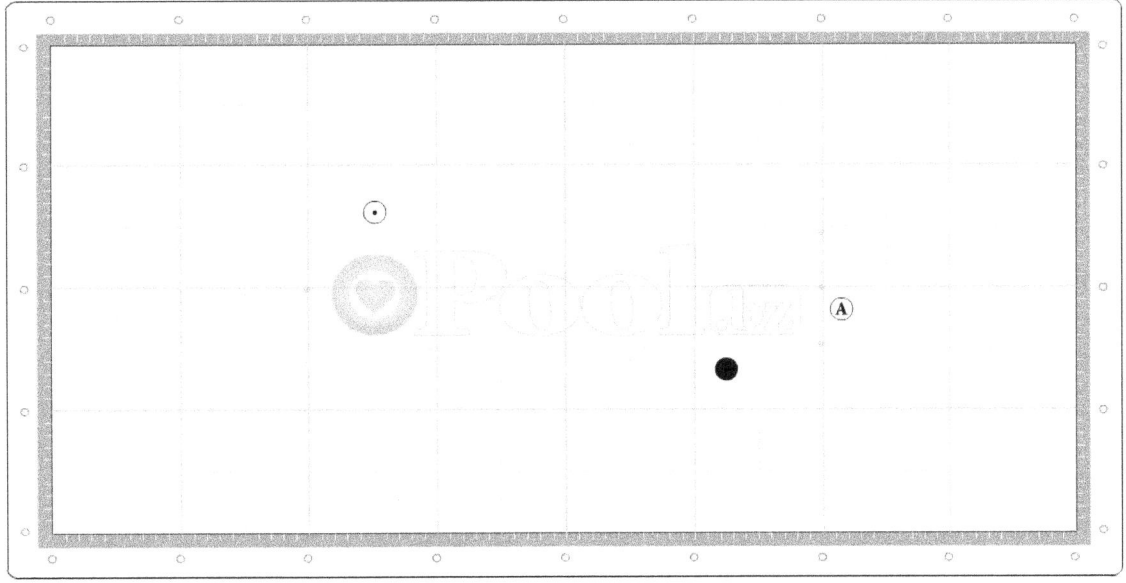

Notater og ideer:

Skudd mønster

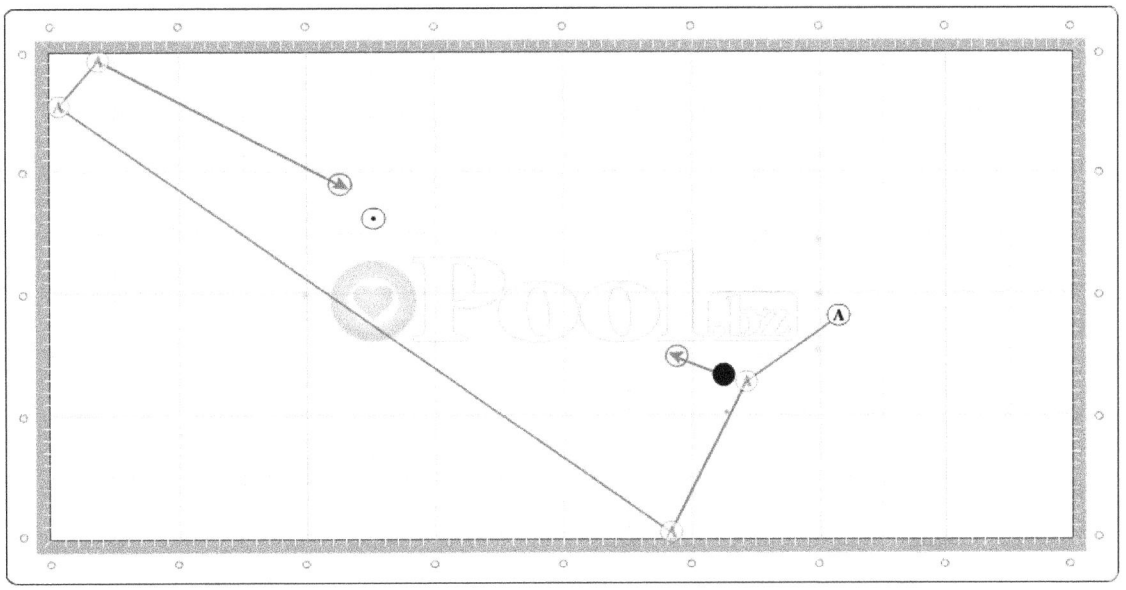

A:4b – Setup

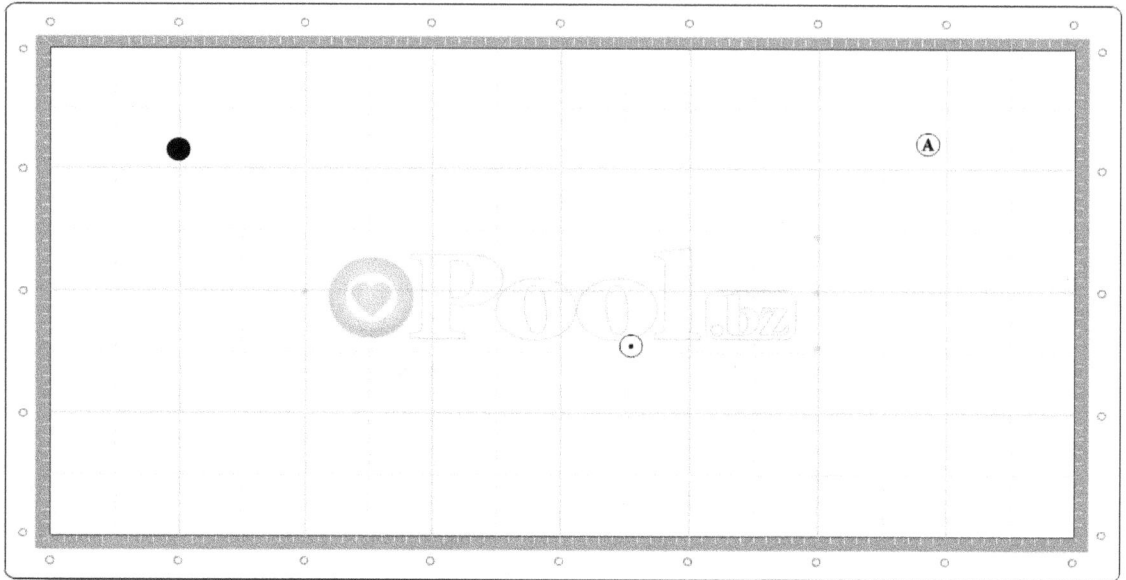

Notater og ideer:

Skudd mønster

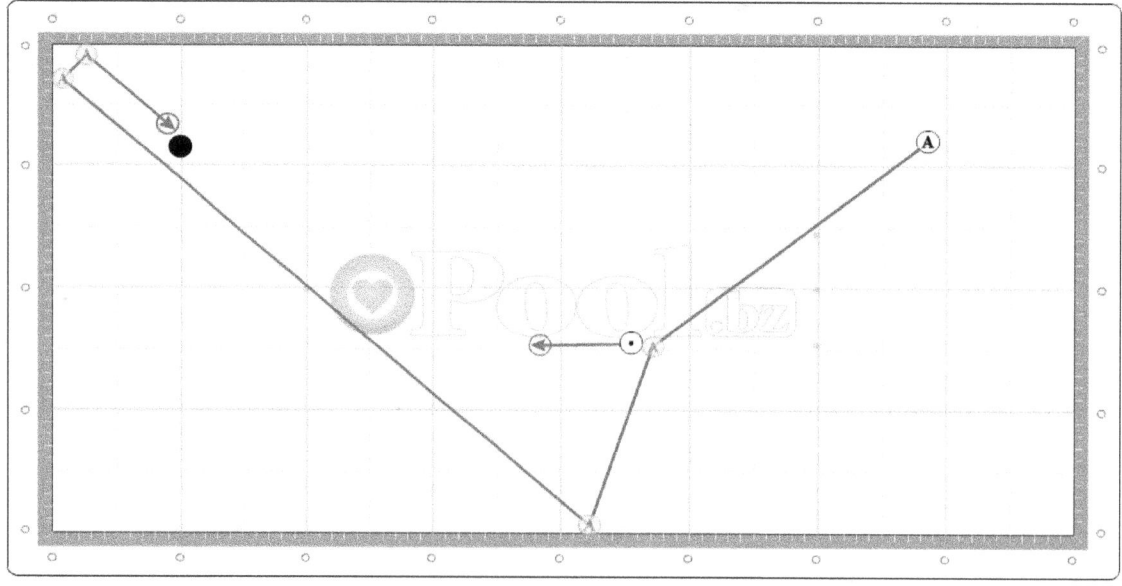

A:4c – Setup

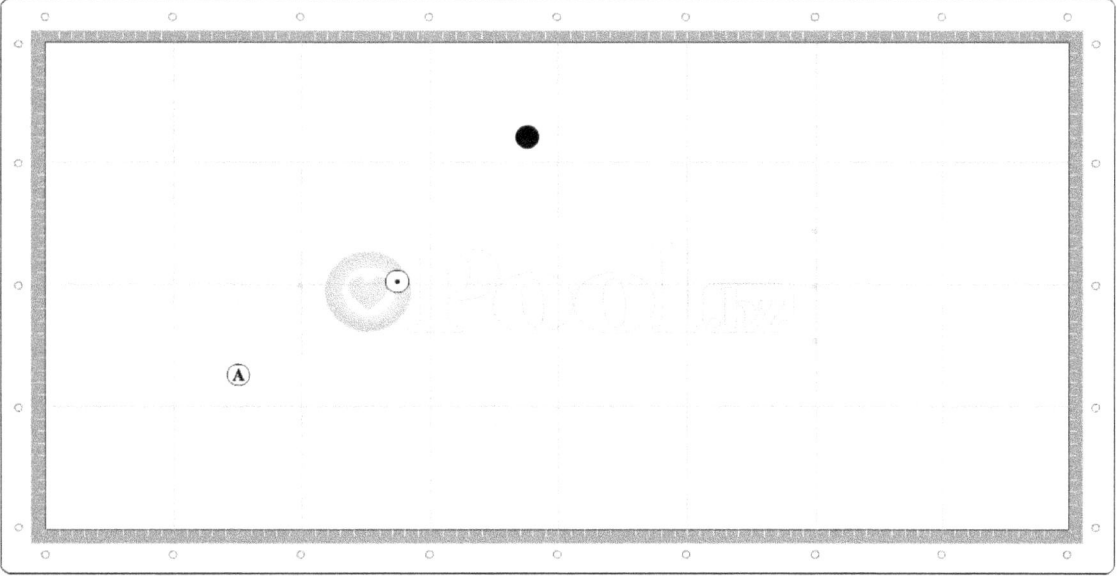

Notater og ideer:

Skudd mønster

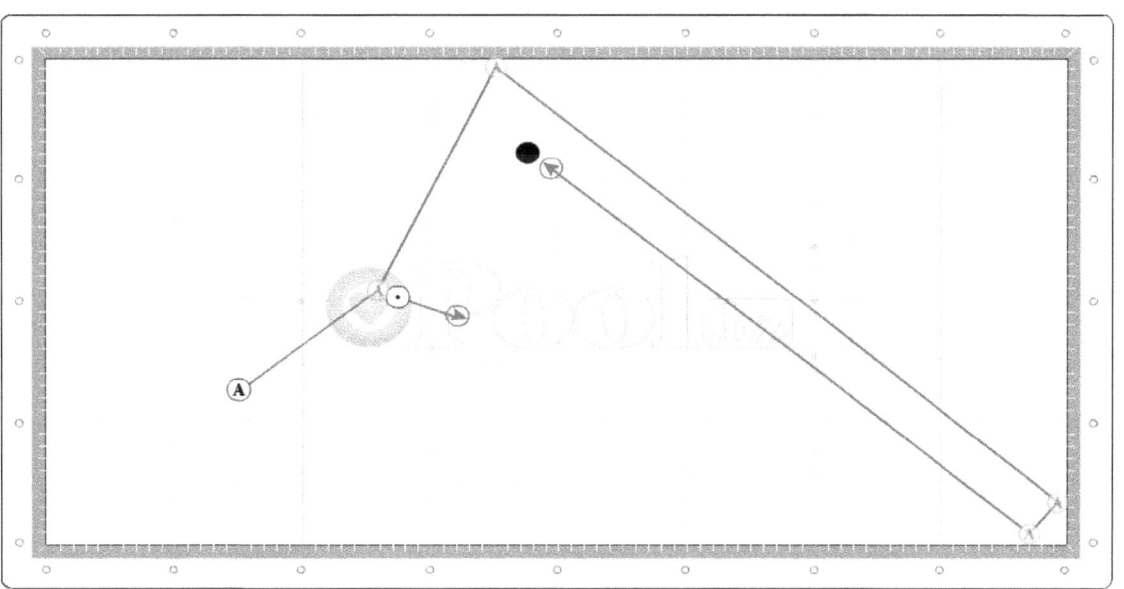

A:4d – Setup

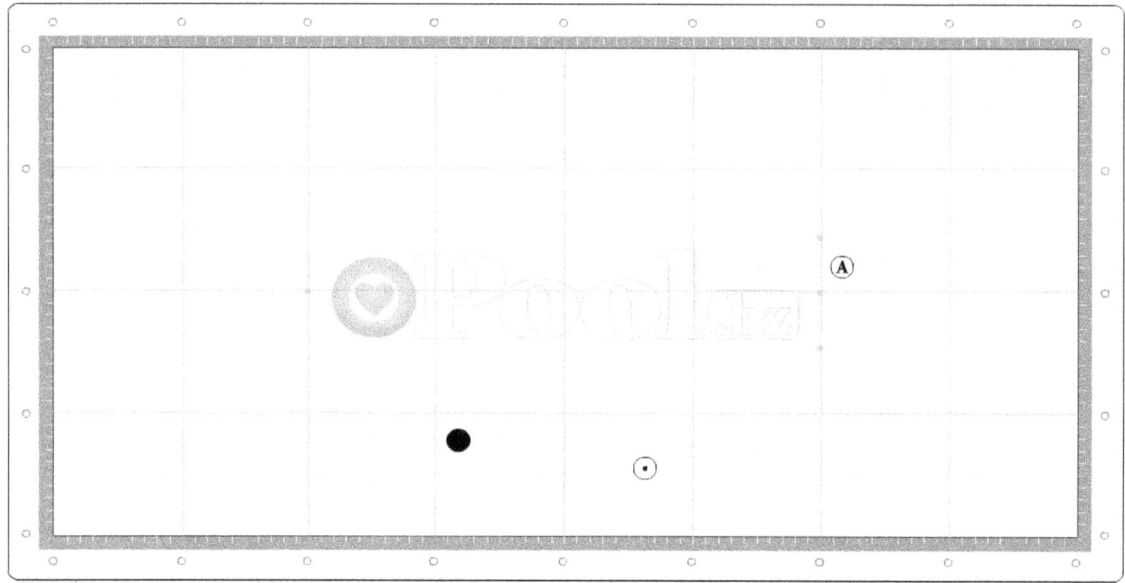

Notater og ideer:

Skudd mønster

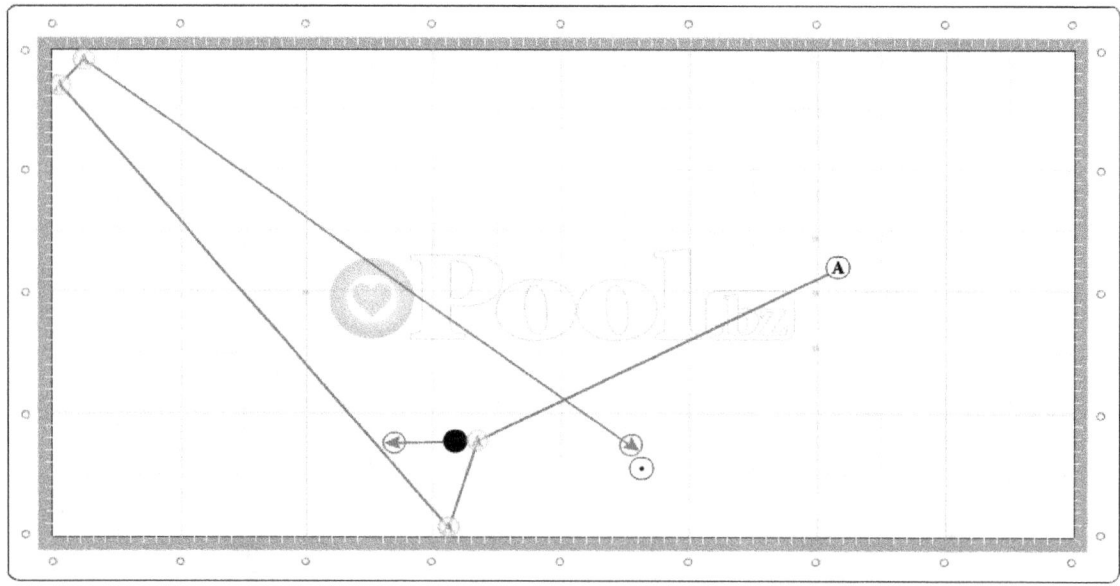

B: Ned bakken, stort hjørne krok

Den (CB) kommer av den første (OB) og går over til midten av den lange vant. Så går det inn i det andre hjørnet. Her kommer den i kontakt med den korte vant og den lange vant, og deretter kontakter den andre (OB).

Ⓐ (CB) (biljardkule) - ⊙ (OB) (motstander billiardball) - ● (OB) (rød biljardball)

B: Gruppe 1

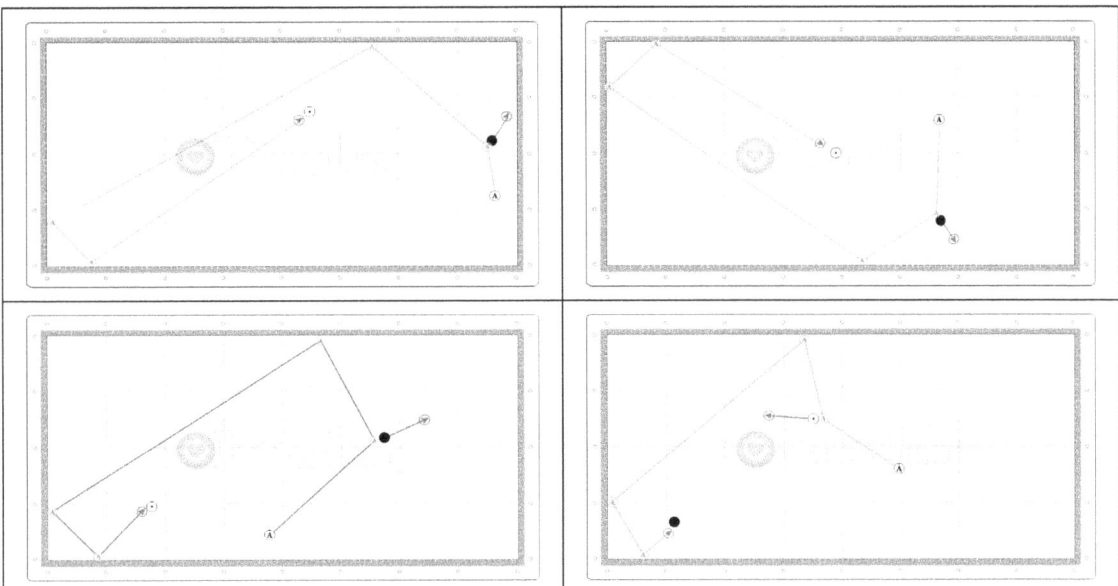

Analyse:

B:1a. _____

B:1b. _____

B:1c. _____

B:1d. _____

B:1a – Setup

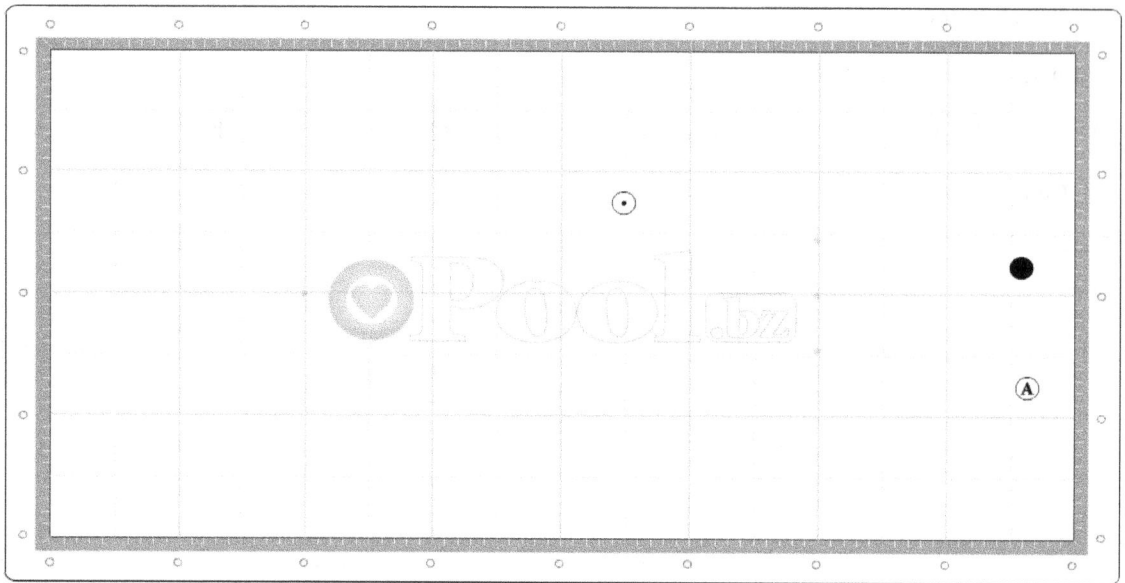

Notater og ideer:

Skudd mønster

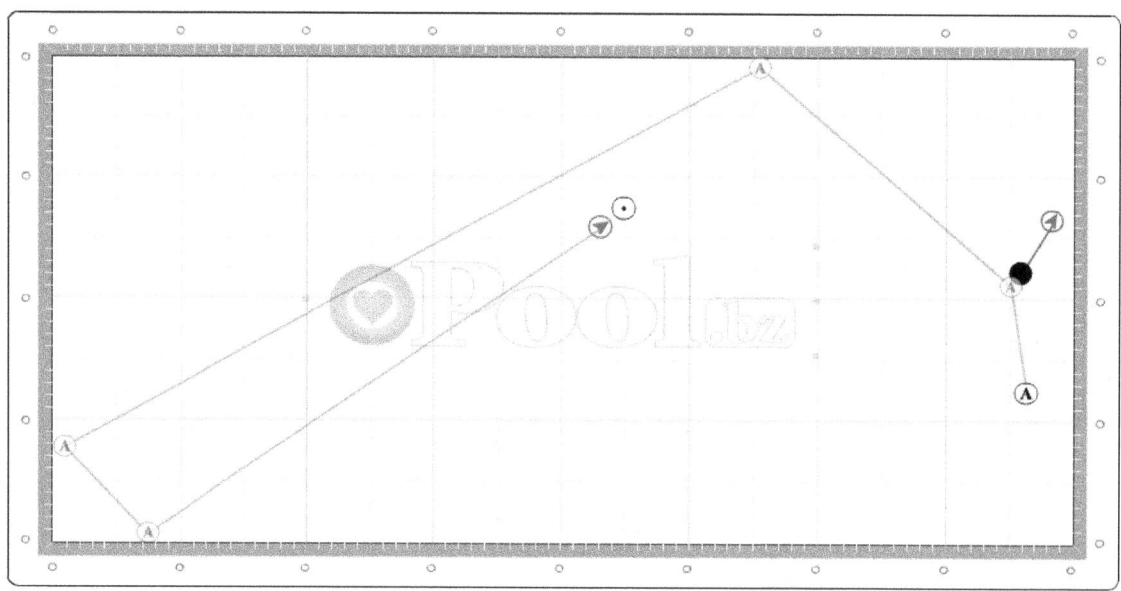

B:1b – Setup

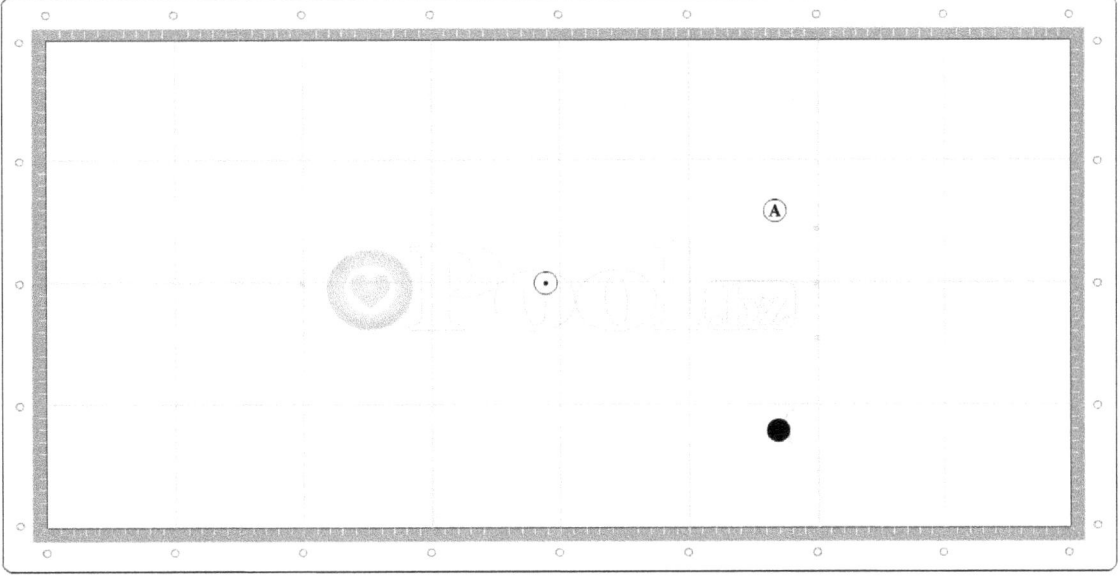

Notater og ideer:

Skudd mønster

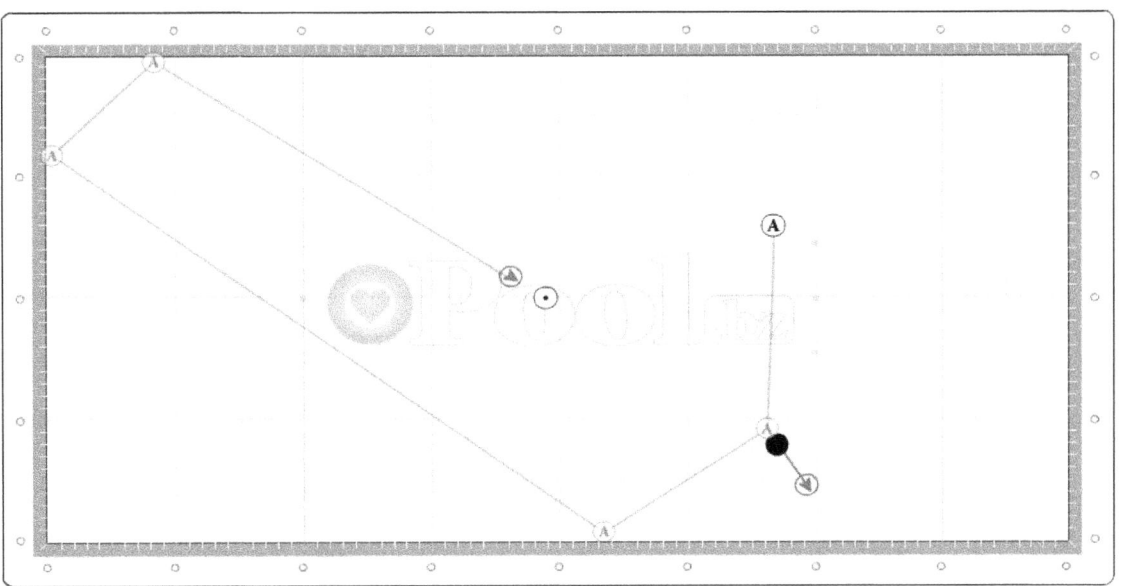

B:1c – Setup

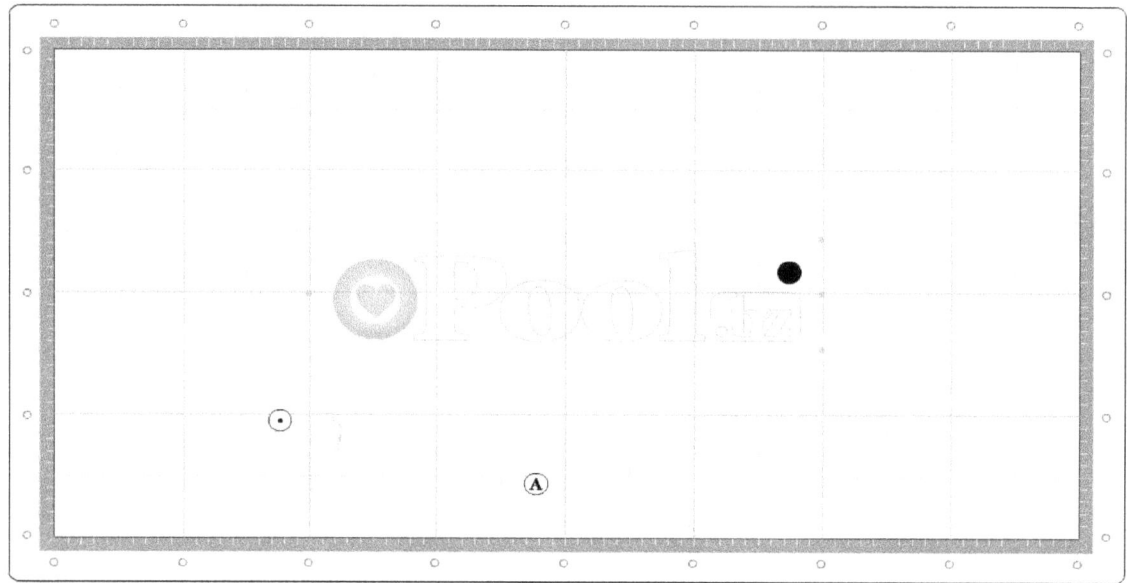

Notater og ideer:

Skudd mønster

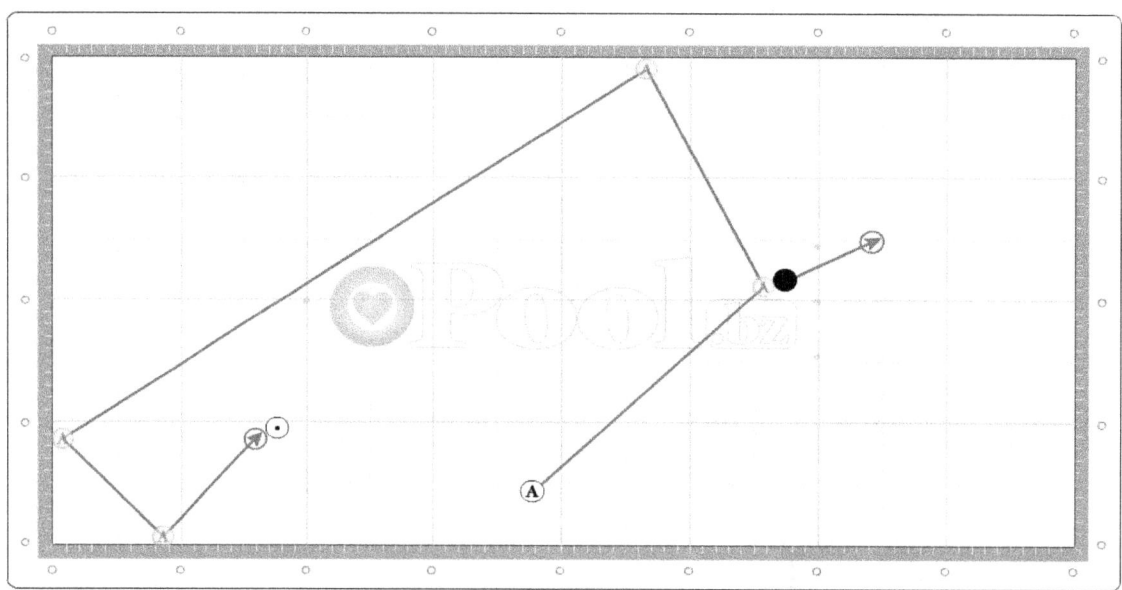

B:1d – Setup

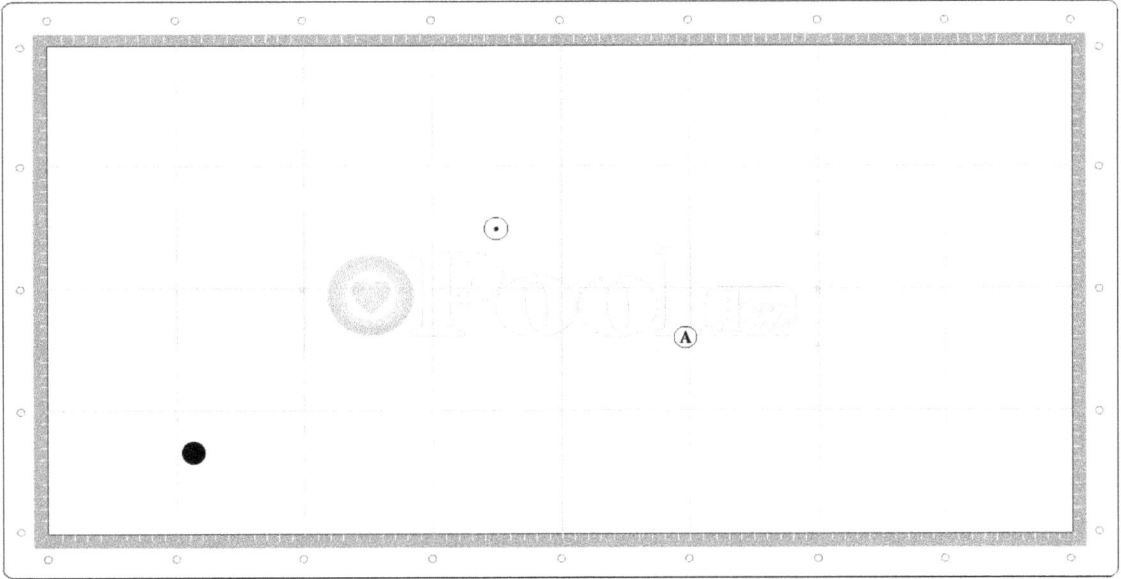

Notater og ideer:

Skudd mønster

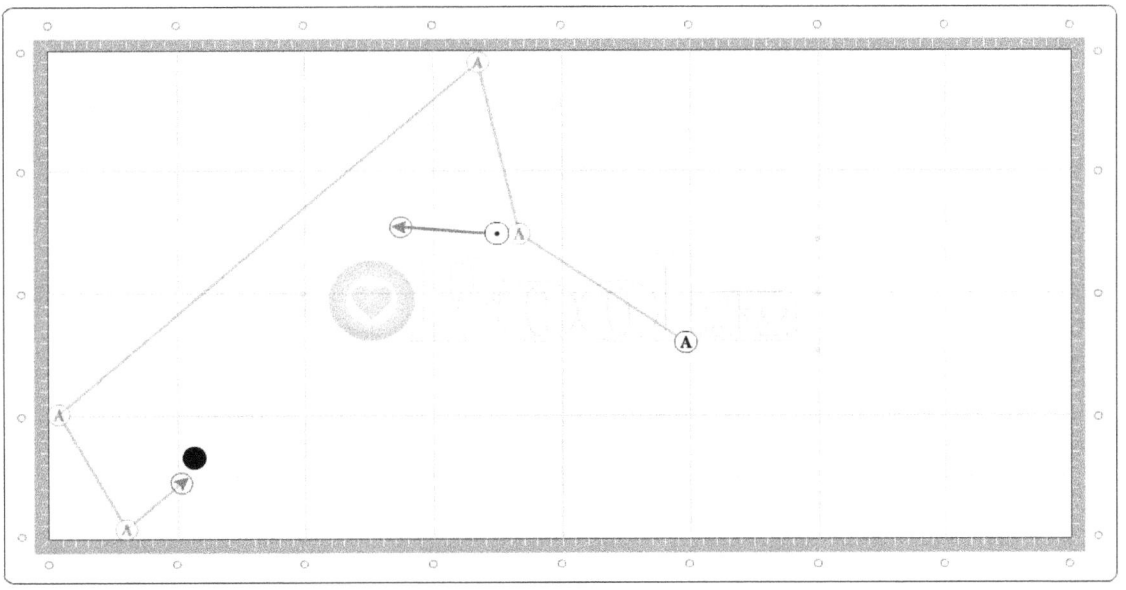

B: Gruppe 2

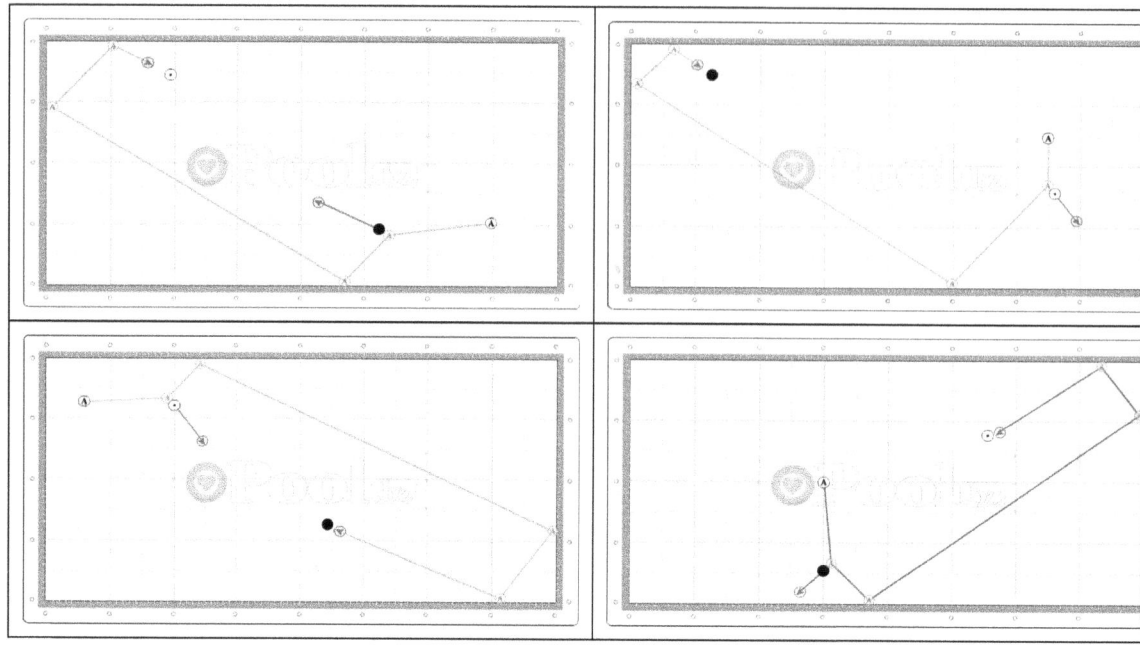

Analyse:

B:2a. _____

B:2b. _____

B:2c. _____

B:2d. _____

B:2a – Setup

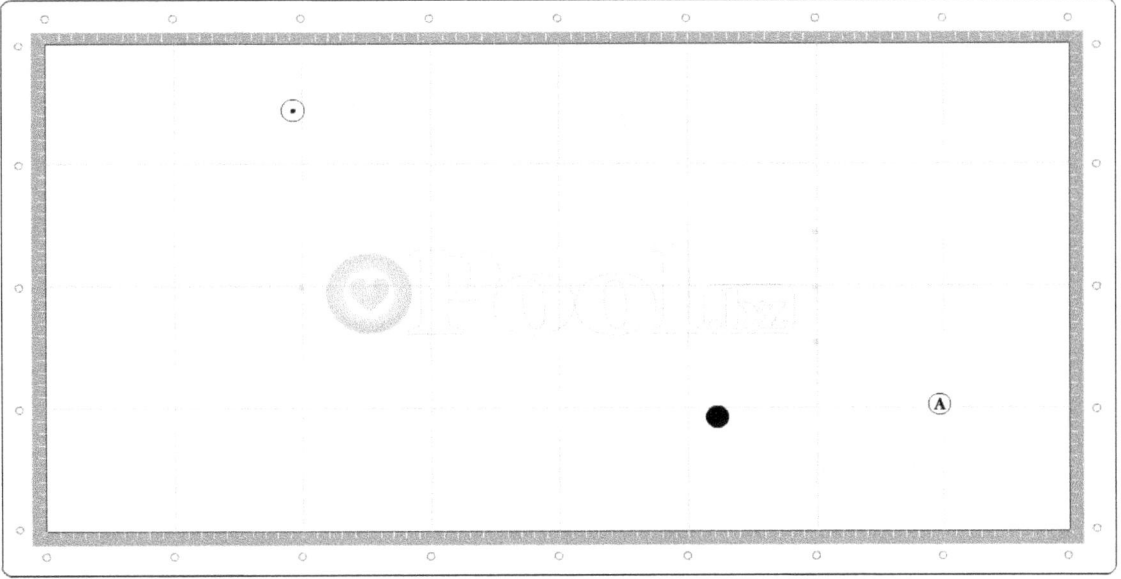

Notater og ideer:

Skudd mønster

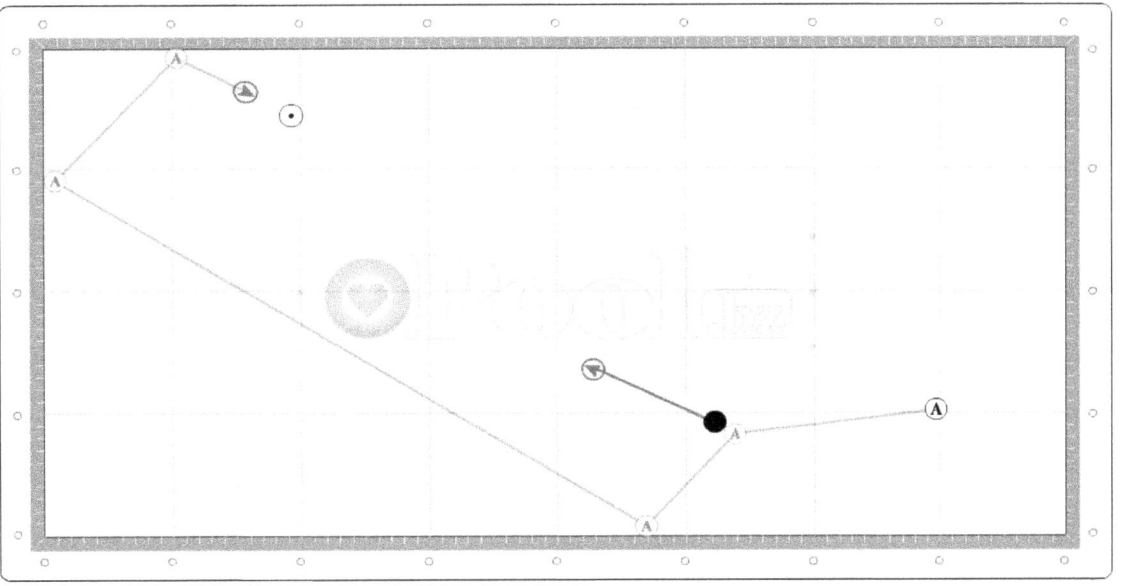

B:2b – Setup

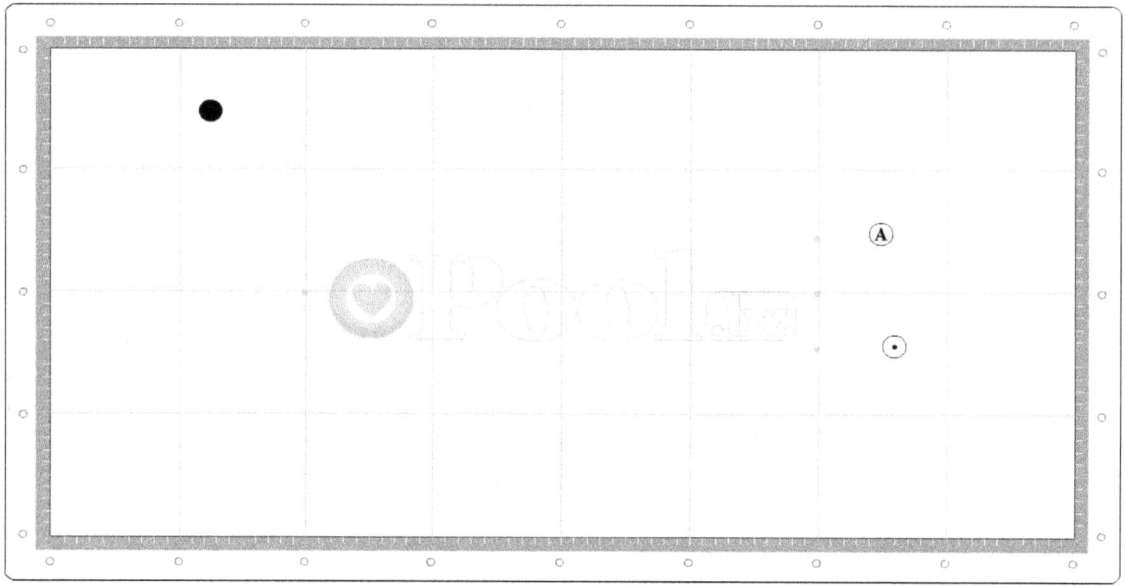

Notater og ideer:

Skudd mønster

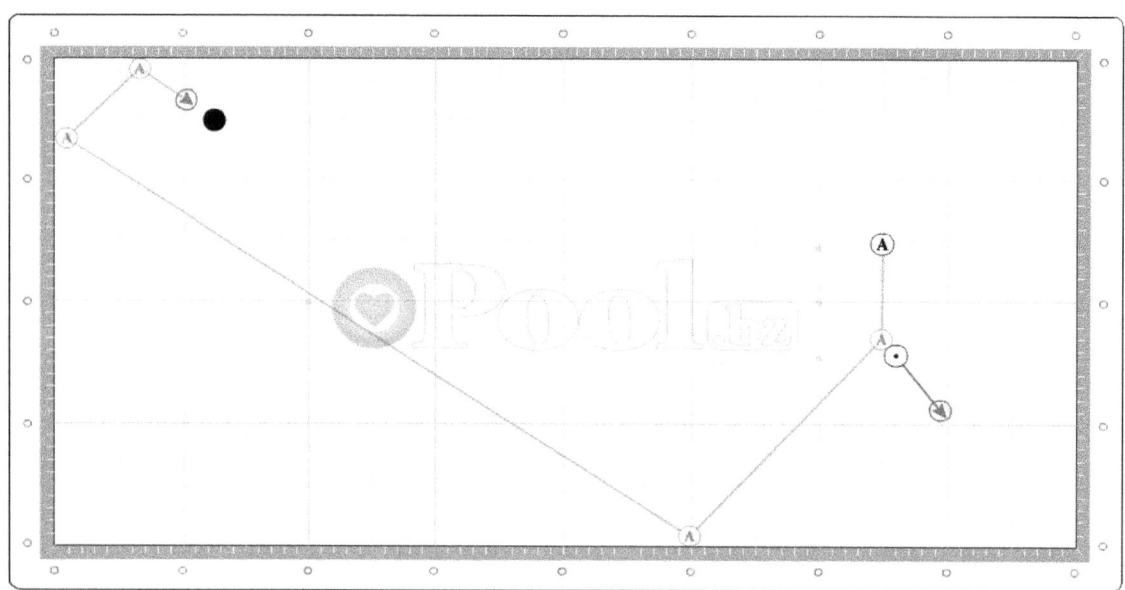

B:2c – Setup

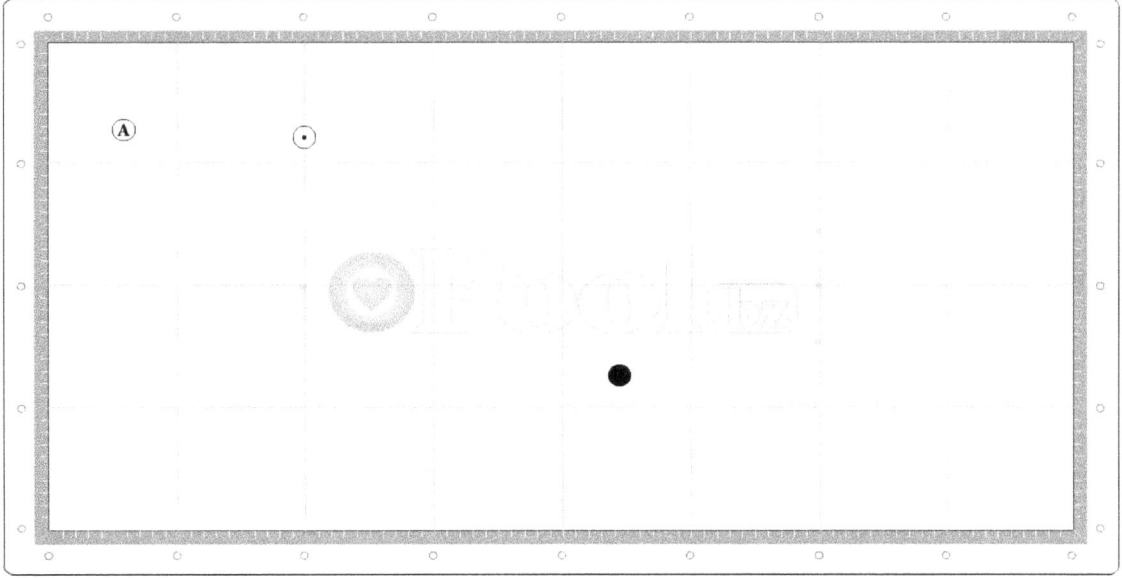

Notater og ideer:

Skudd mønster

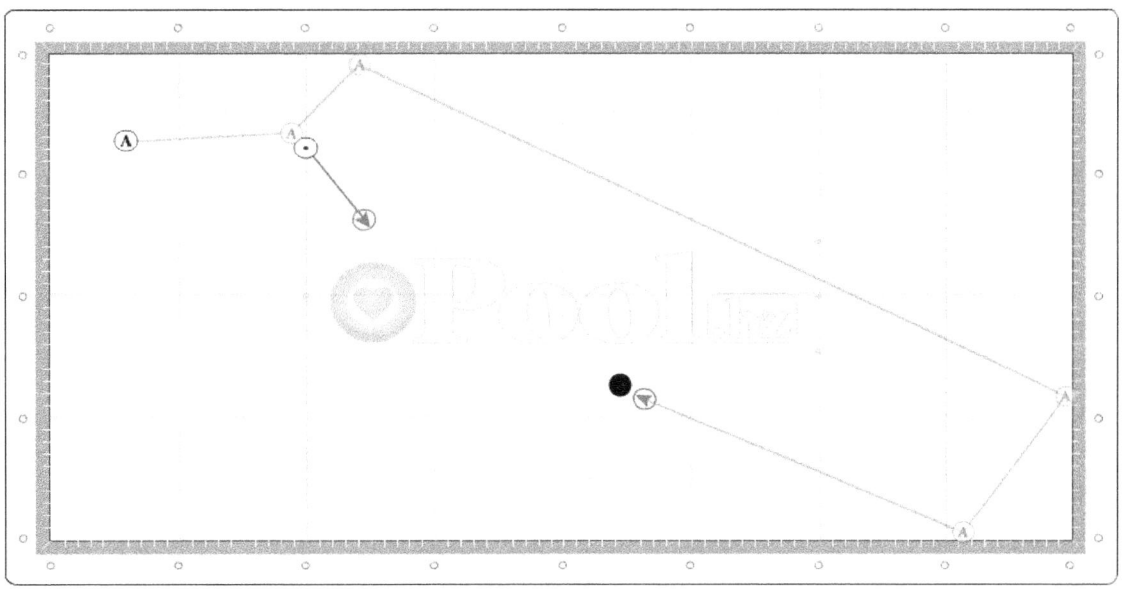

B:2d – Setup

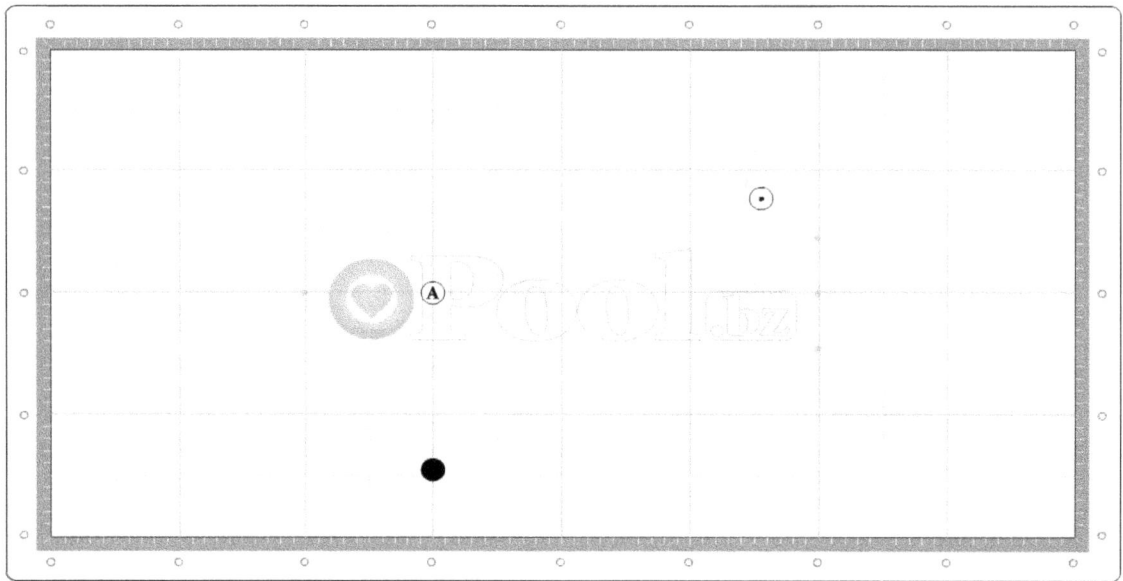

Notater og ideer:

Skudd mønster

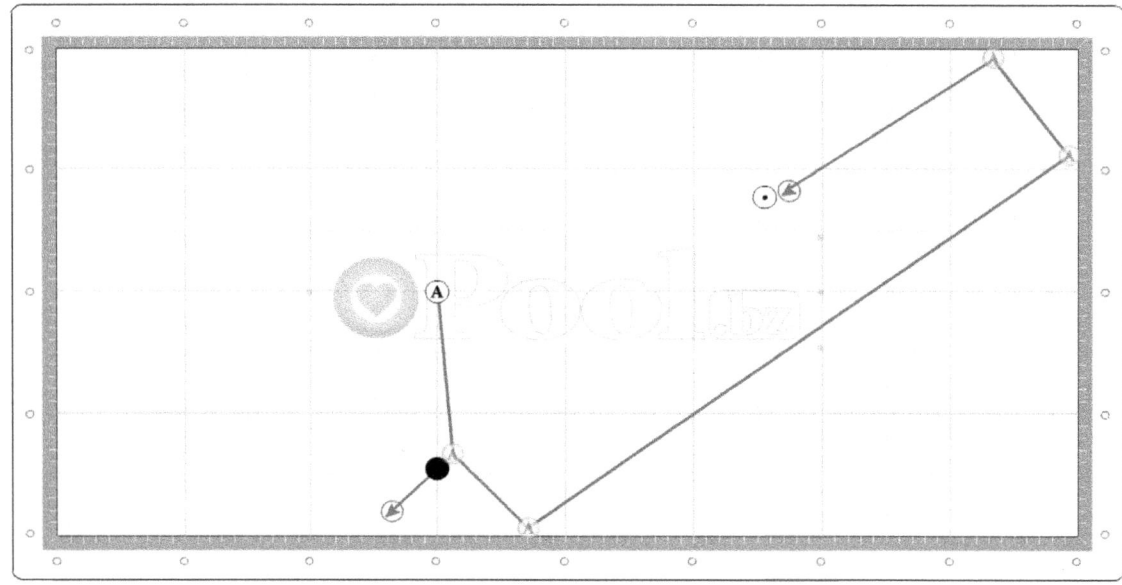

B: Gruppe 3

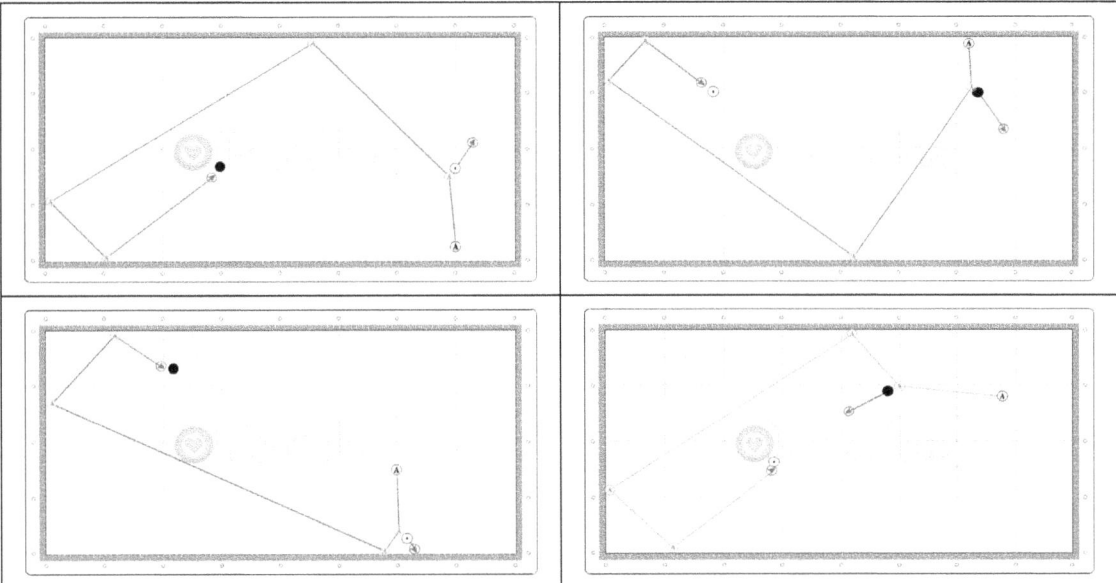

Analyse:

B:3a. _____

B:3b. _____

B:3c. _____

B:3d. _____

B:3a – Setup

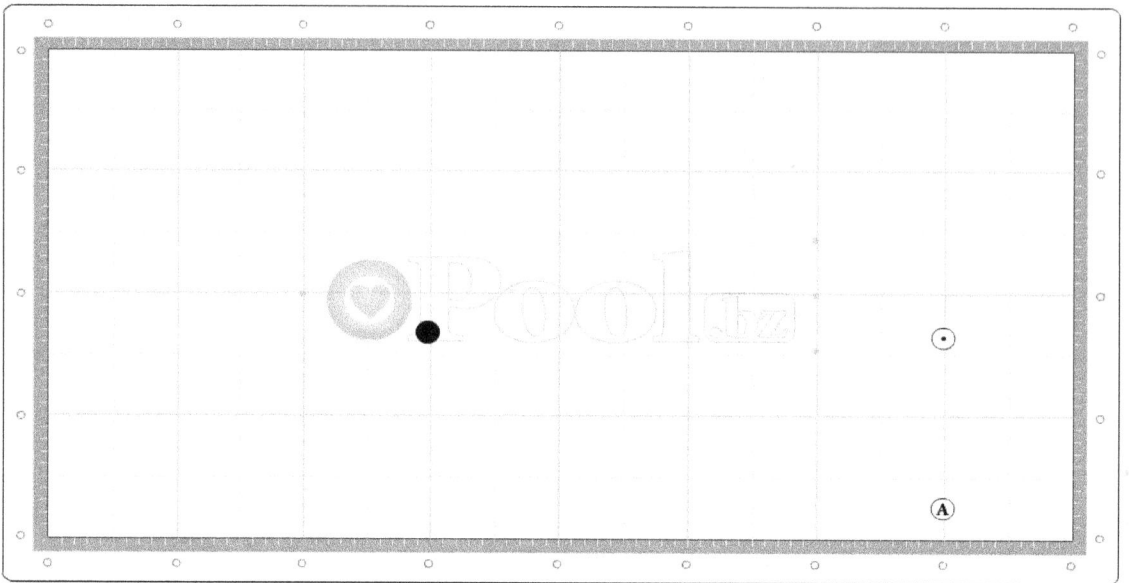

Notater og ideer:

Skudd mønster

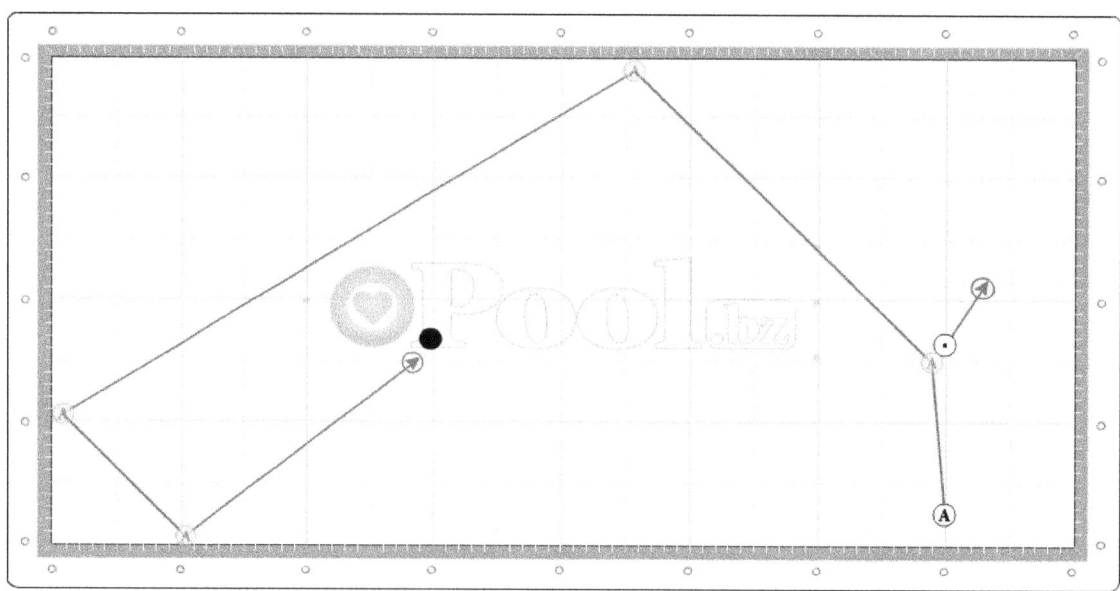

B:3b – Setup

Notater og ideer:

Skudd mønster

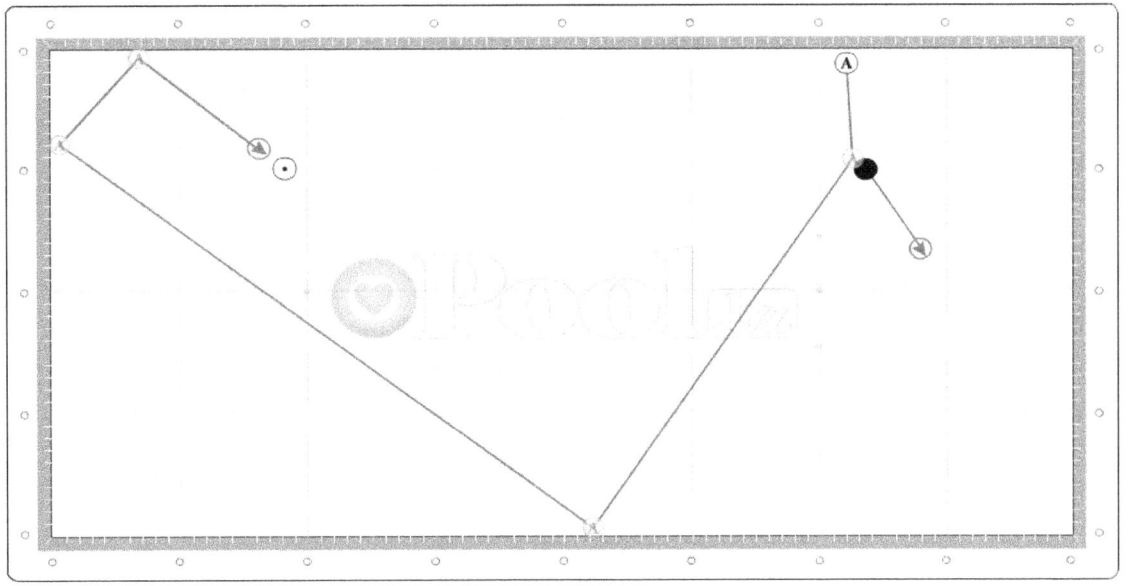

B:3c – Setup

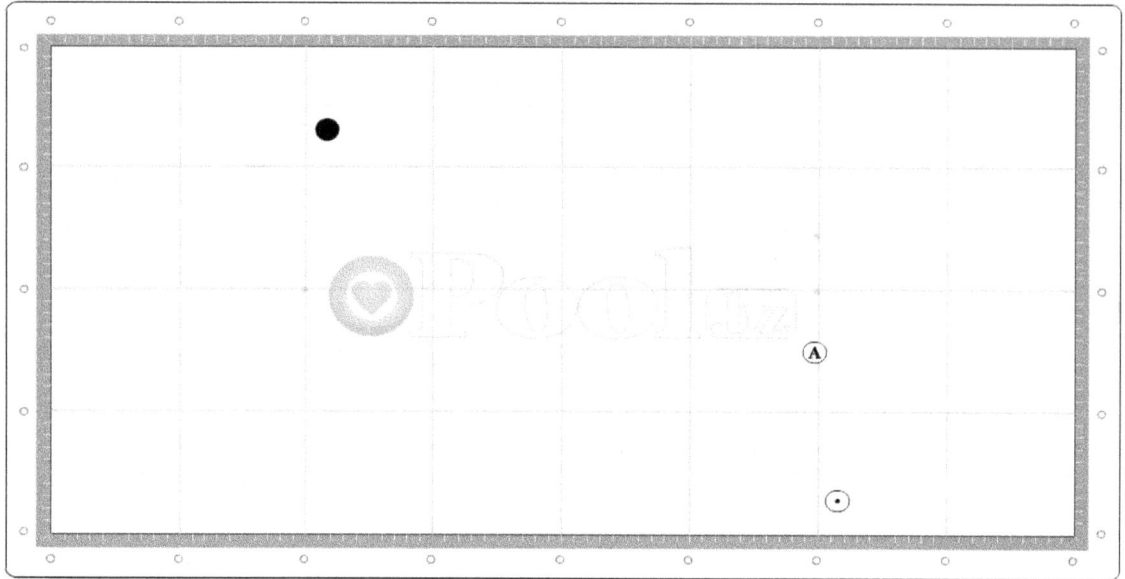

Notater og ideer:

Skudd mønster

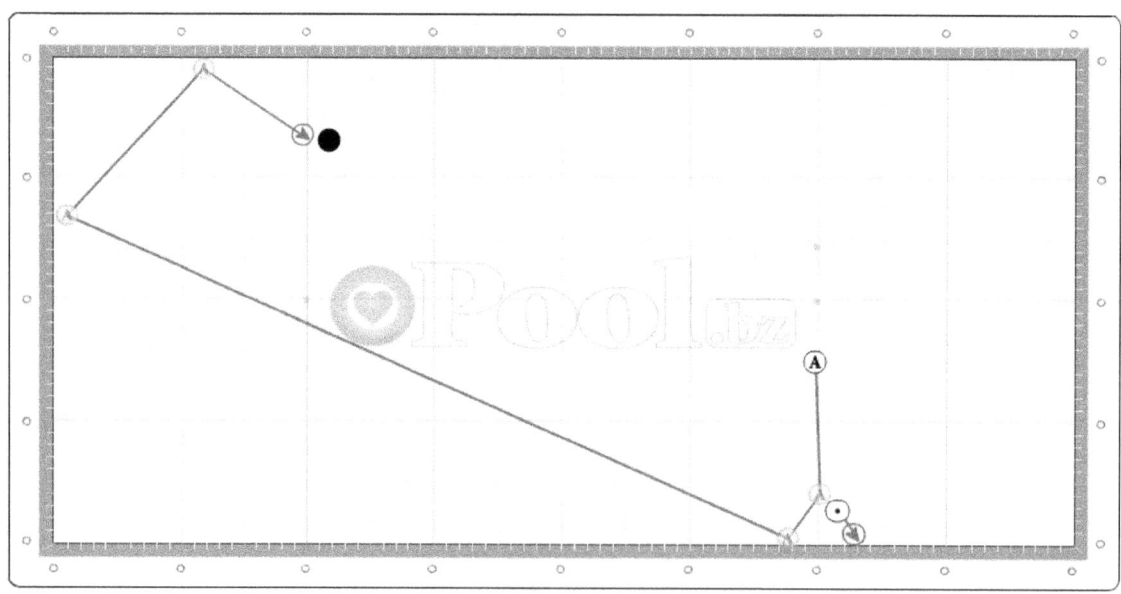

B:3d – Setup

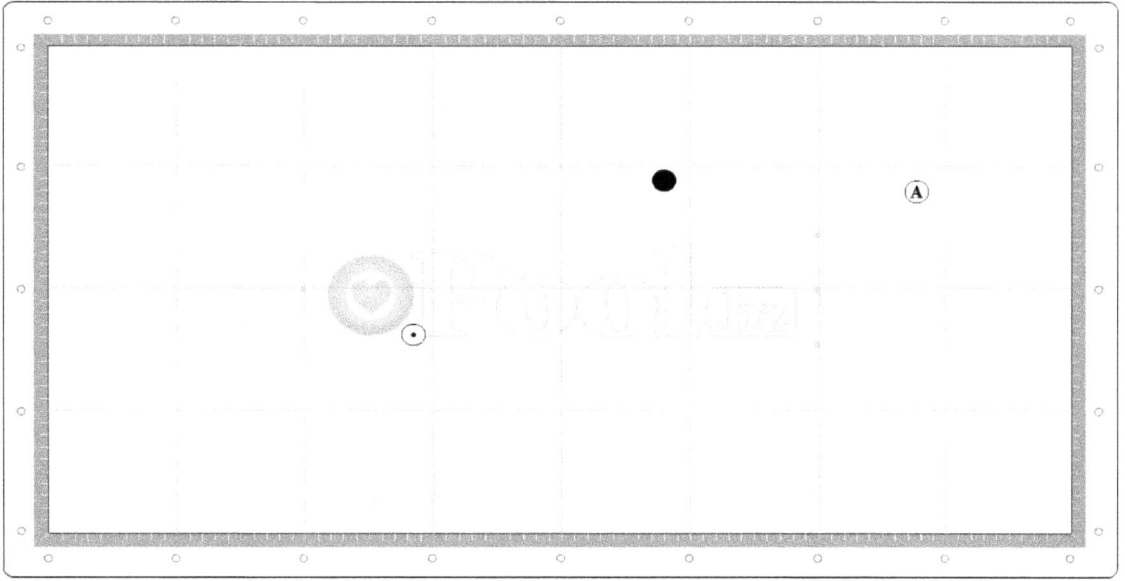

Notater og ideer:

Skudd mønster

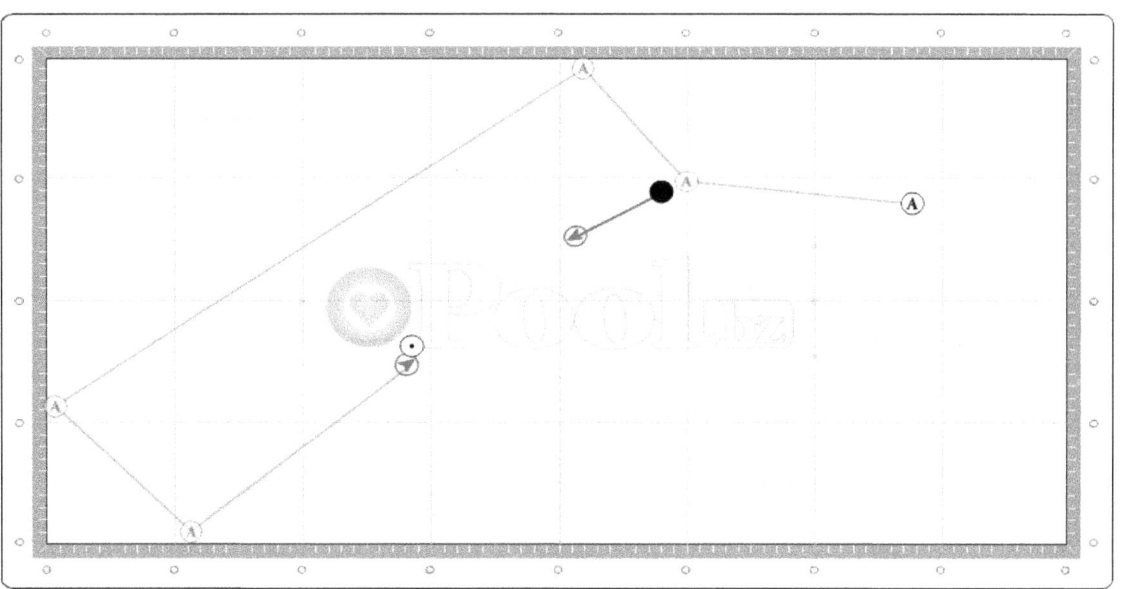

B: Gruppe 4

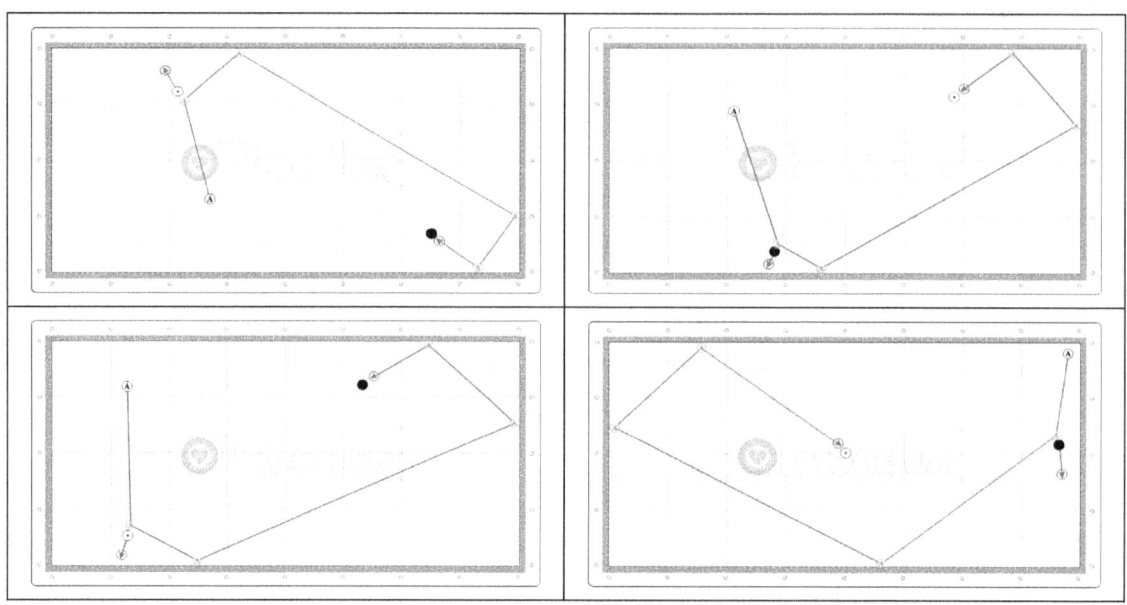

Analyse:

B:4a. _____

B:4b. _____

B:4c. _____

B:4d. _____

B:4a – Setup

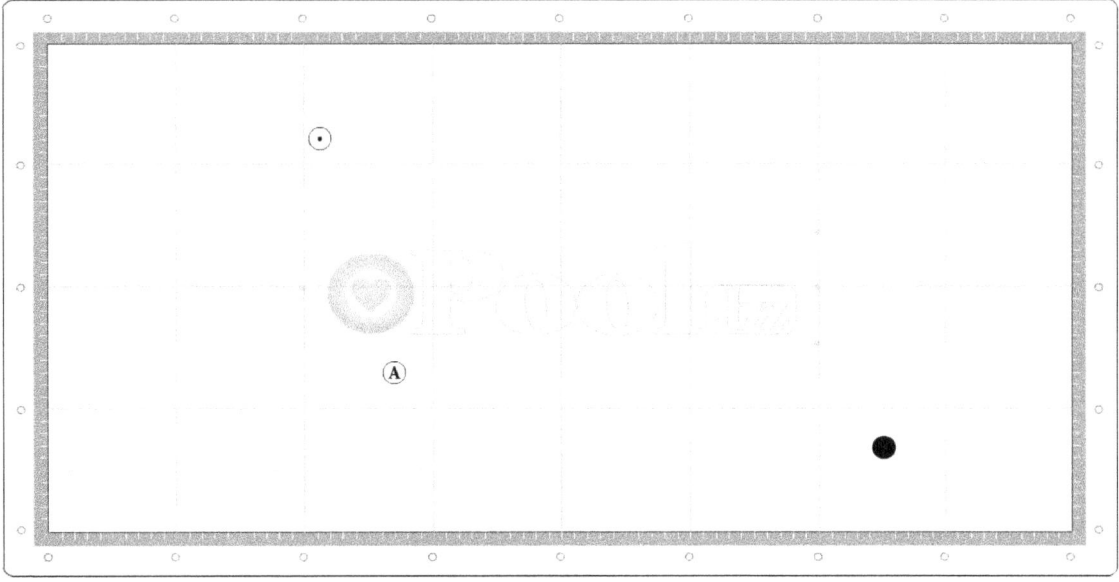

Notater og ideer:

Skudd mønster

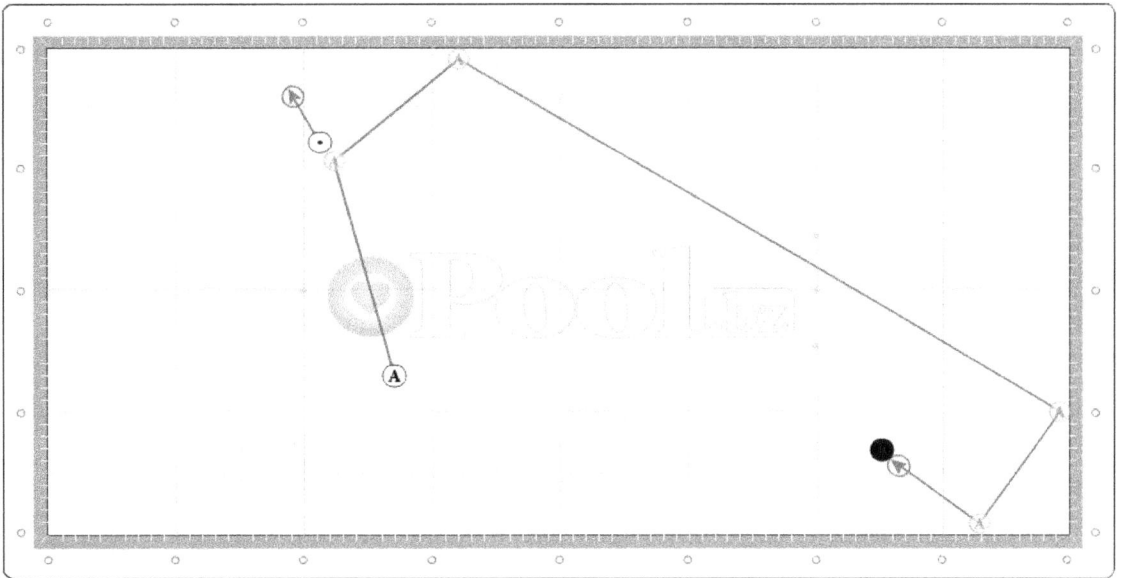

B:4b – Setup

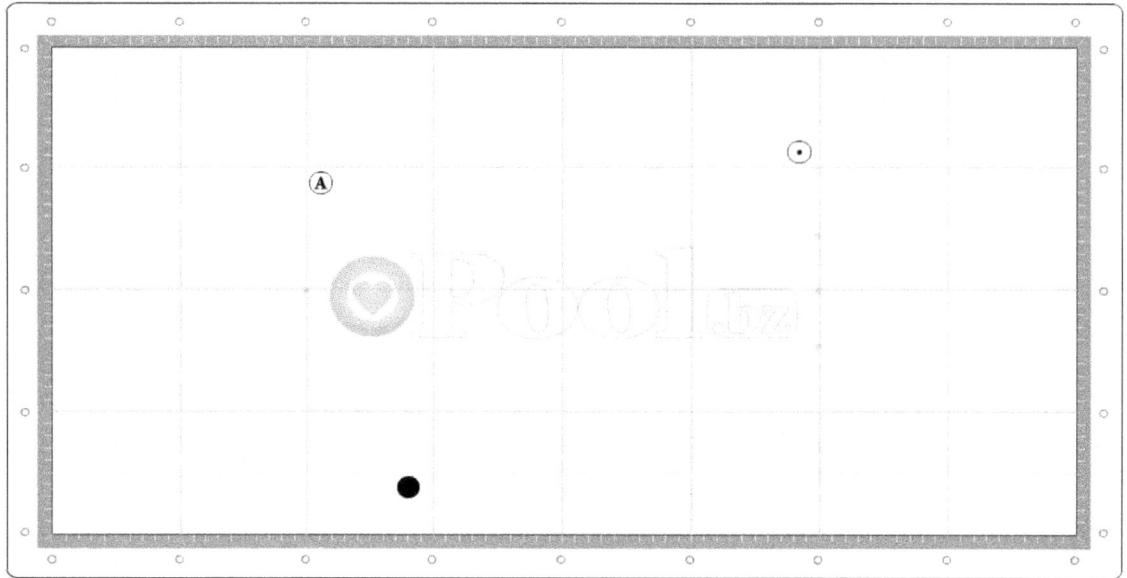

Notater og ideer:

Skudd mønster

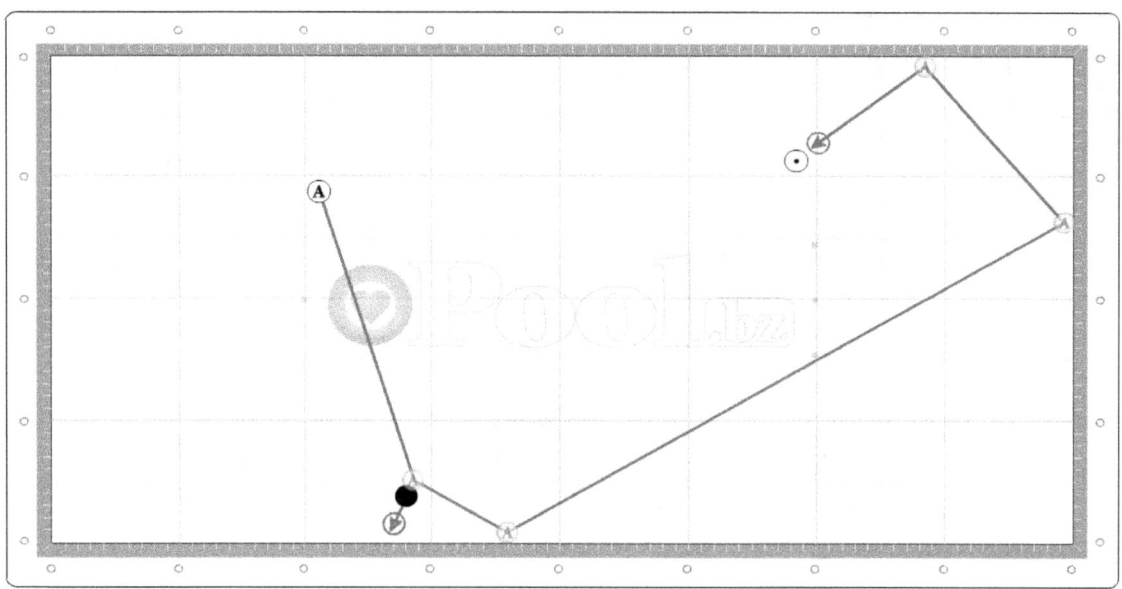

B:4c – Setup

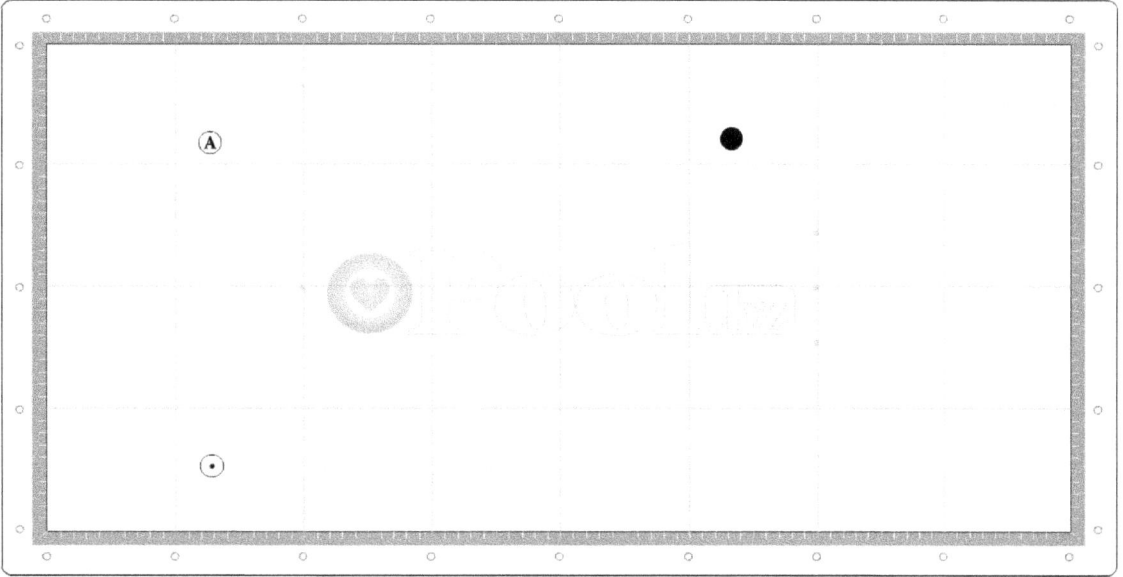

Notater og ideer:

Skudd mønster

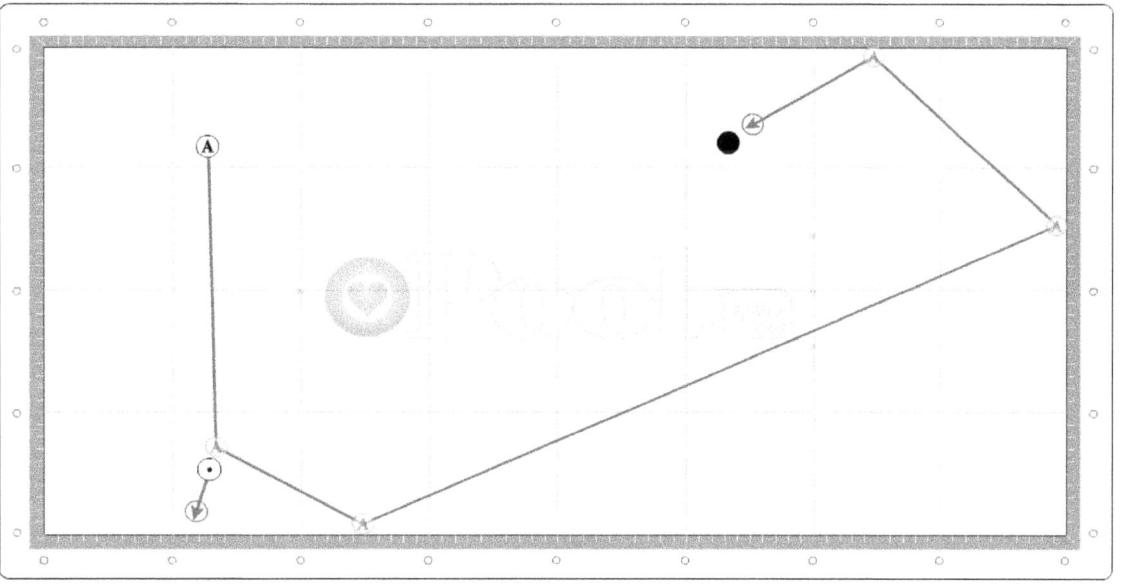

B:4d – Setup

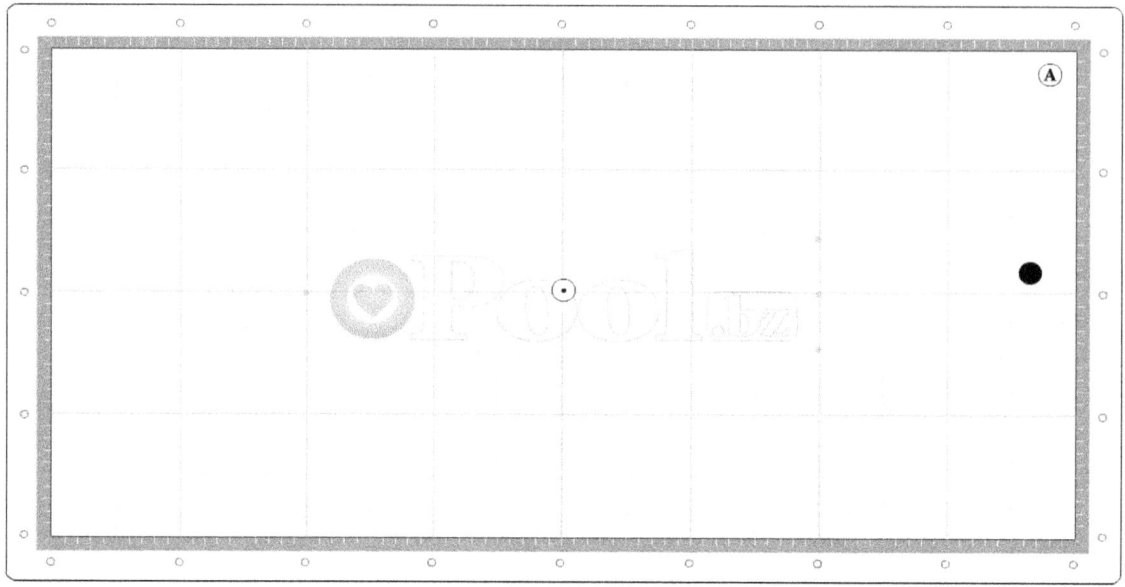

Notater og ideer:

Skudd mønster

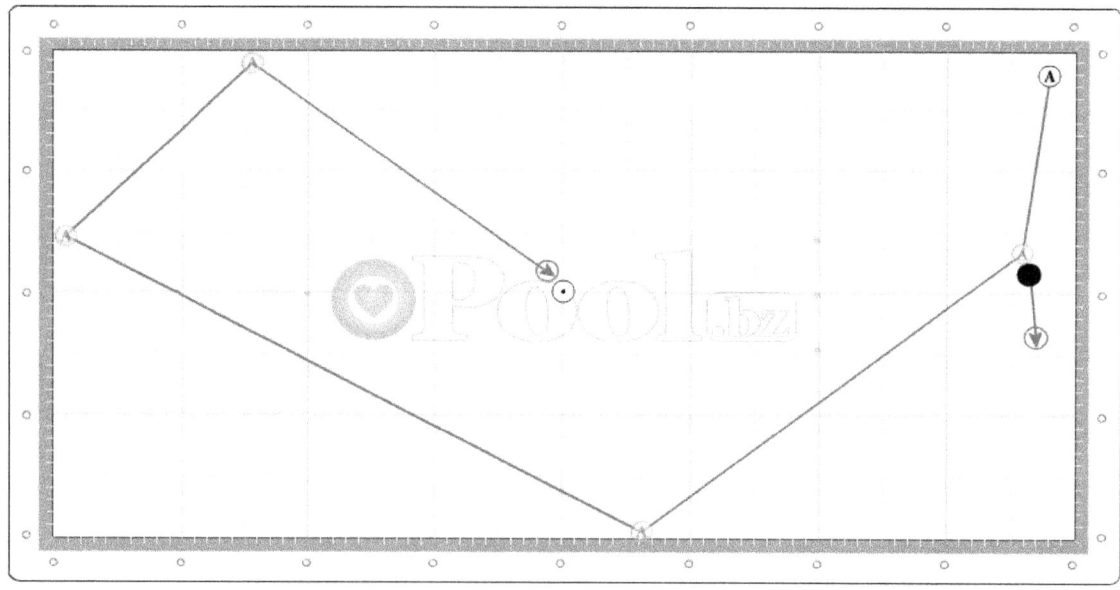

C: Fullt bord (kort vant)

Den (CB) kommer av først (OB) og inn i den korte vant. Derfra går (CB) over til midtområdet av motsatt lang vant. (CB) reiser inn i det andre hjørnet, kort vant først. På vei ut, treffer (CB) den andre (OB).

Ⓐ (CB) (biljardkule) - ⊙ (OB) (motstander billiardball) - ● (OB) (rød biljardball)

C: Gruppe 1

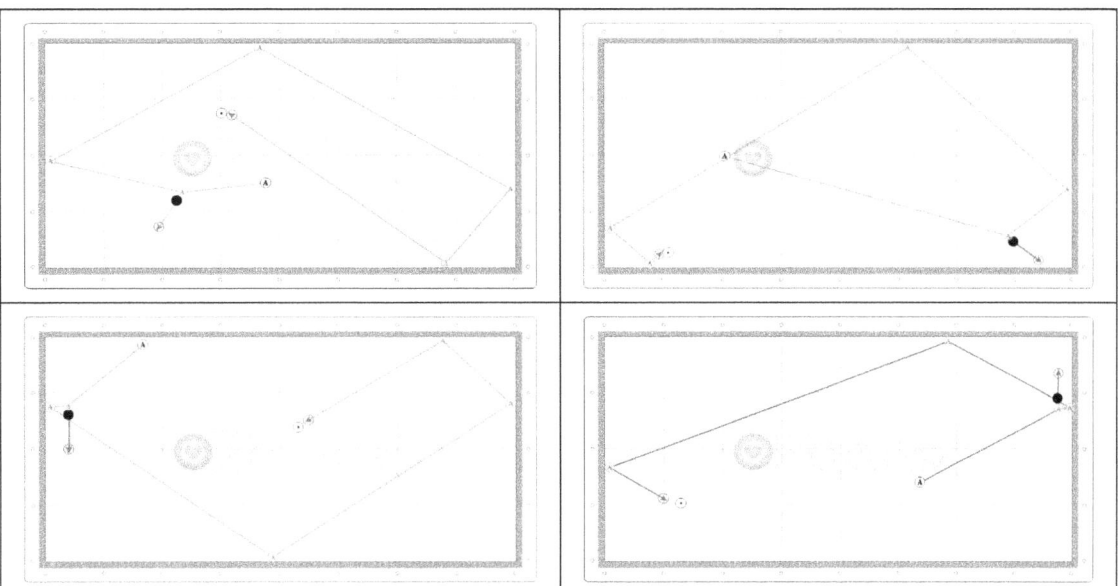

Analyse:

C:1a. _____

C:1b. _____

C:1c. _____

C:1d. _____

C:1a – Setup

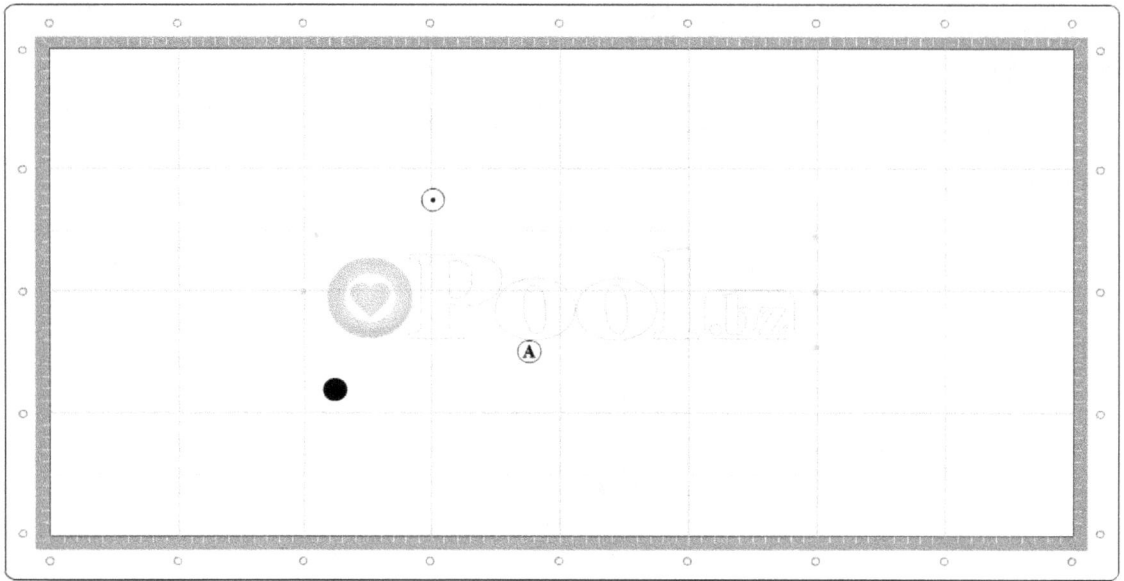

Notater og ideer:

Skudd mønster

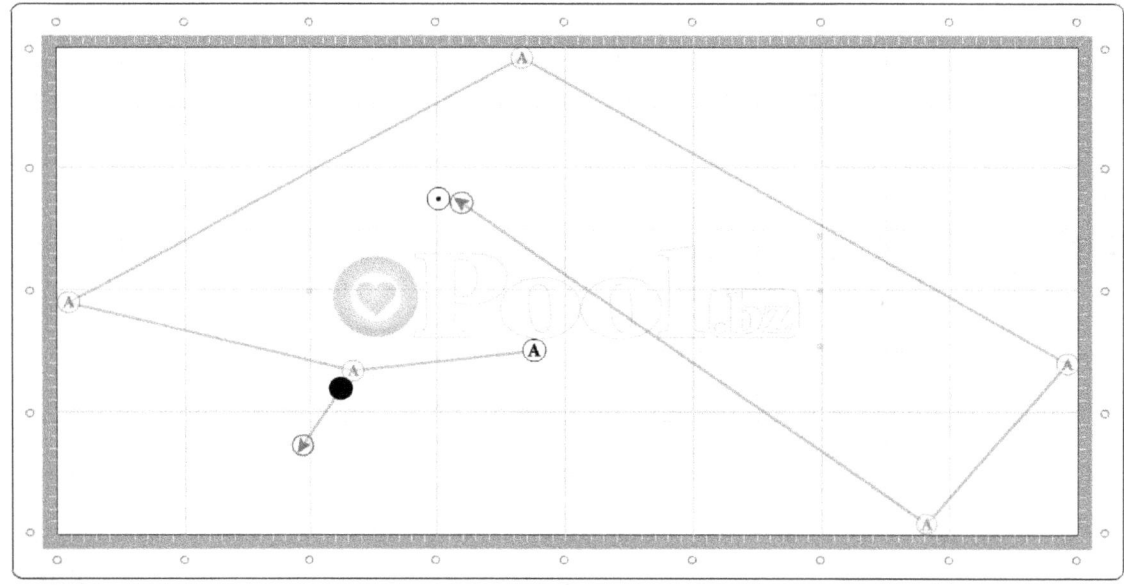

C:1b – Setup

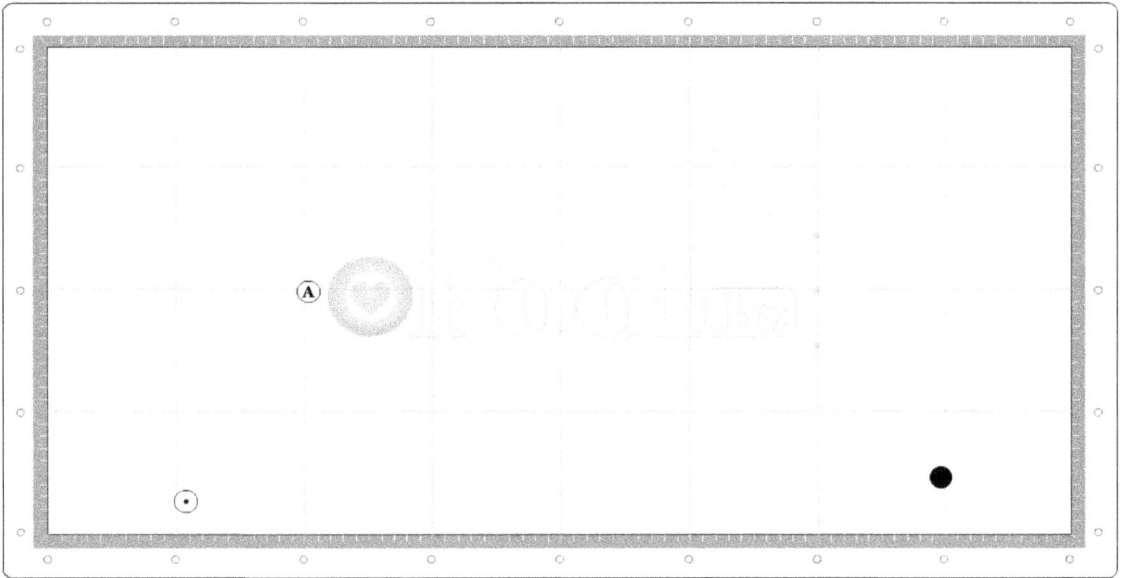

Notater og ideer:

Skudd mønster

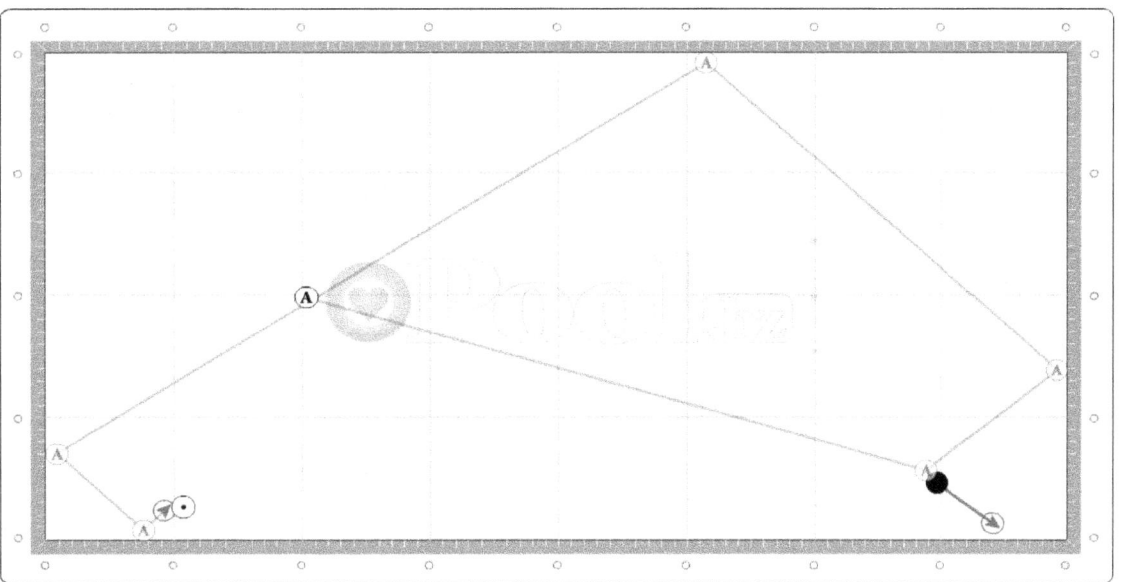

C:1c – Setup

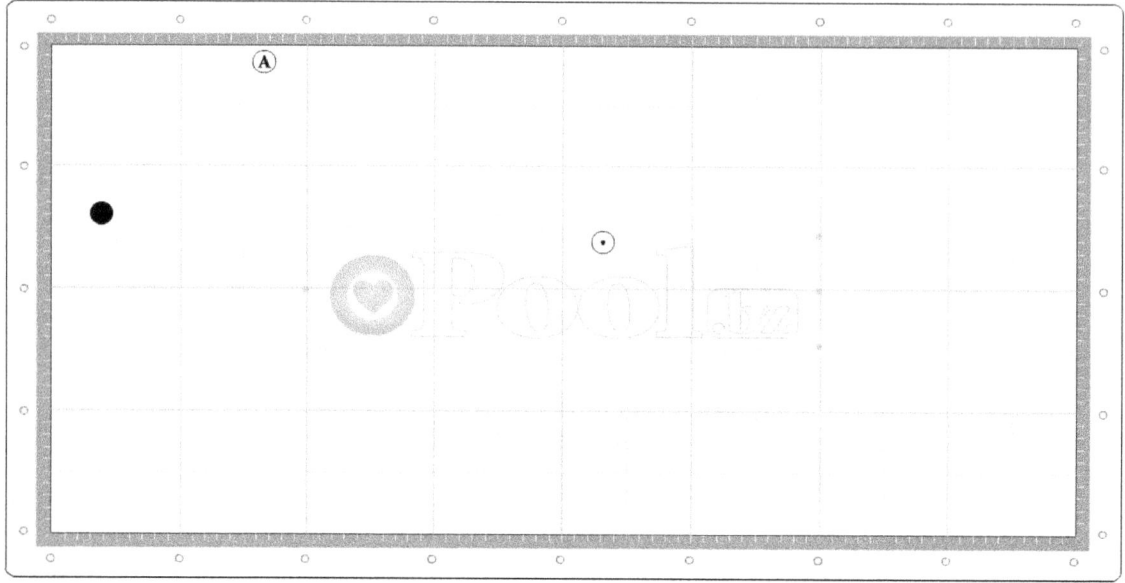

Notater og ideer:

Skudd mønster

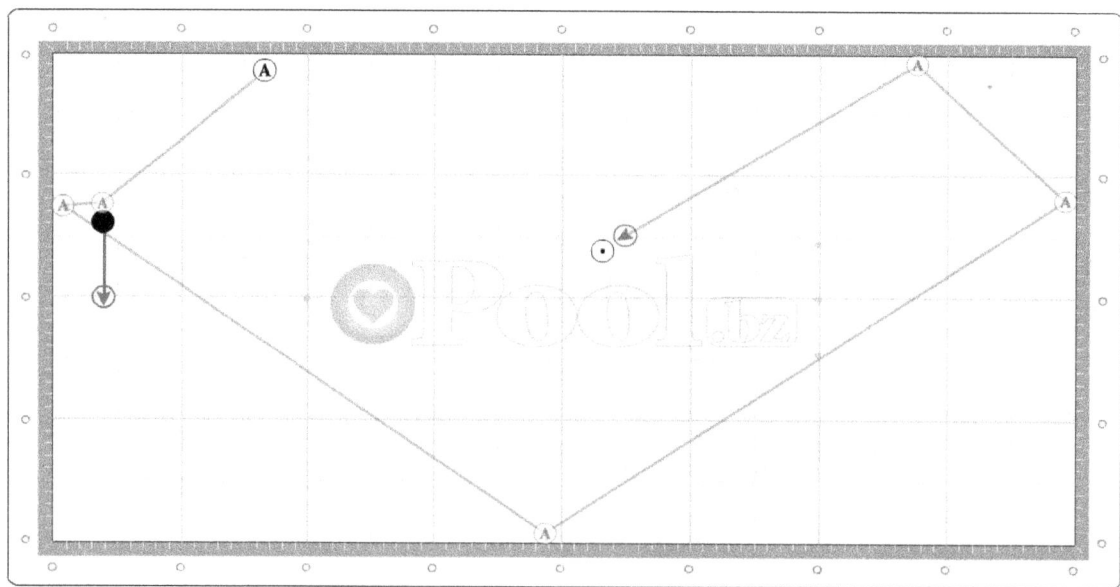

C:1d – Setup

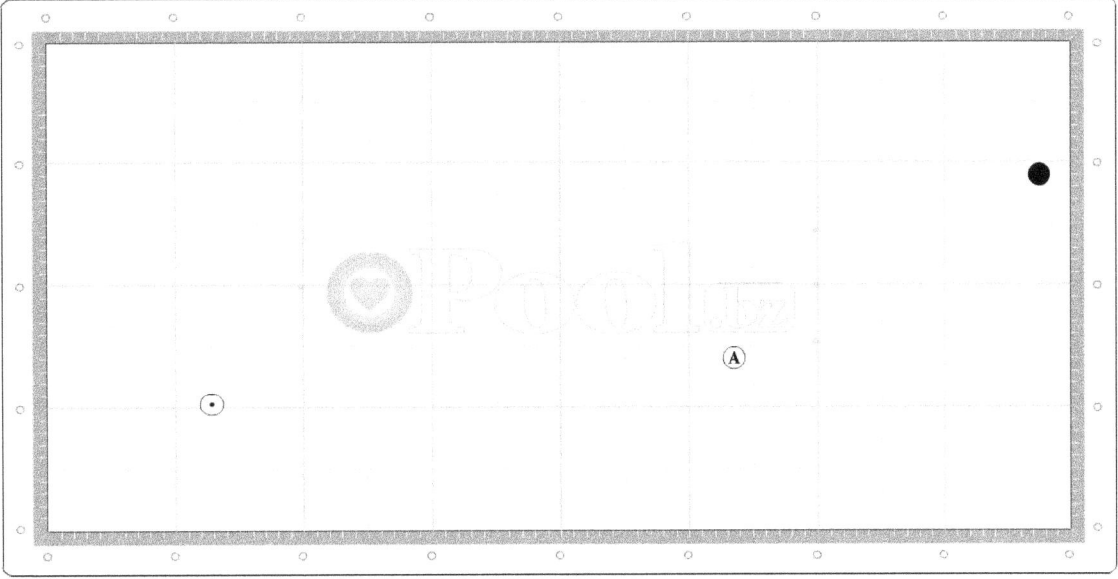

Notater og ideer:

Skudd mønster

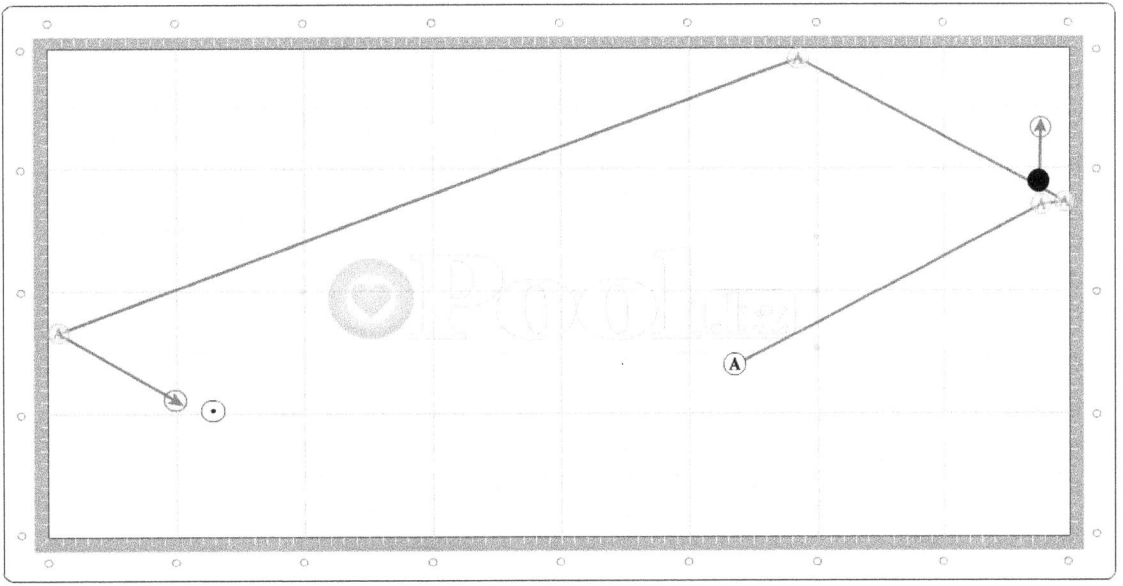

C: Gruppe 2

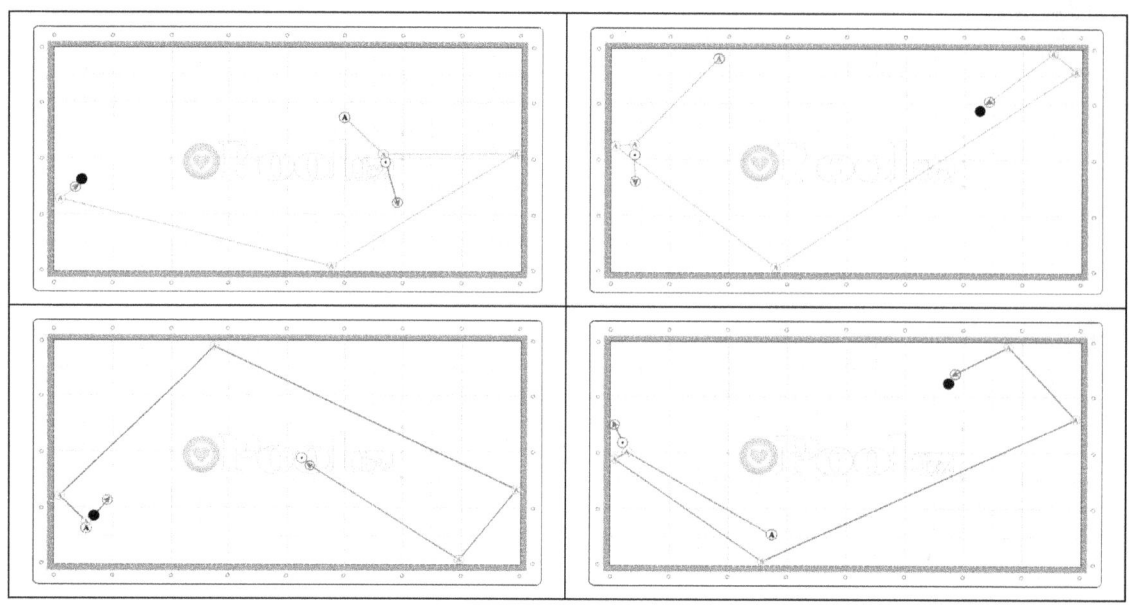

Analyse:

C:2a. _____

C:2b. _____

C:2c. _____

C:2d. _____

C:2a – Setup

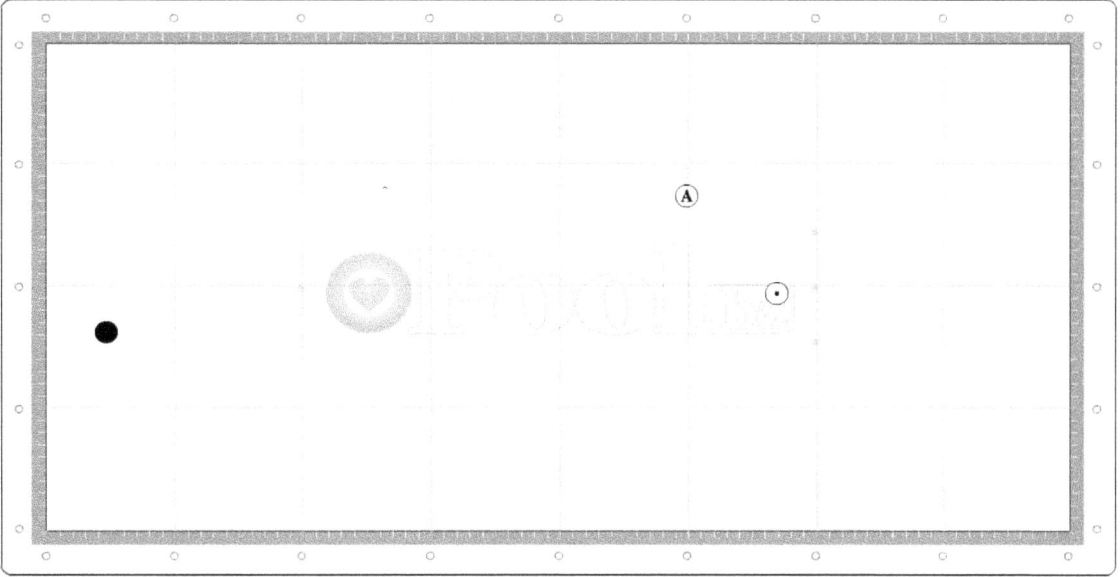

Notater og ideer:

Skudd mønster

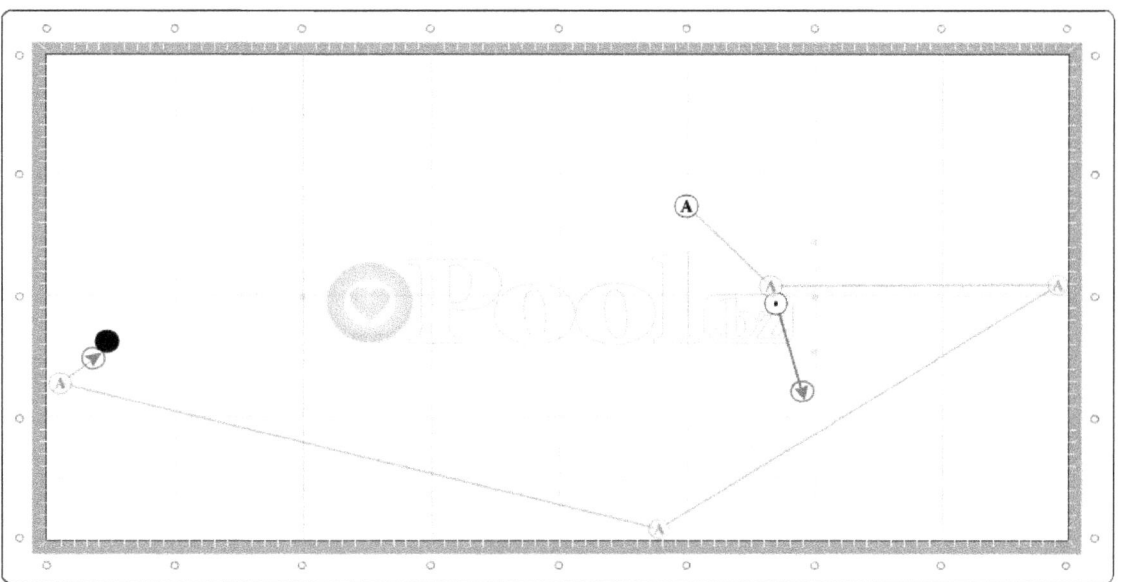

C:2b – Setup

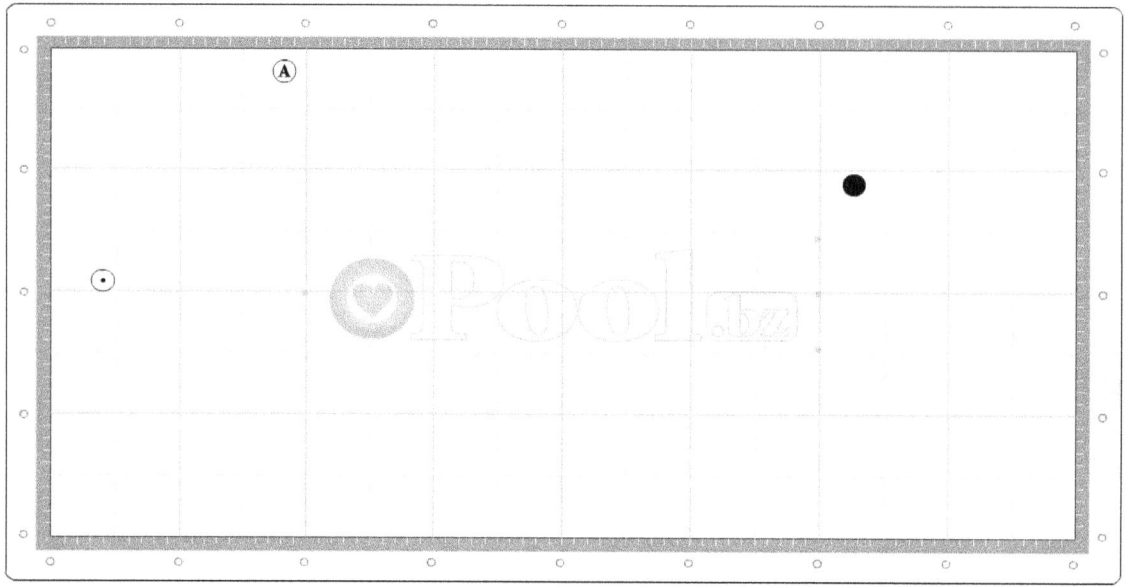

Notater og ideer:

Skudd mønster

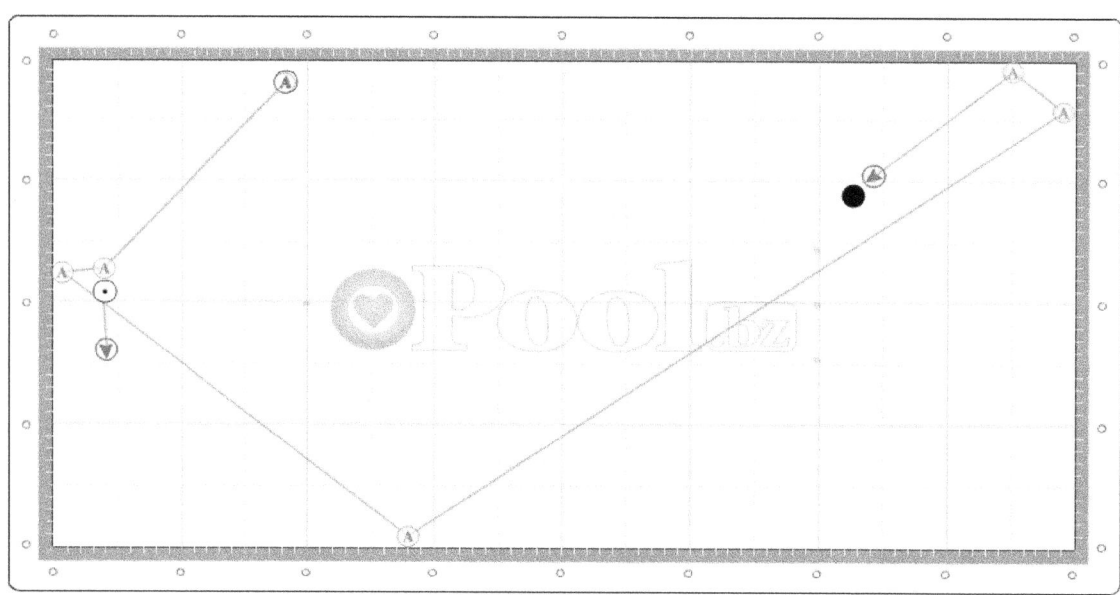

C:2c – Setup

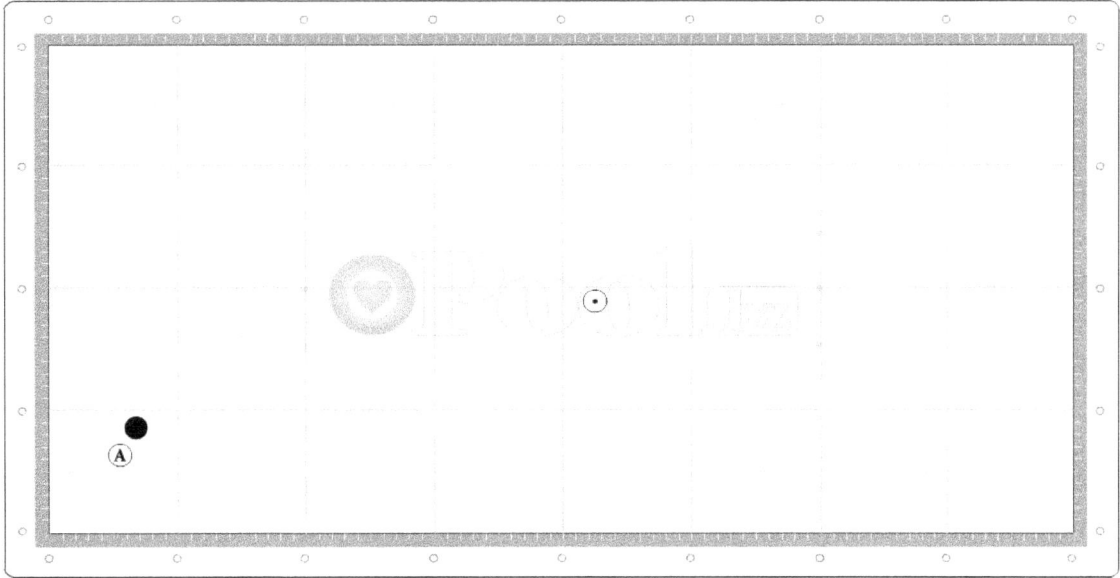

Notater og ideer:

Skudd mønster

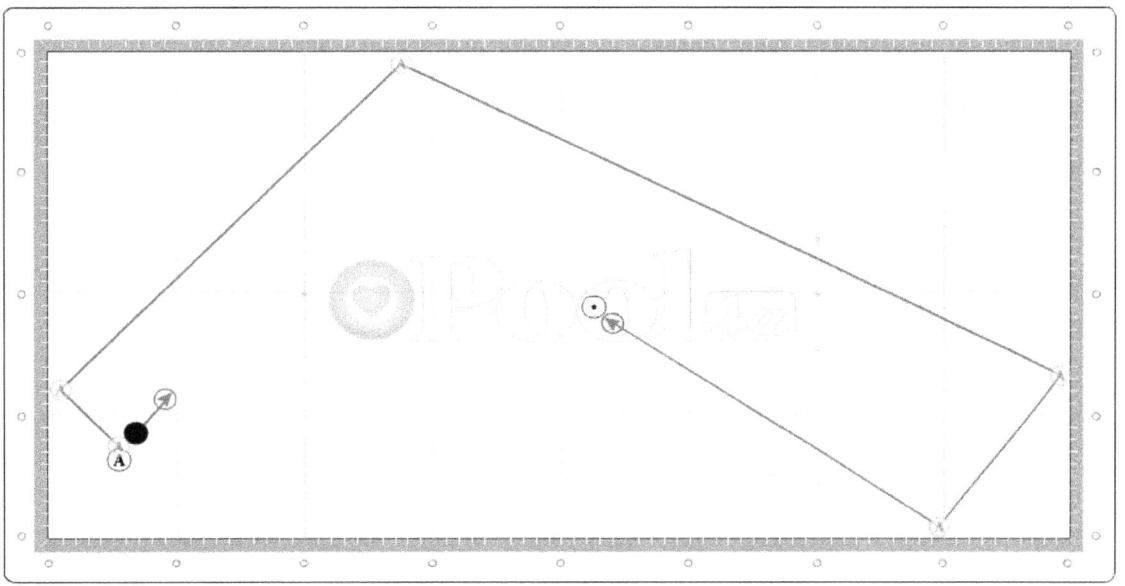

C:2d – Setup

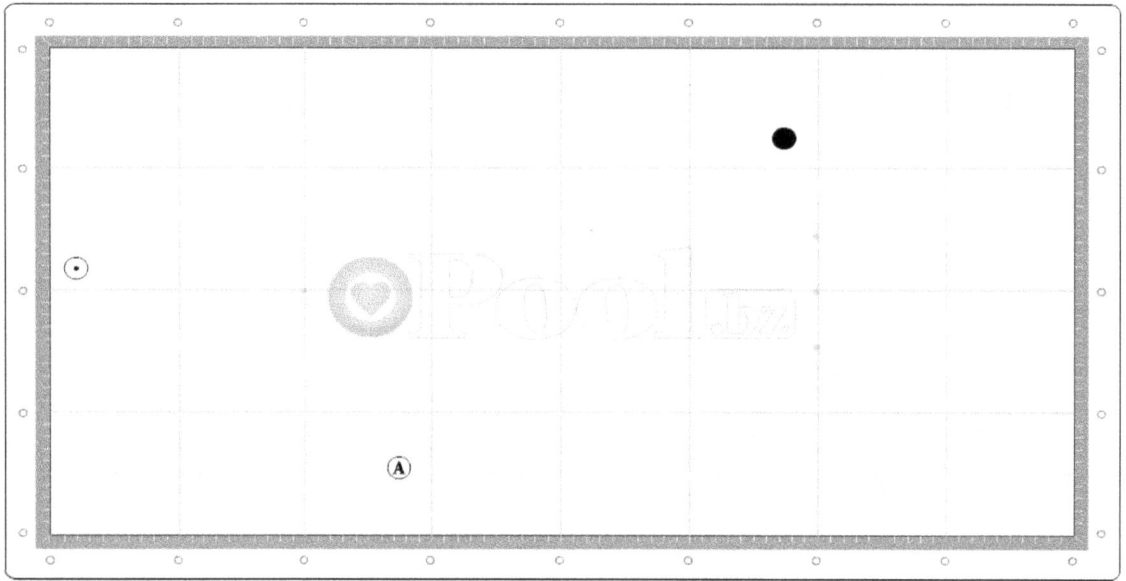

Notater og ideer:

Skudd mønster

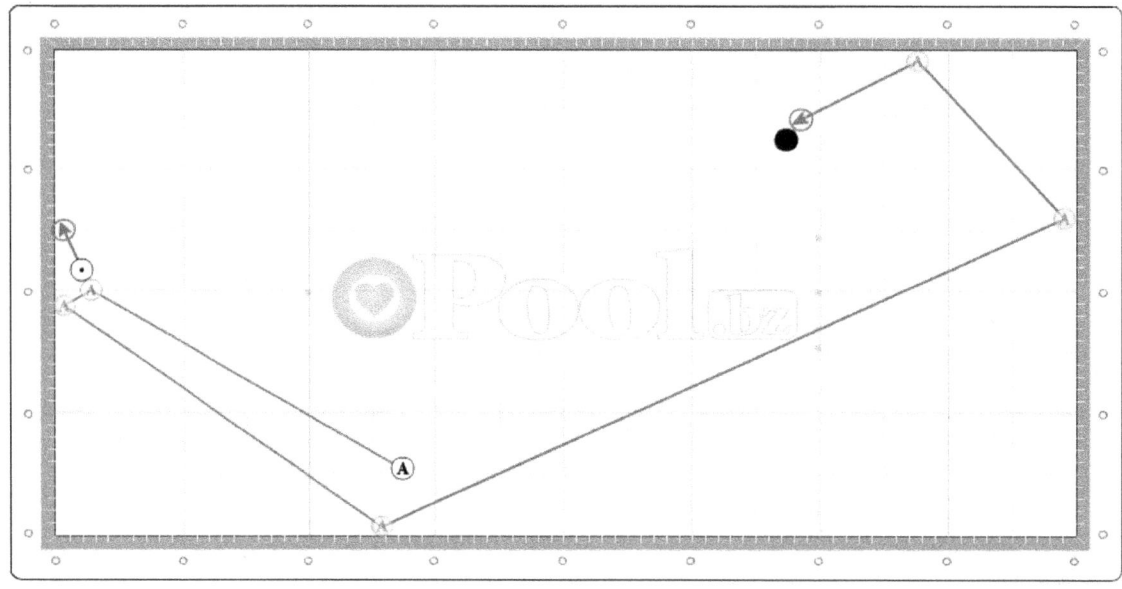

C: Gruppe 3

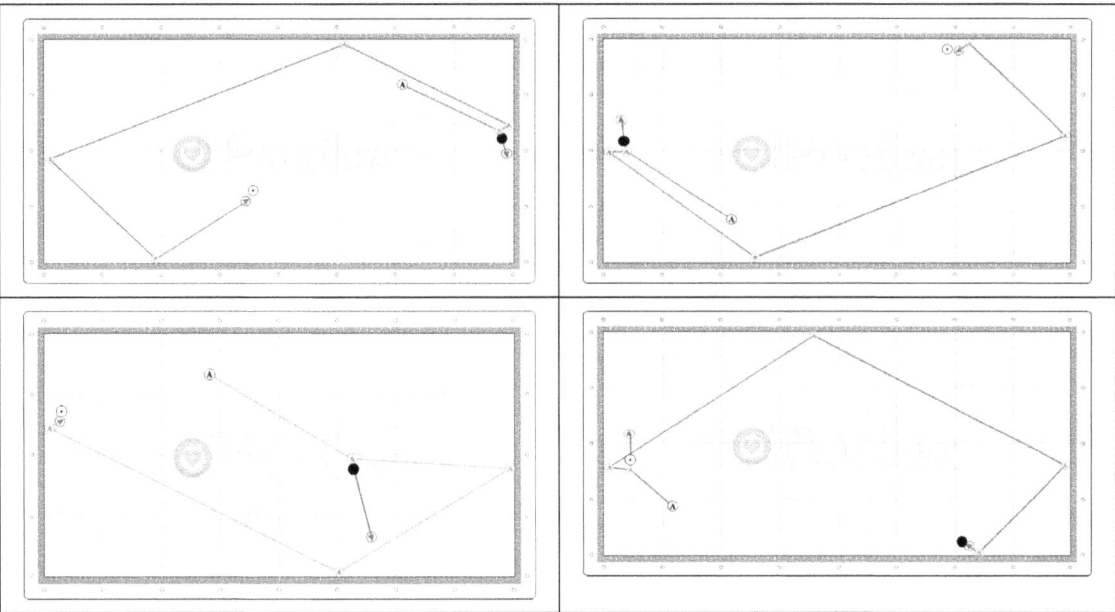

Analyse:

C:3a. _____

C:3b. _____

C:3c. _____

C:3d. _____

C:3a – Setup

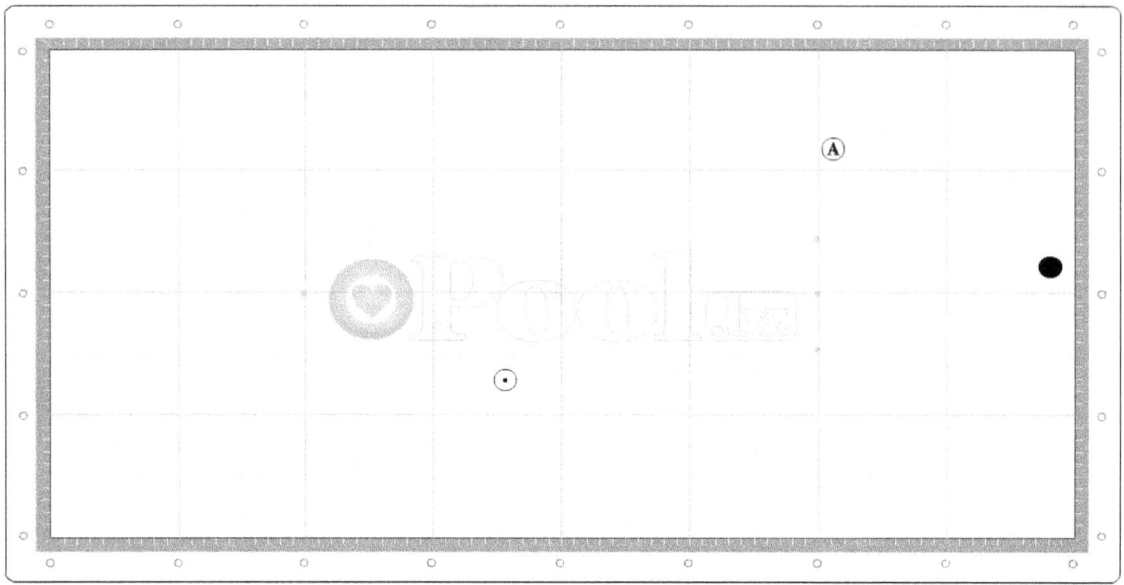

Notater og ideer:

Skudd mønster

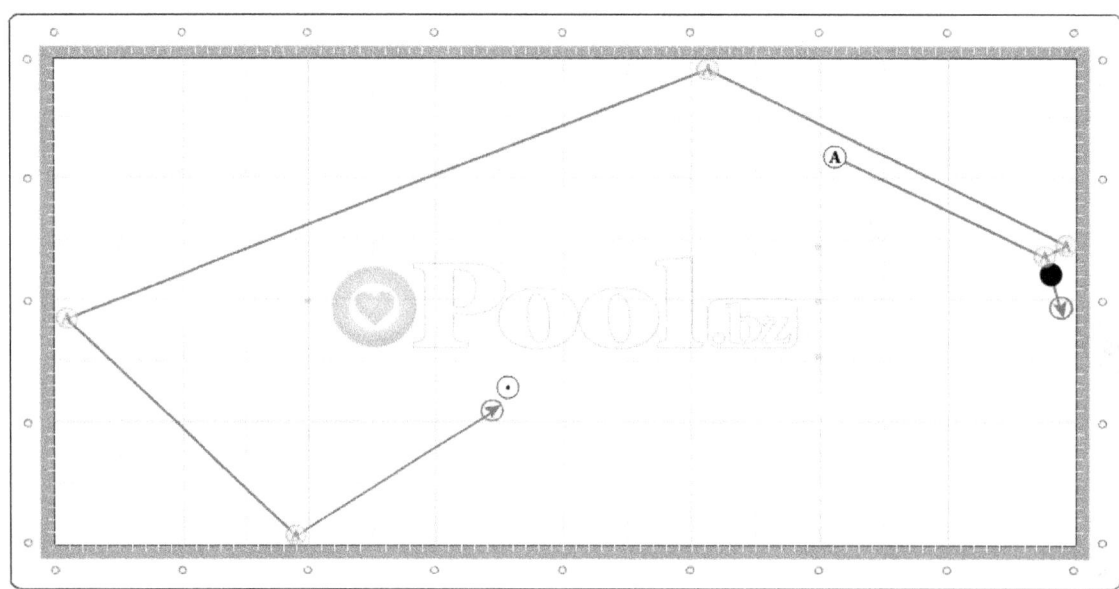

C:3b – Setup

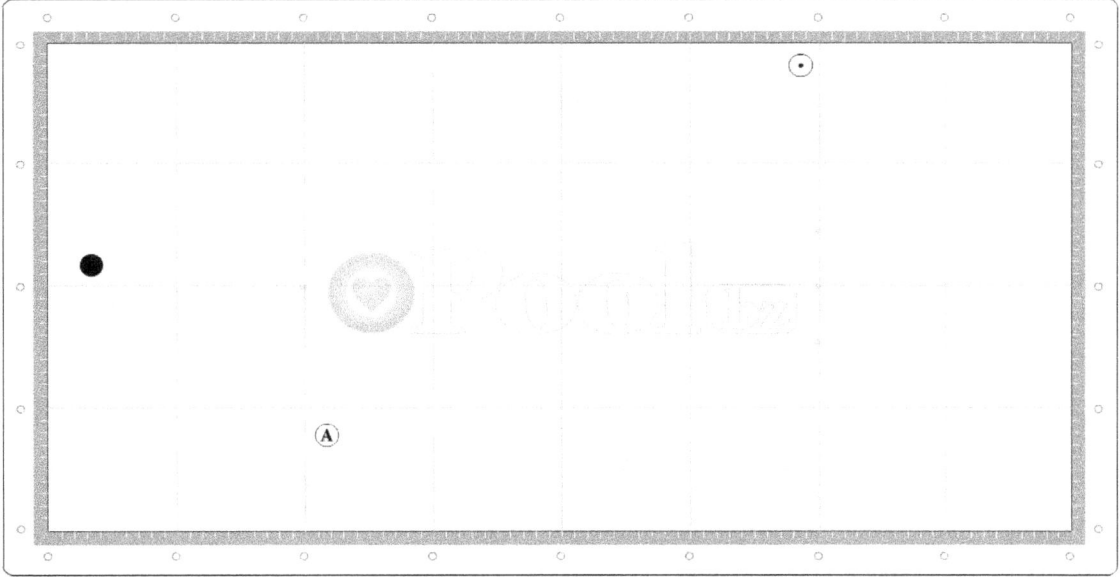

Notater og ideer:

Skudd mønster

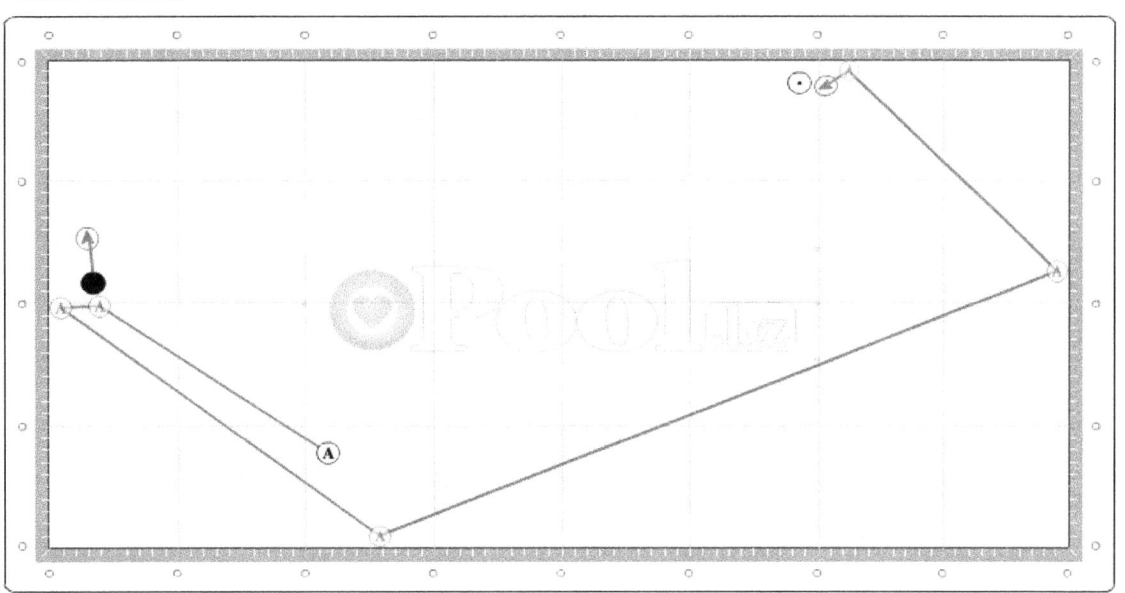

C:3c – Setup

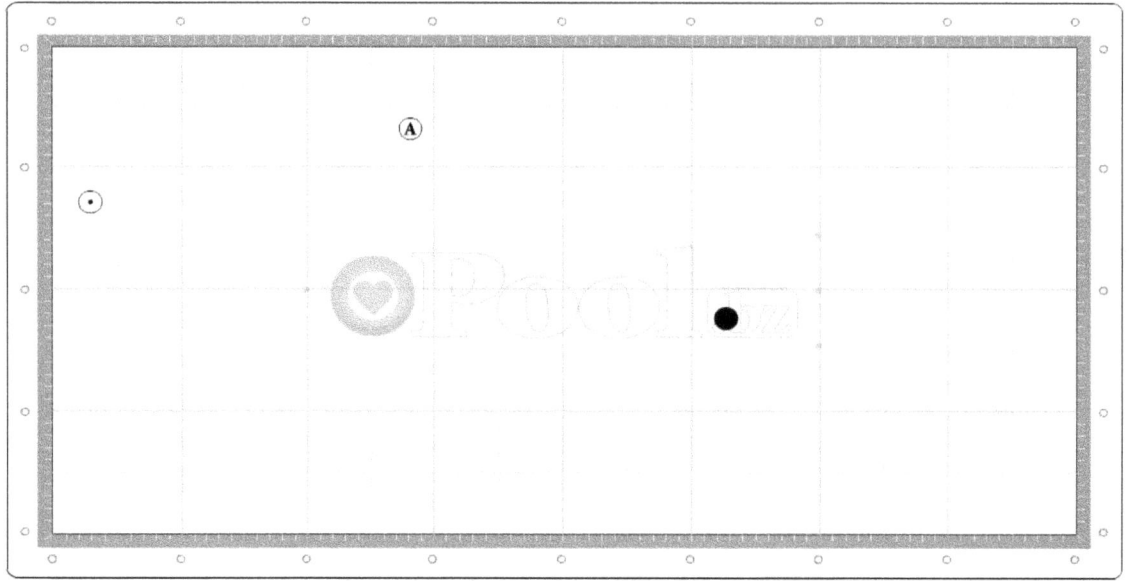

Notater og ideer:

Skudd mønster

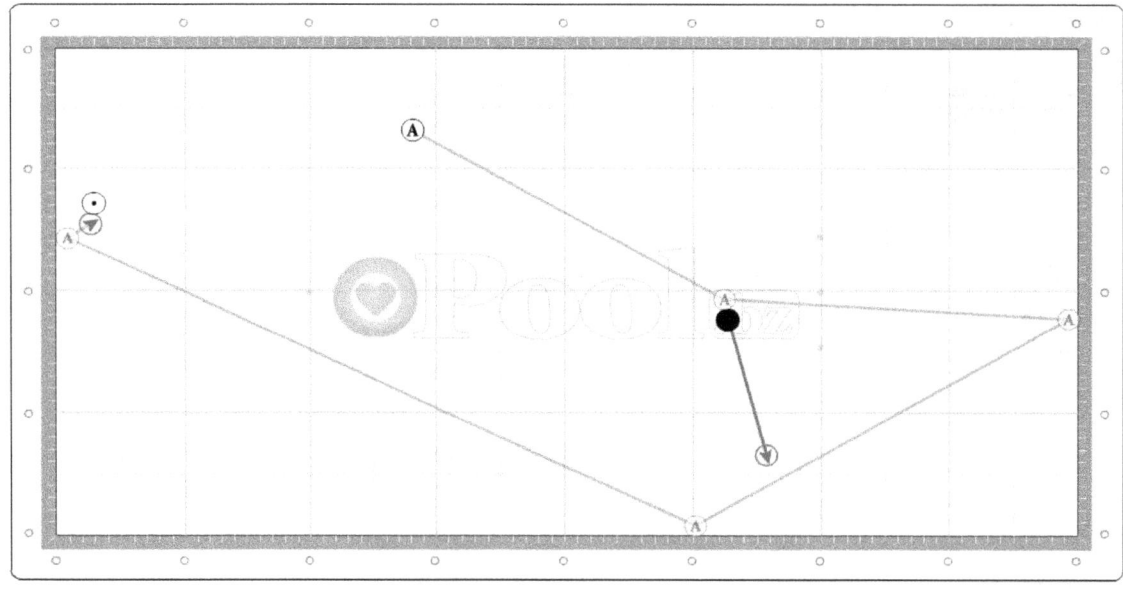

C:3d – Setup

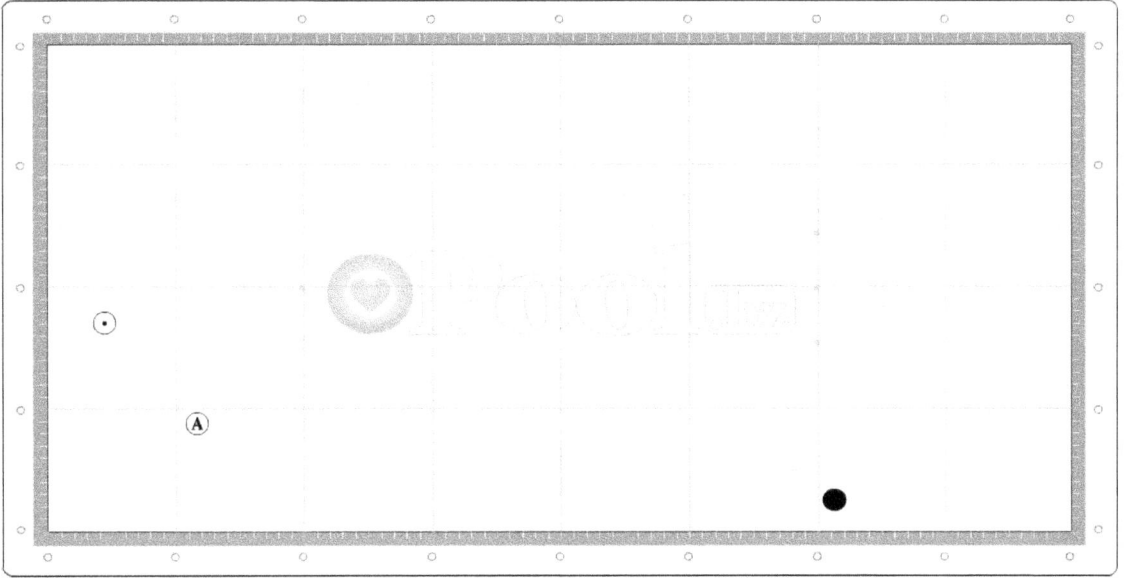

Notater og ideer:

Skudd mønster

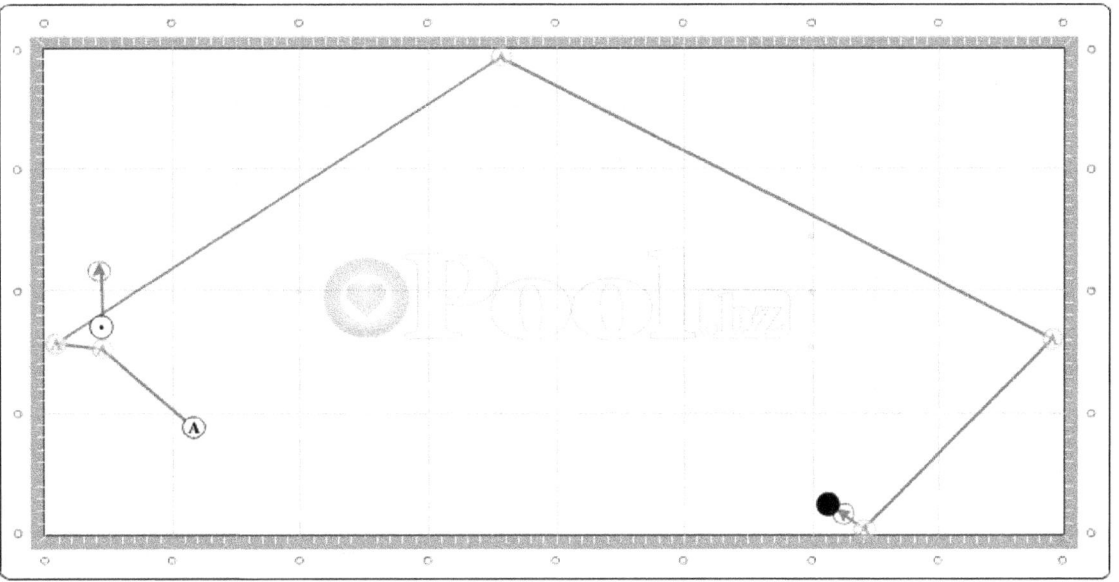

D: Grunnleggende hjørne retur (lang vant)

Den (CB) kommer av den første (OB) og går inn i hjørnet. Den kommer ut av hjørnet fra den korte vant. Den (CB) går da inn i midten av motsatt lang vant. Derfra kontakter (CB) den andre (OB).

Ⓐ (CB) (biljardkule) - ⊙ (OB) (motstander billiardball) - ● (OB) (rød biljardball)

D: Gruppe 1

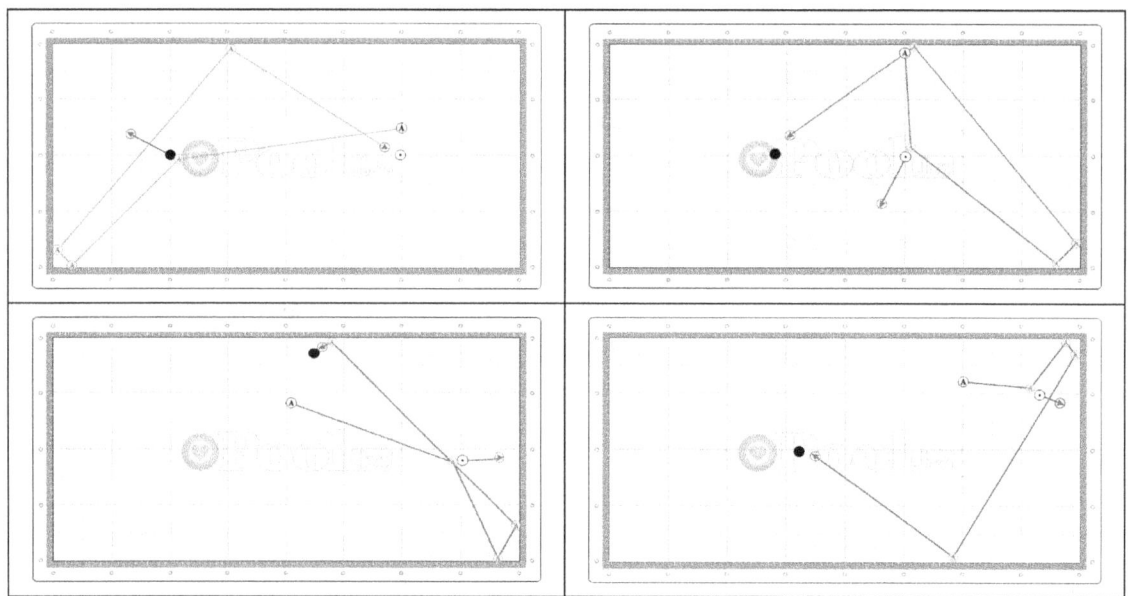

Analyse:

D:1a. _____

D:1b. _____

D:1c. _____

D:1d. _____

D:1a – Setup

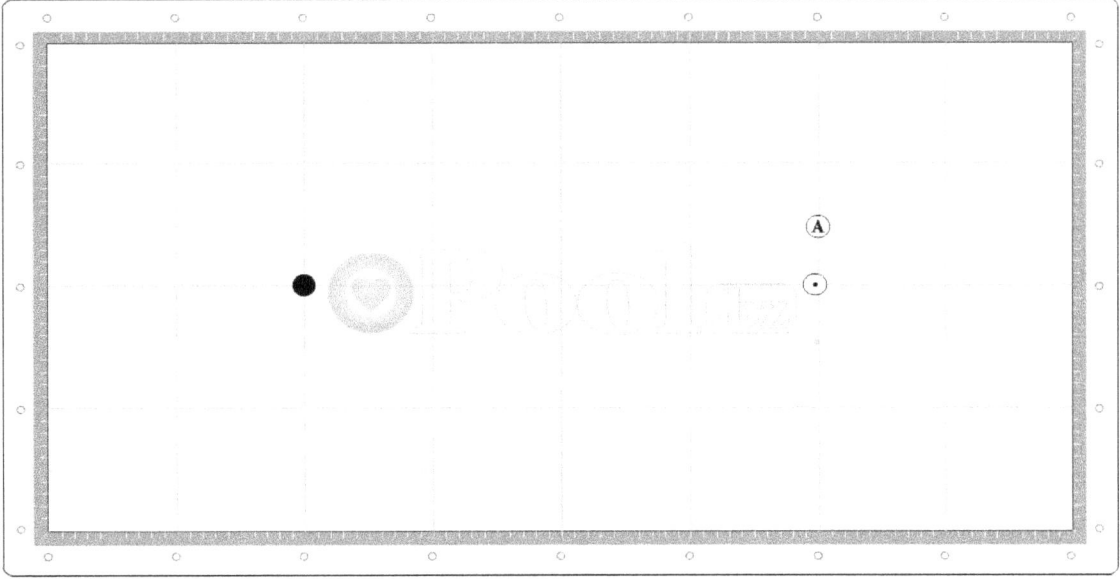

Notater og ideer:

Skudd mønster

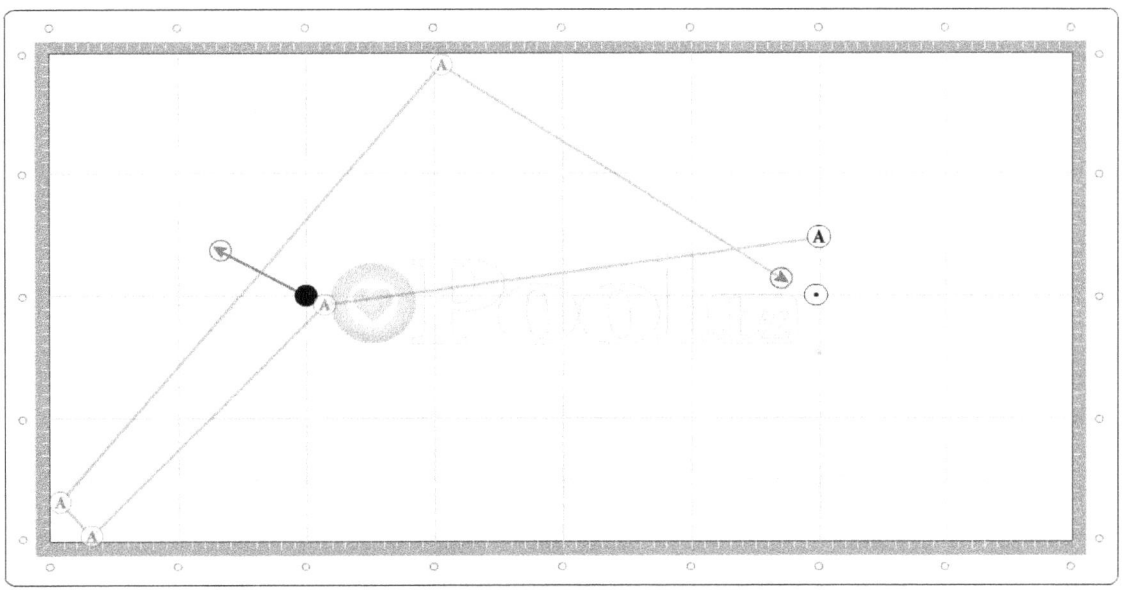

D:1b – Setup

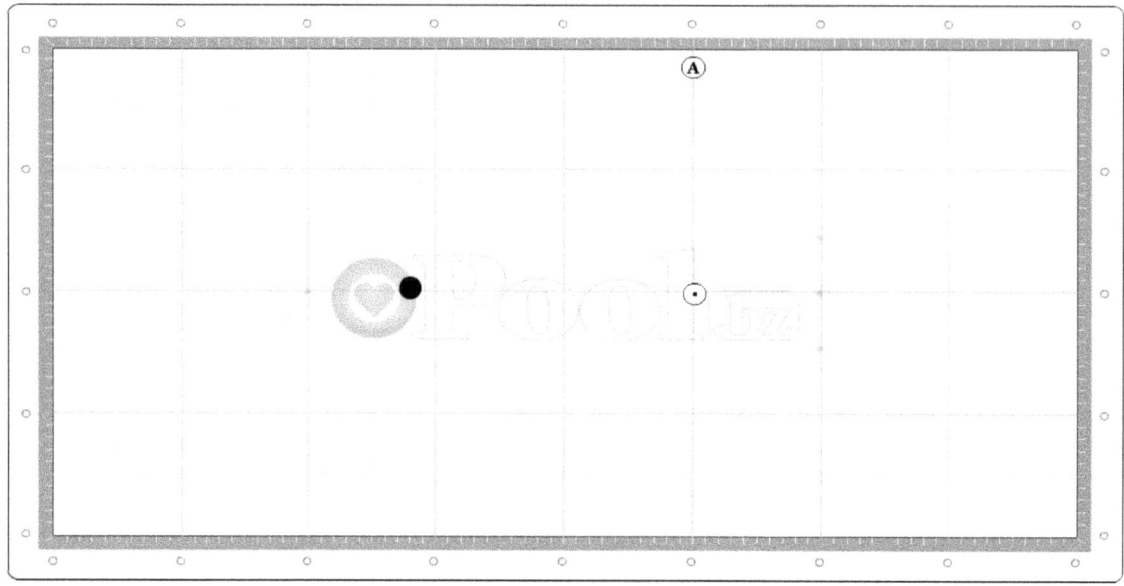

Notater og ideer:

Skudd mønster

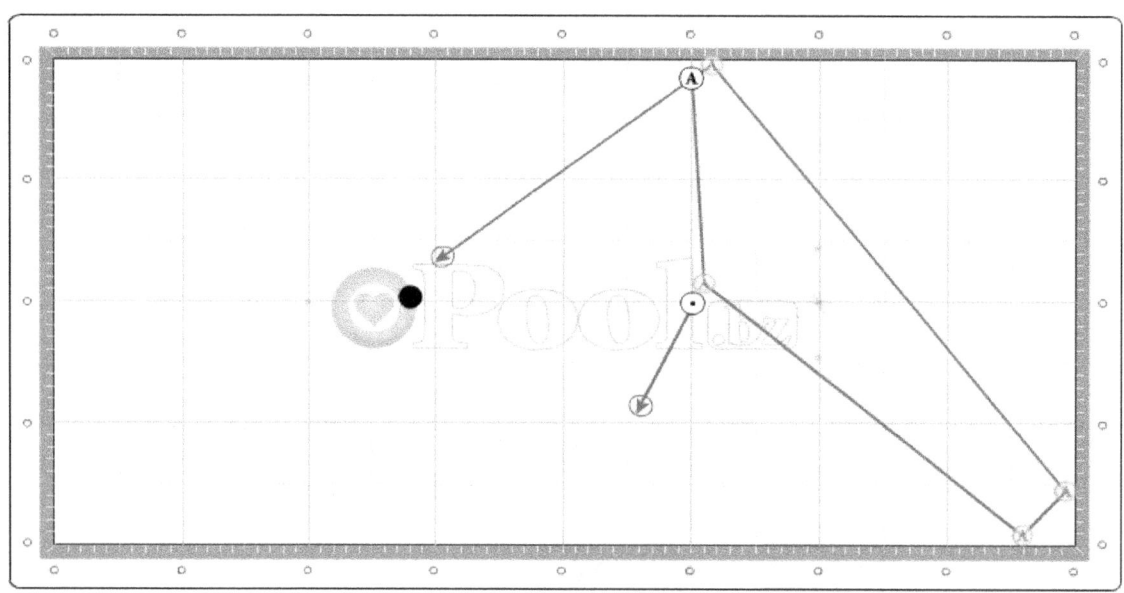

D:1c – Setup

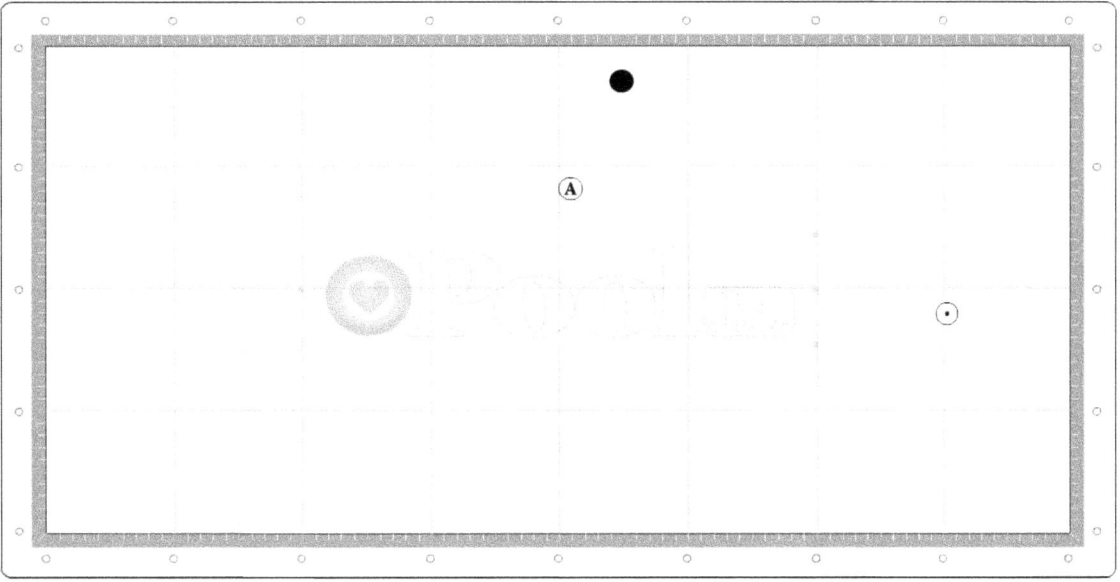

Notater og ideer:

Skudd mønster

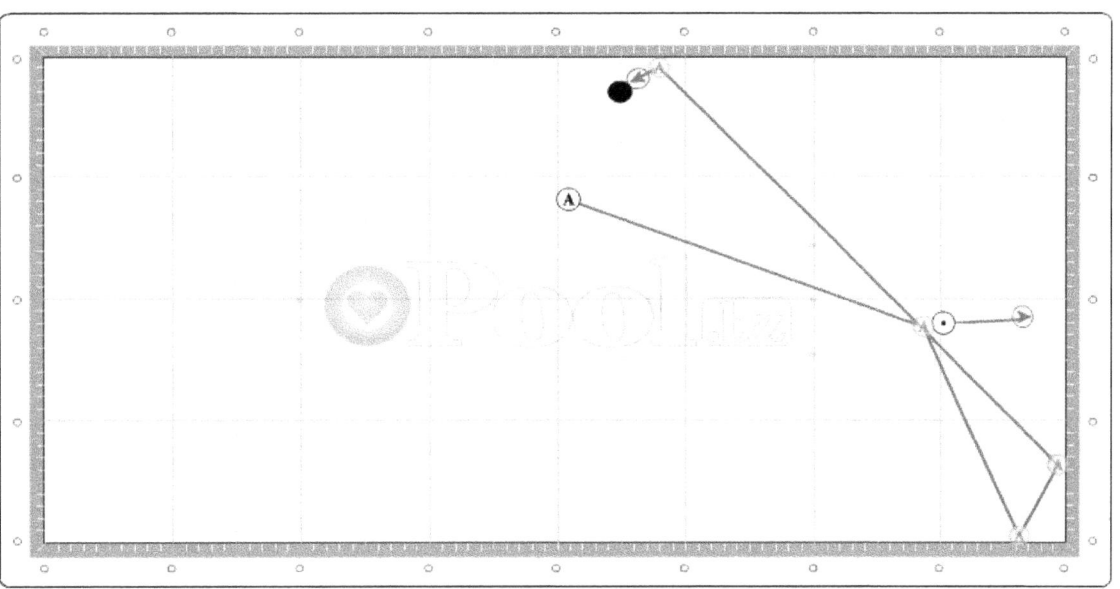

D:1d – Setup

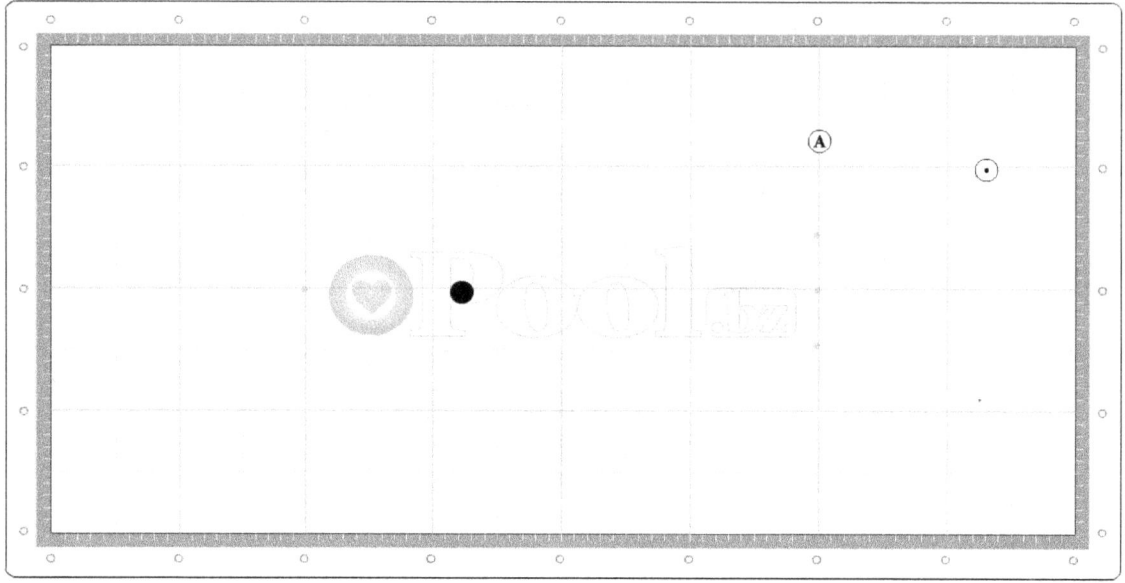

Notater og ideer:

Skudd mønster

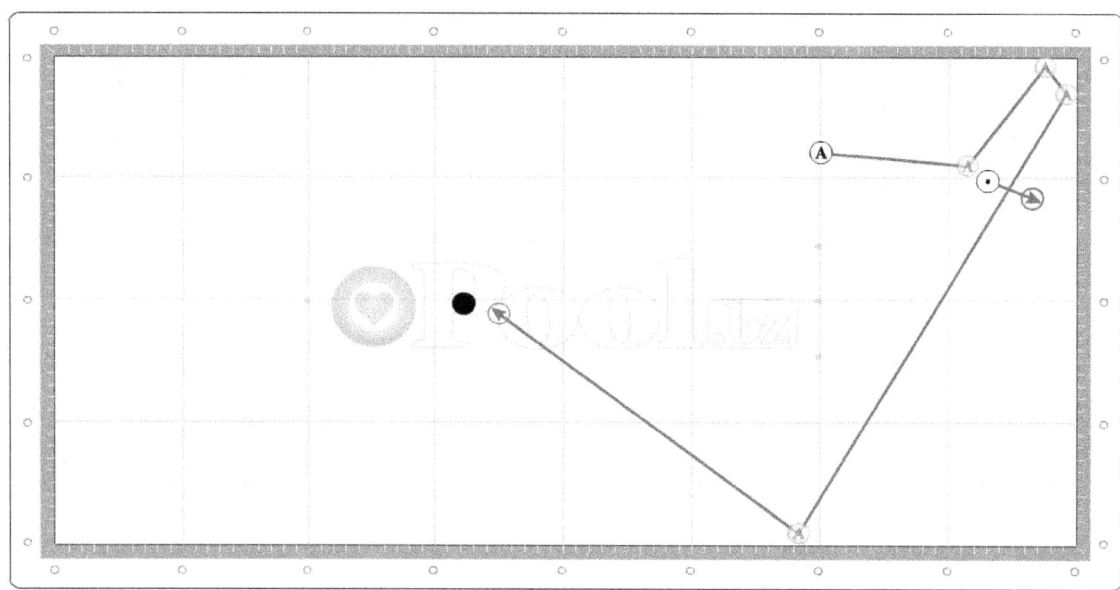

D: Gruppe 2

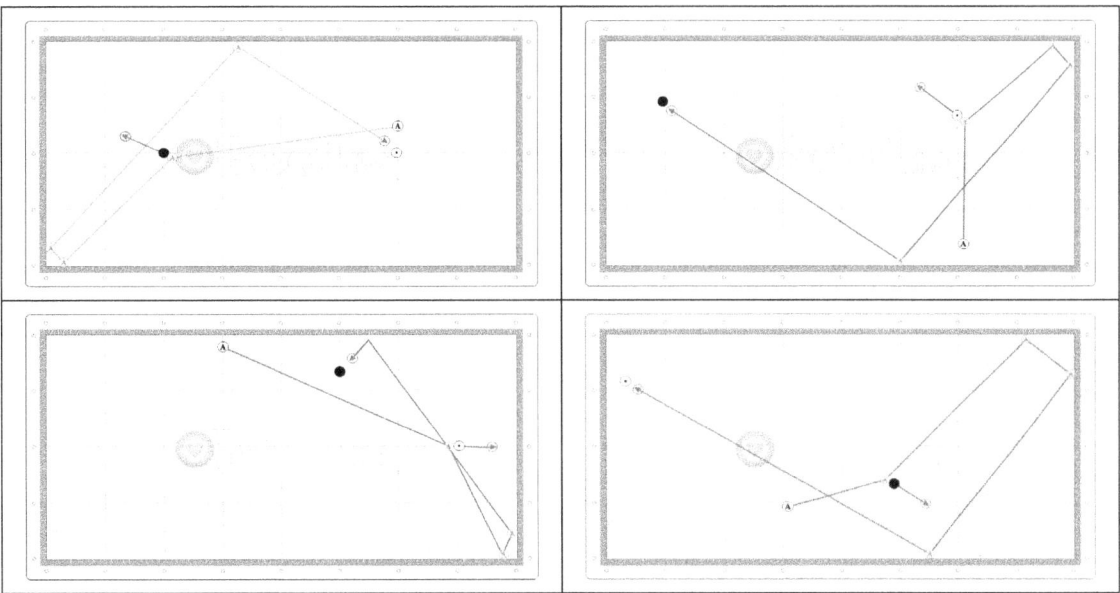

Analyse:

D:2a. _____

D:2b. _____

D:2c. _____

D:2d. _____

D:2a – Setup

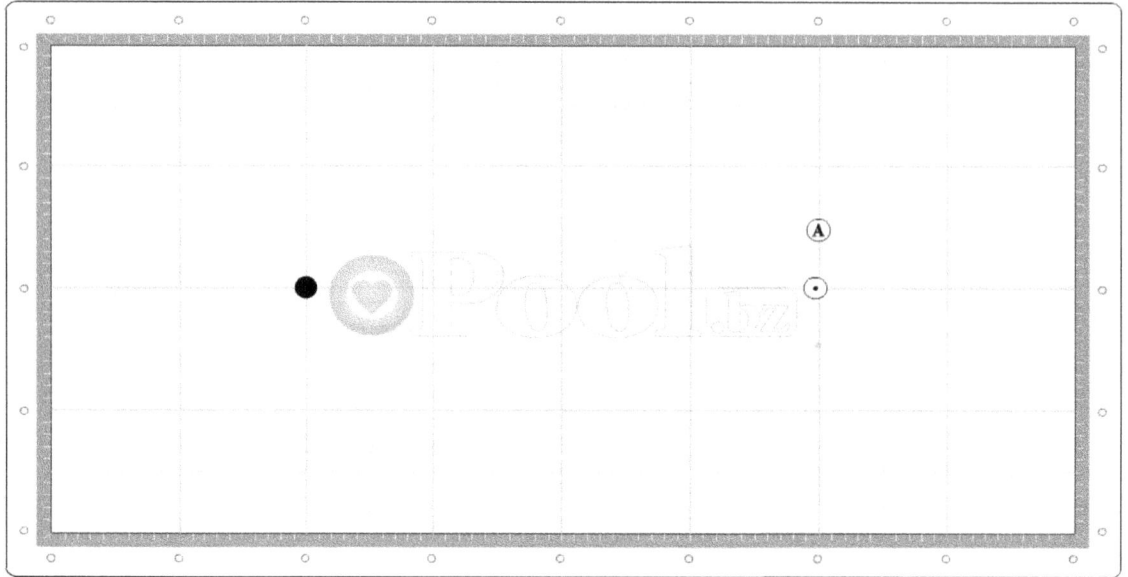

Notater og ideer:

Skudd mønster

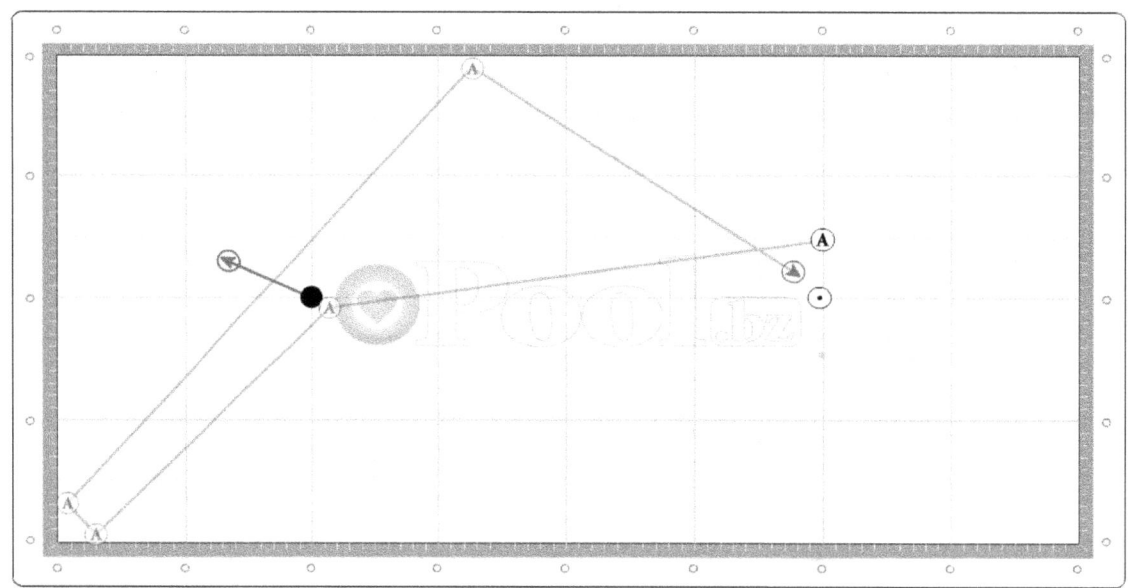

D:2b – Setup

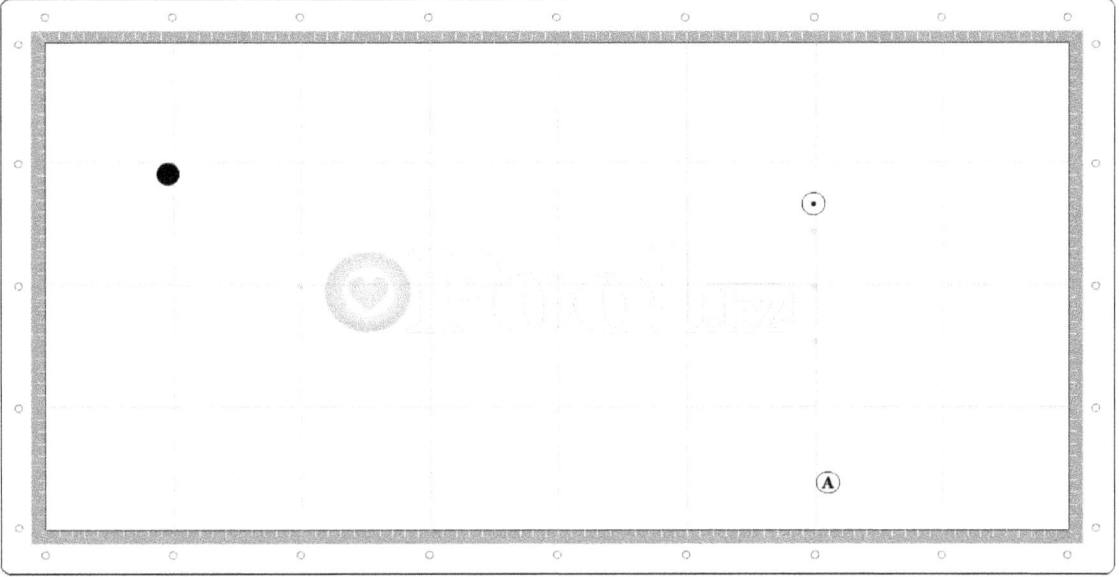

Notater og ideer:

Skudd mønster

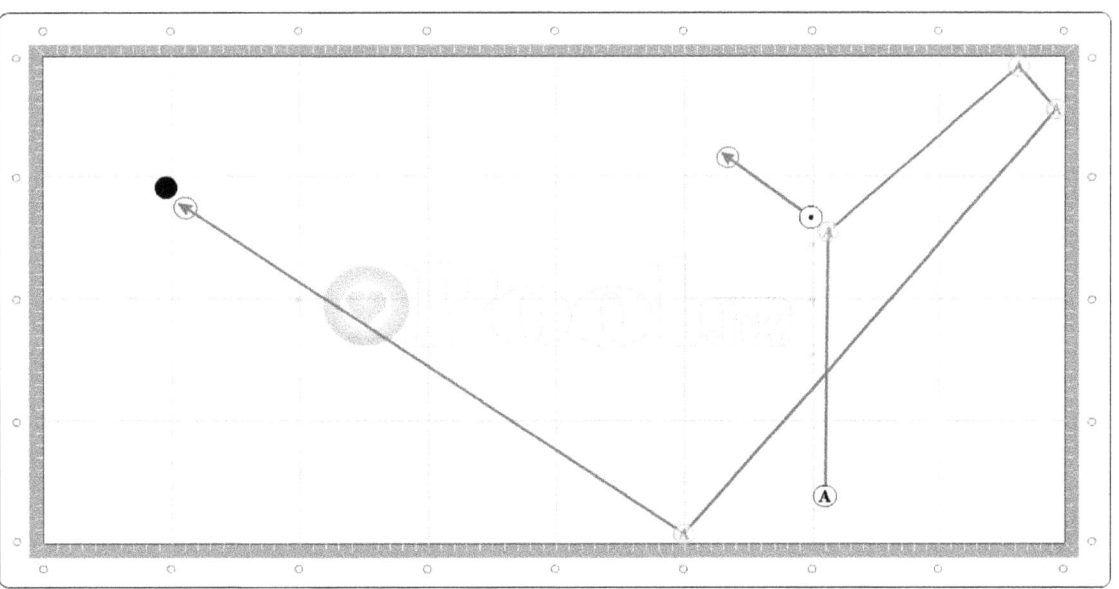

D:2c – Setup

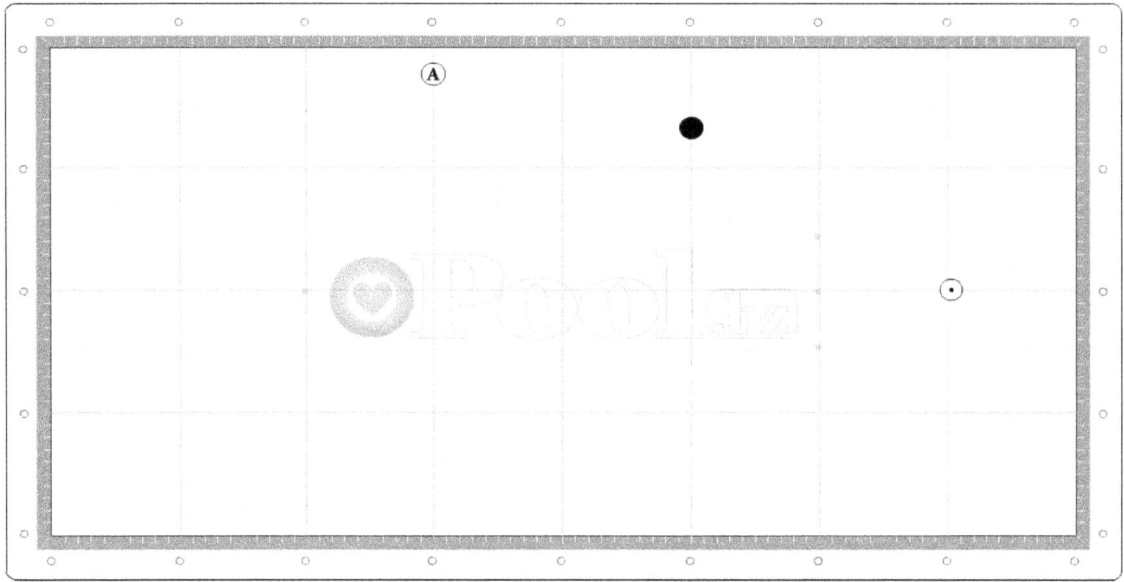

Notater og ideer:

Skudd mønster

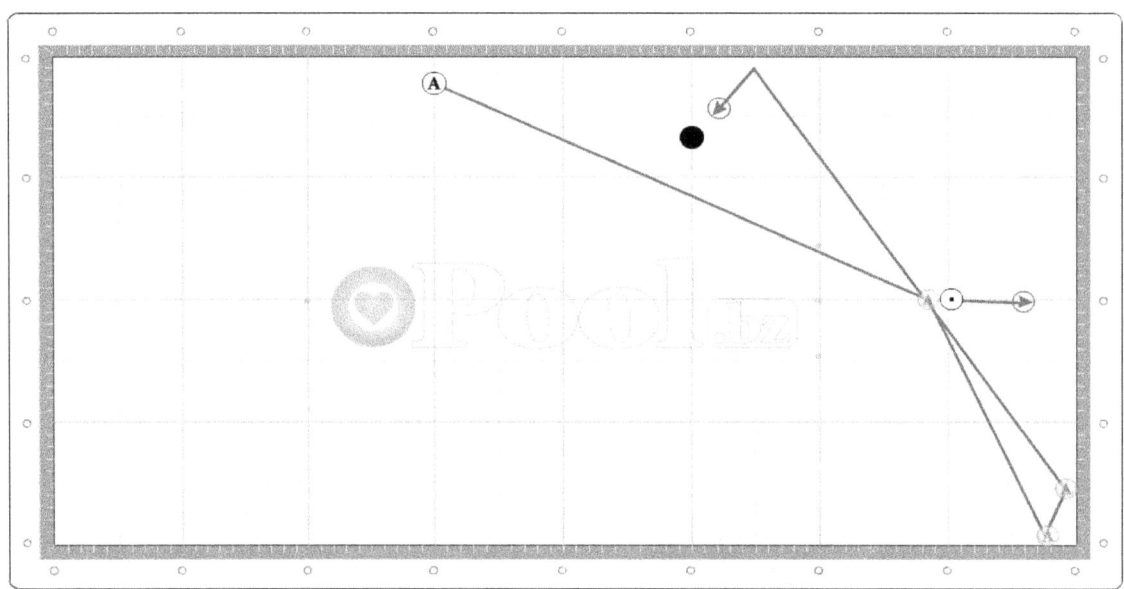

D:2d – Setup

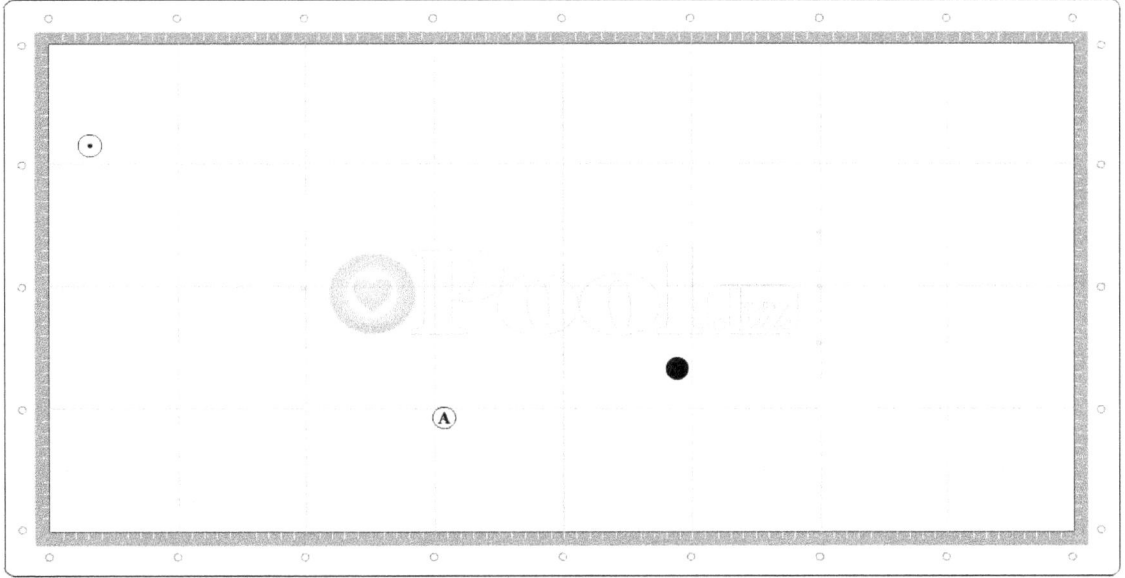

Notater og ideer:

Skudd mønster

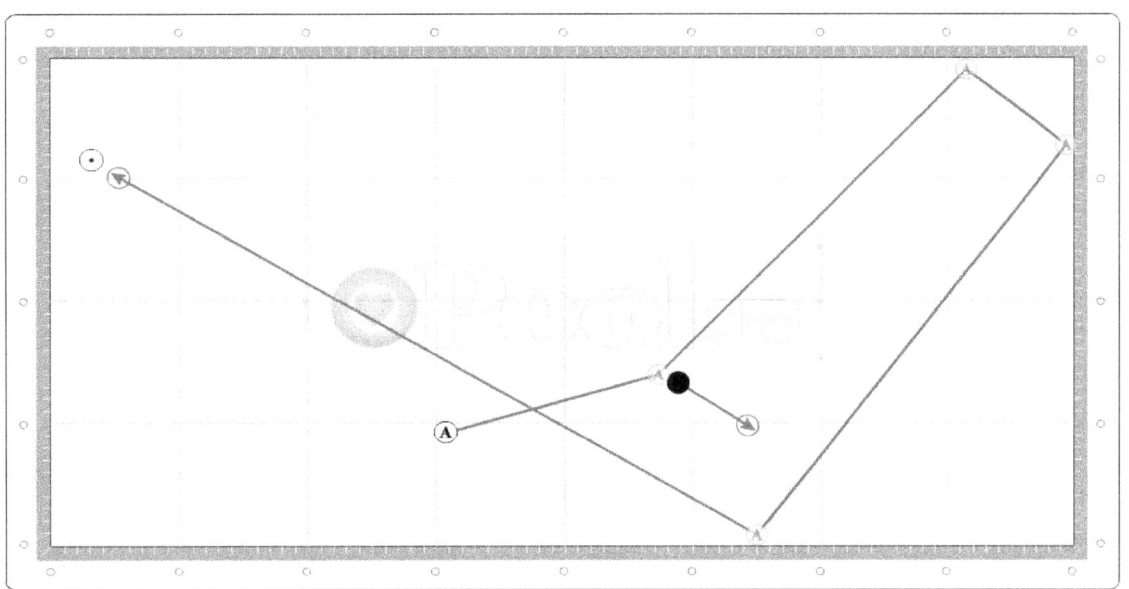

D: Gruppe 3

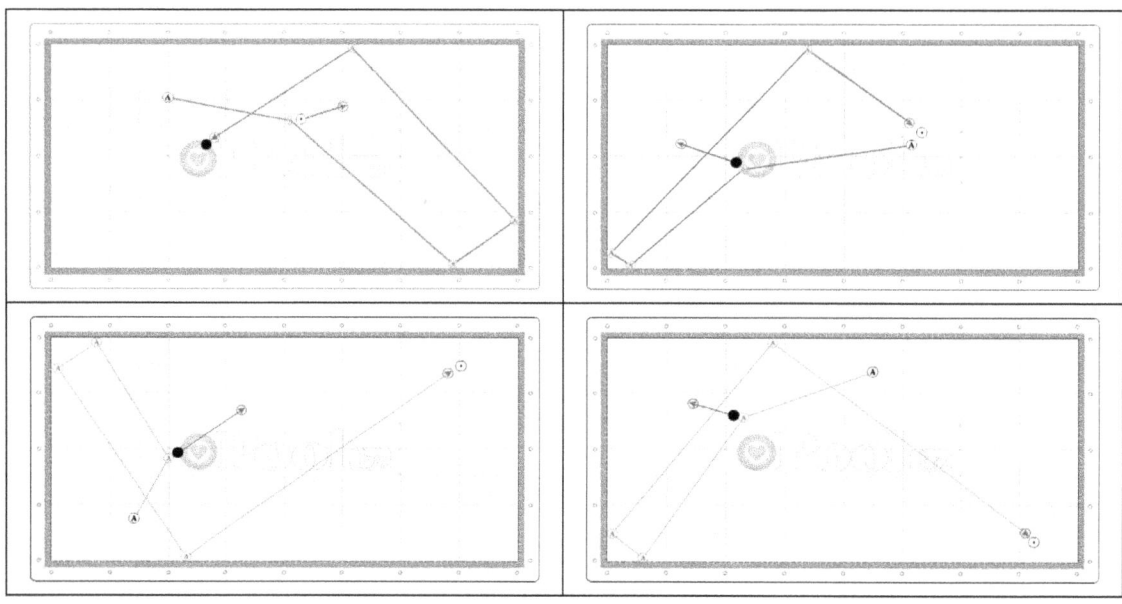

Analyse:

D:3a. _____

D:3b. _____

D:3c. _____

D:3d. _____

D:3a – Setup

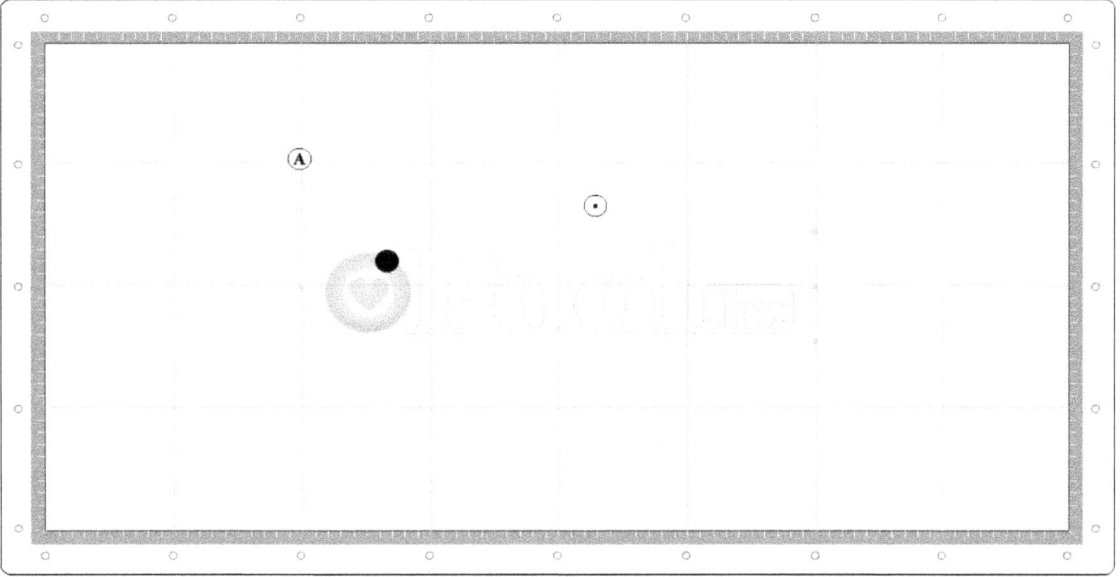

Notater og ideer:

Skudd mønster

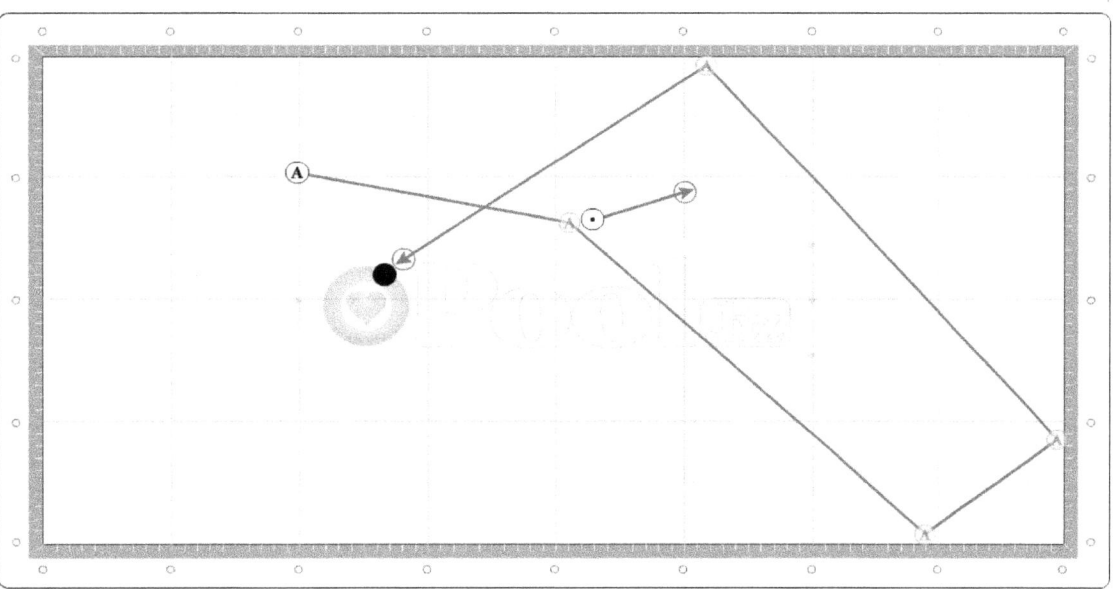

D:3b – Setup

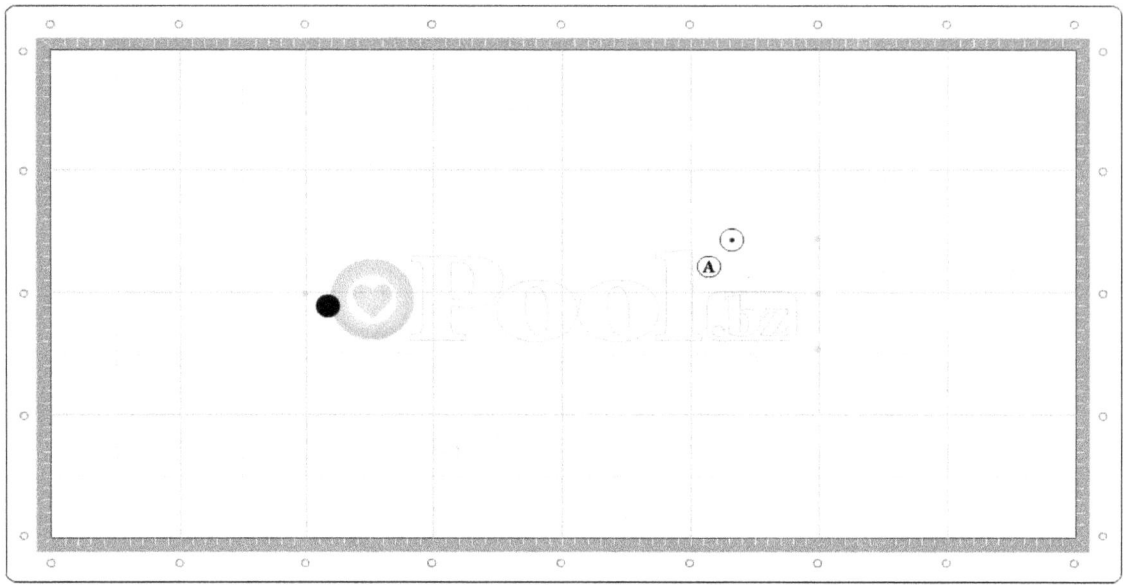

Notater og ideer:

Skudd mønster

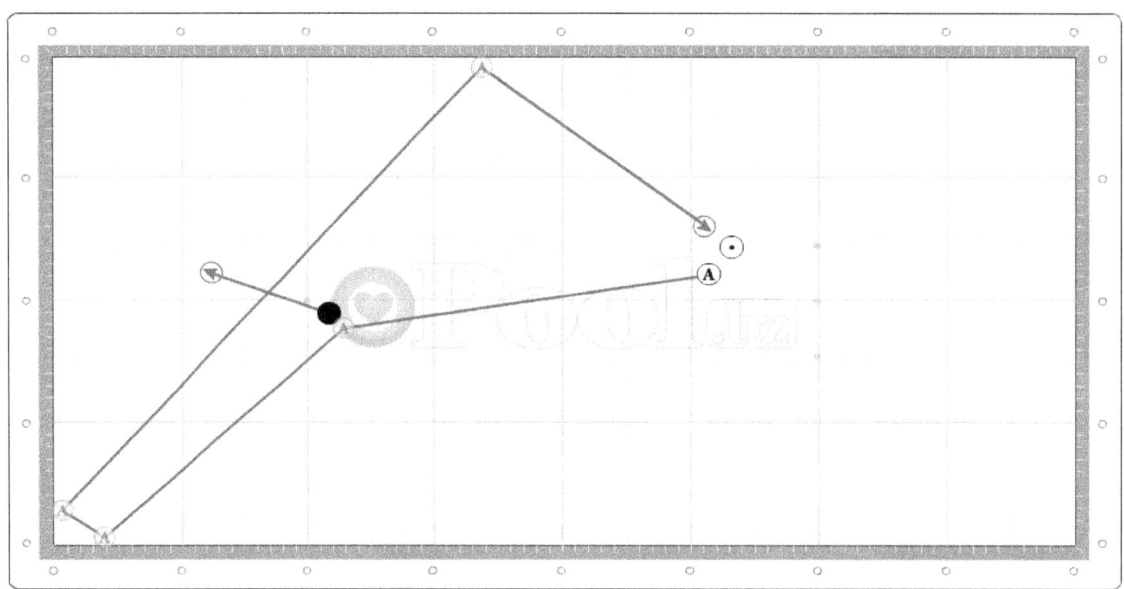

D:3c – Setup

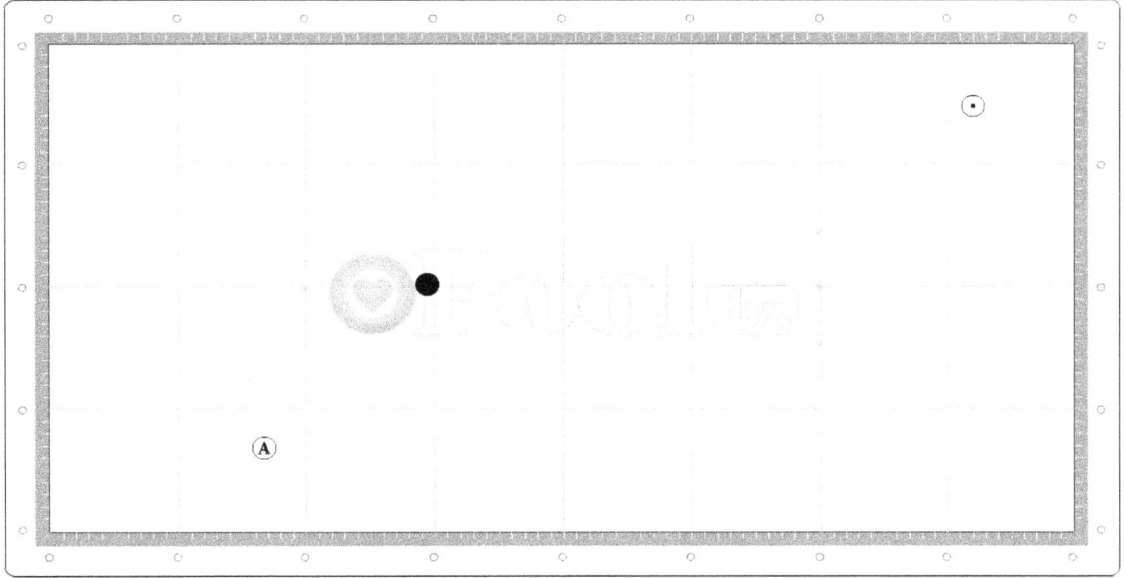

Notater og ideer:

Skudd mønster

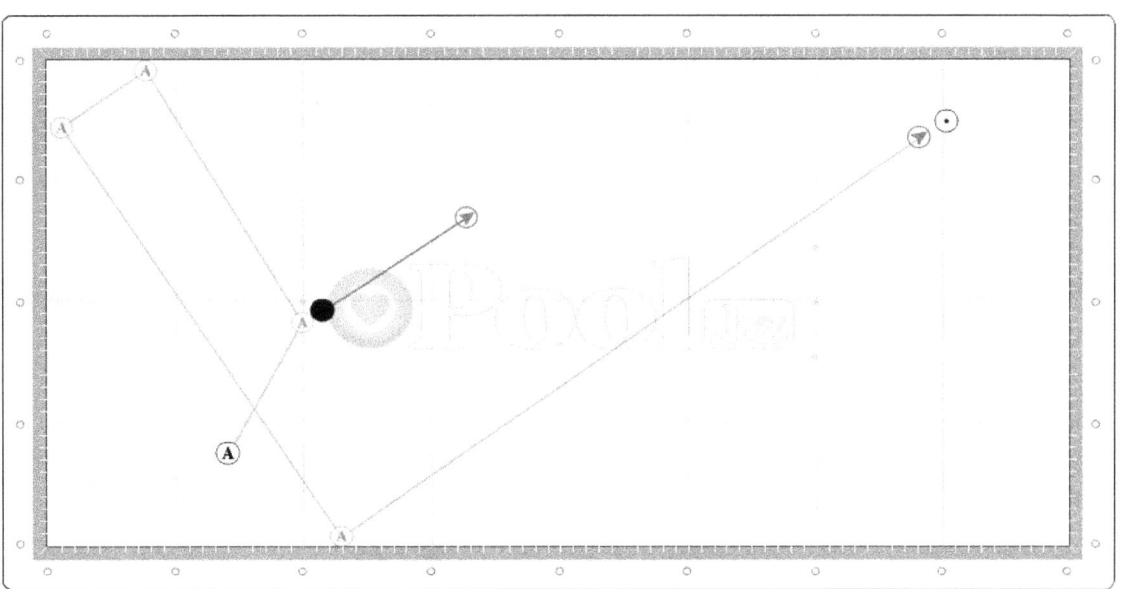

D:3d – Setup

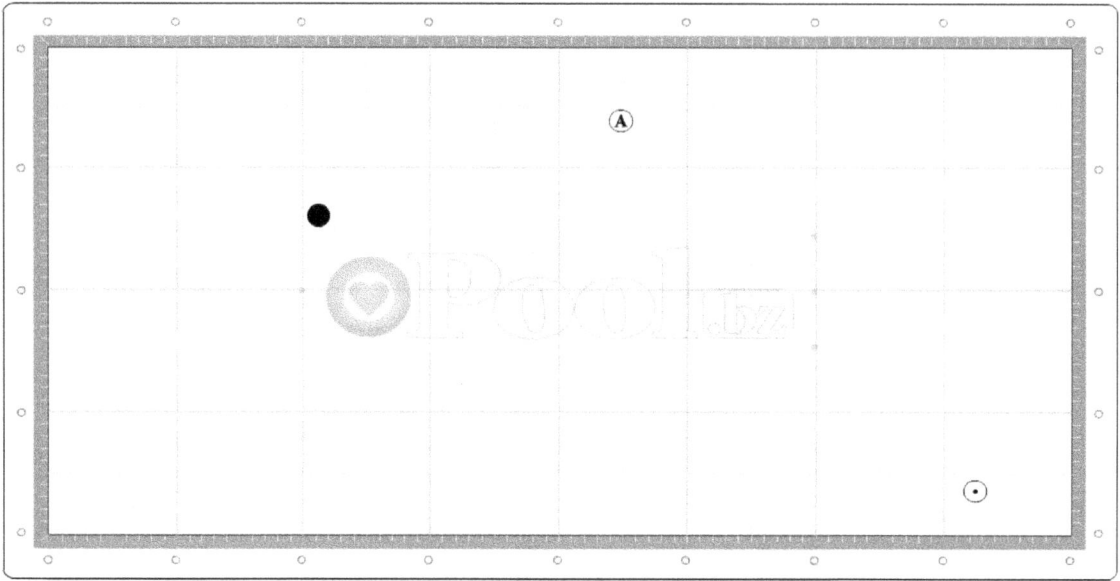

Notater og ideer:

Skudd mønster

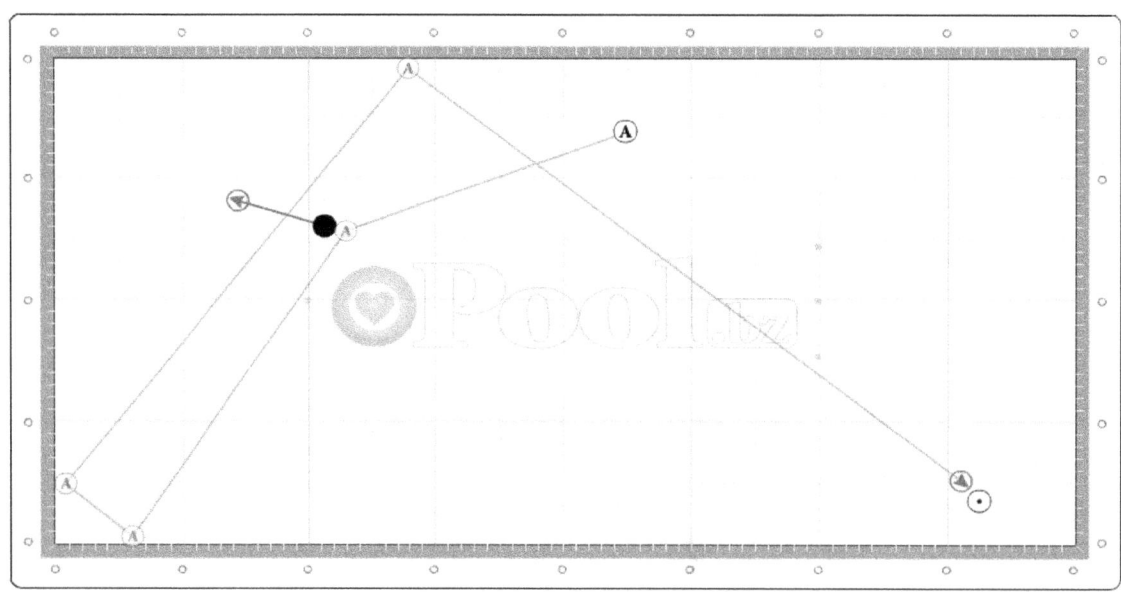

D: Gruppe 4

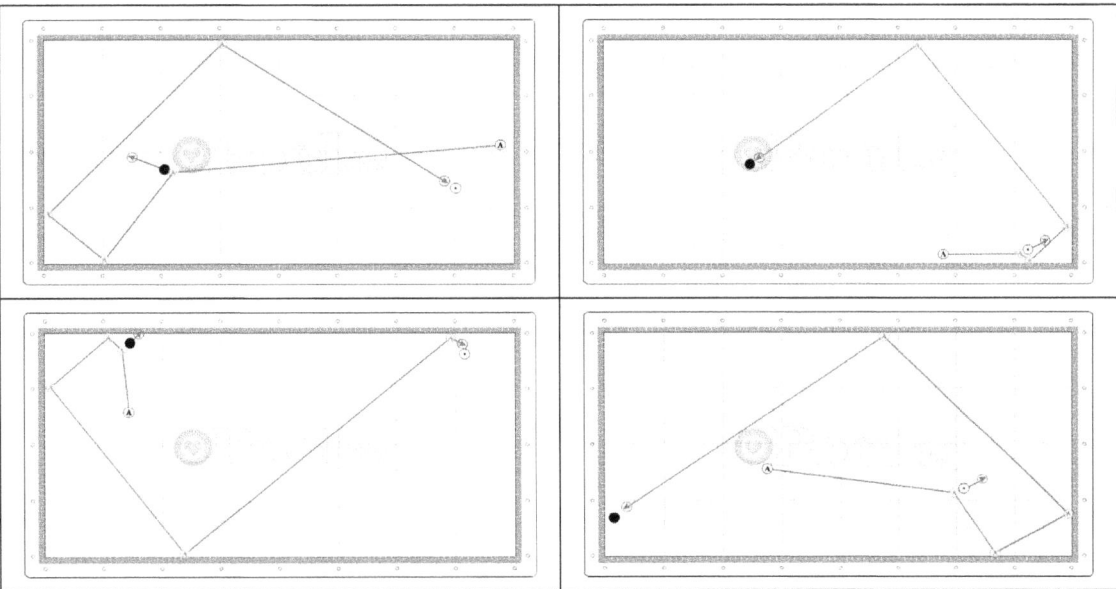

Analyse:

D:4a. _____

D:4b. _____

D:4c. _____

D:4d. _____

D:4a – Setup

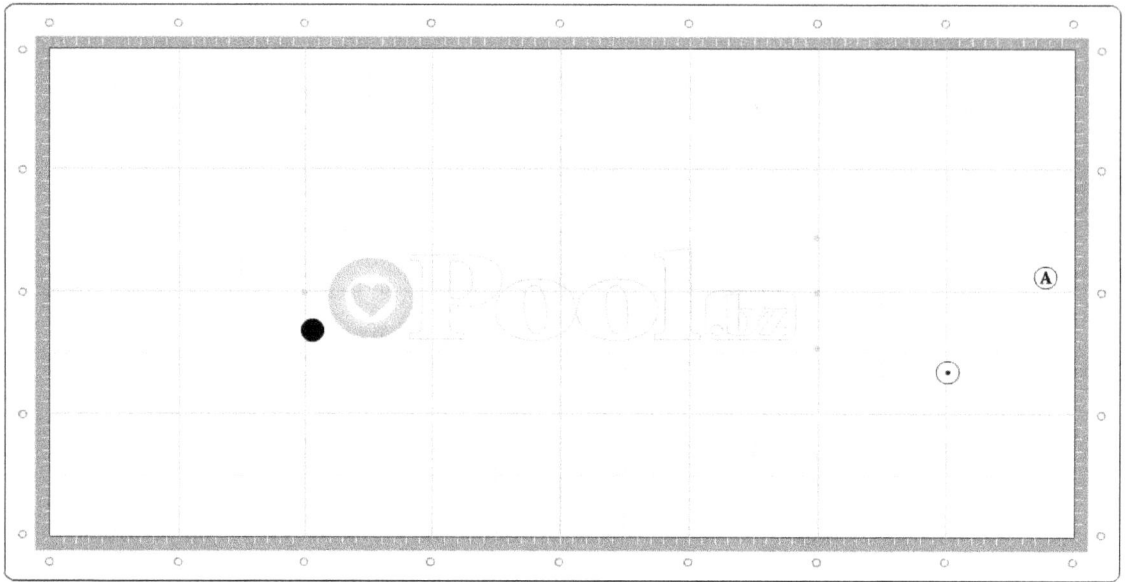

Notater og ideer:

Skudd mønster

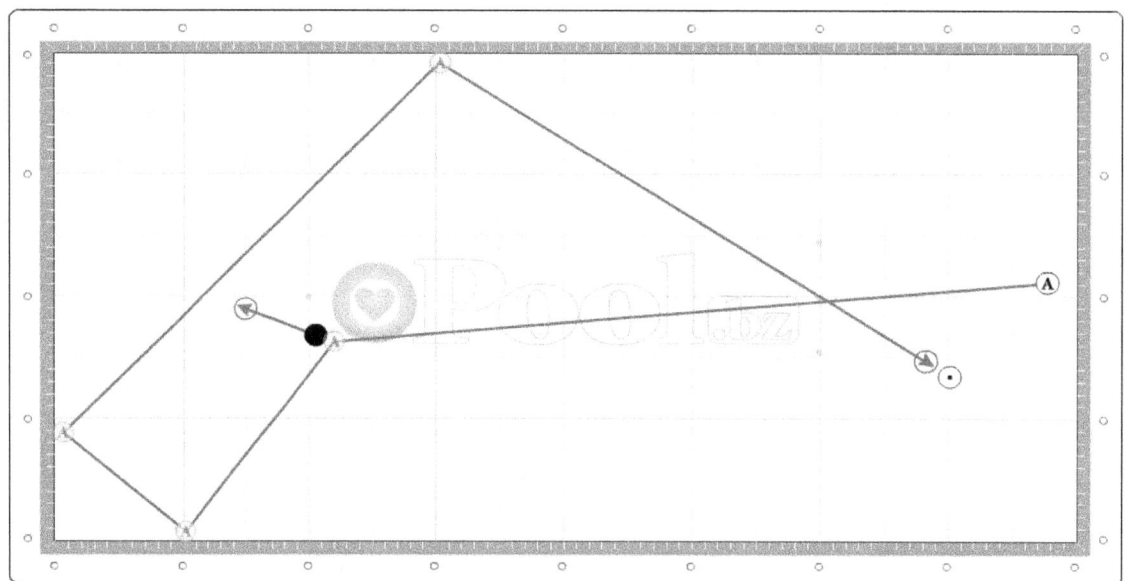

D:4b – Setup

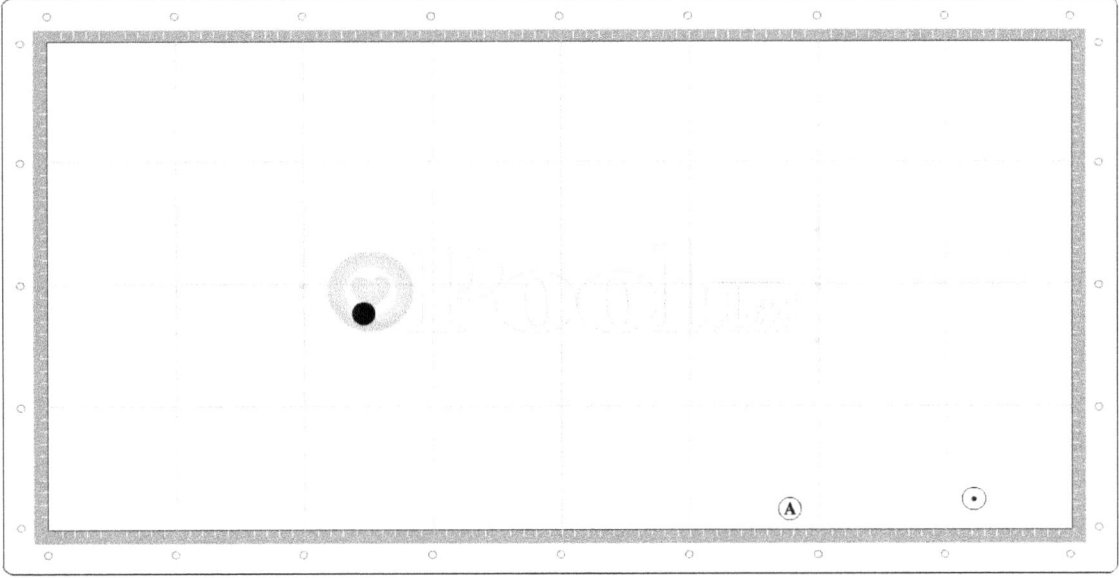

Notater og ideer:

Skudd mønster

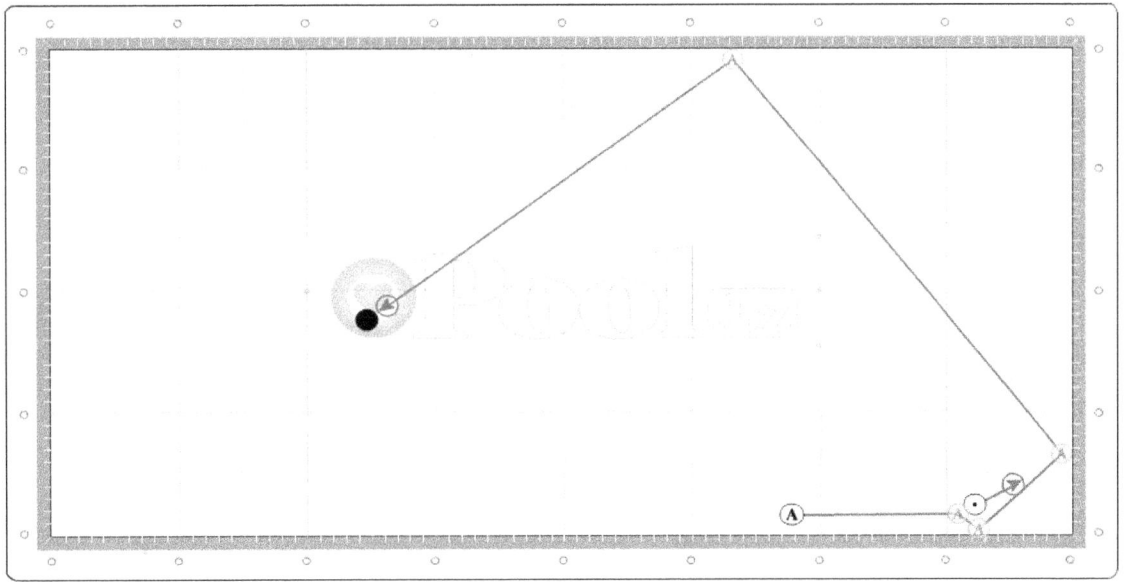

D:4c – Setup

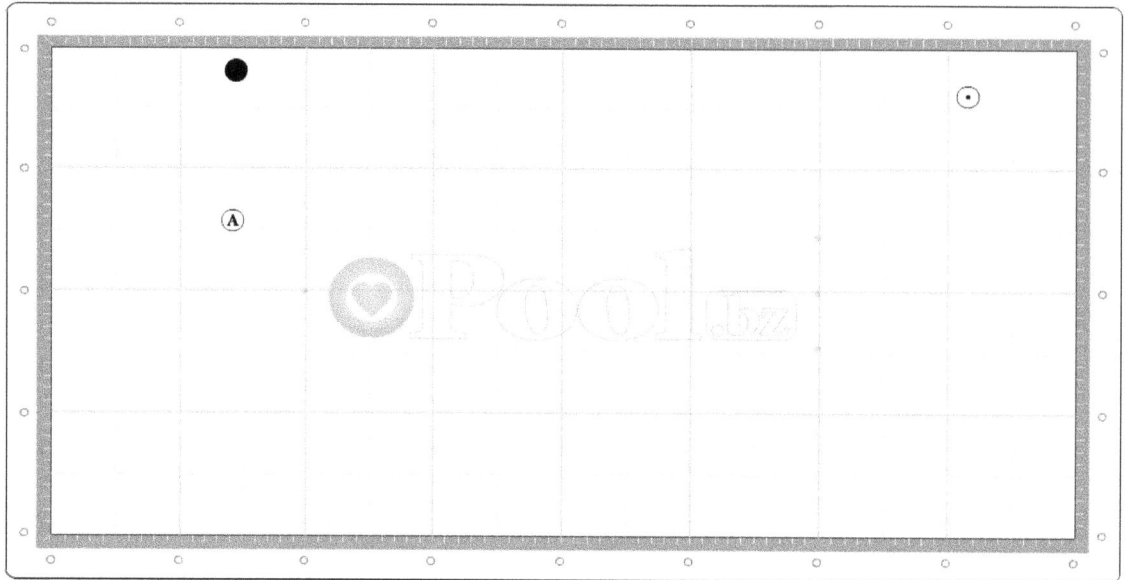

Notater og ideer:

Skudd mønster

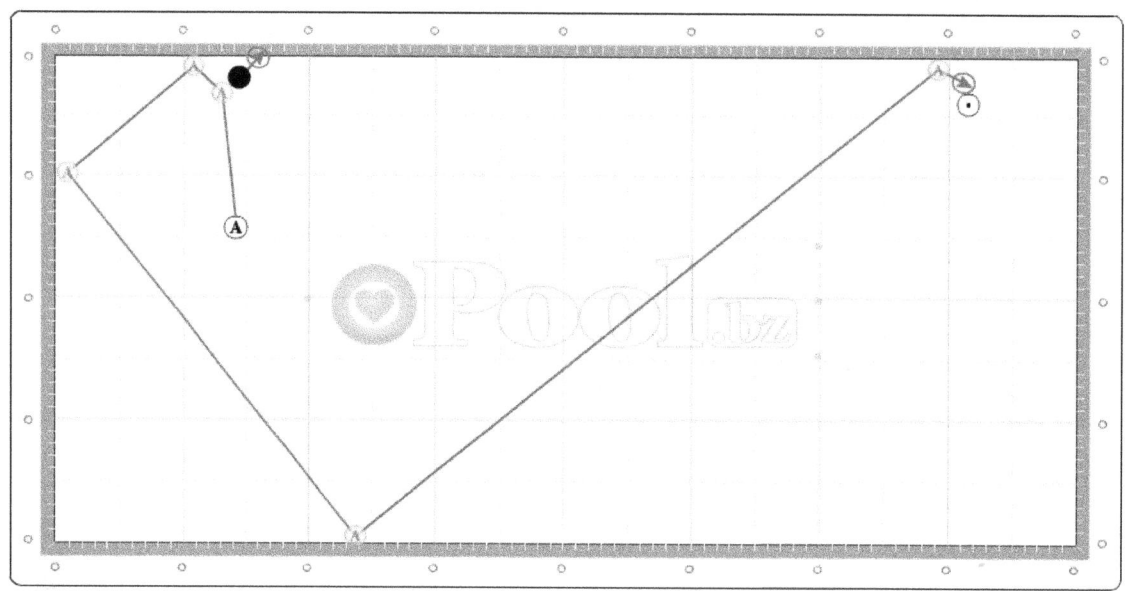

D:4d – Setup

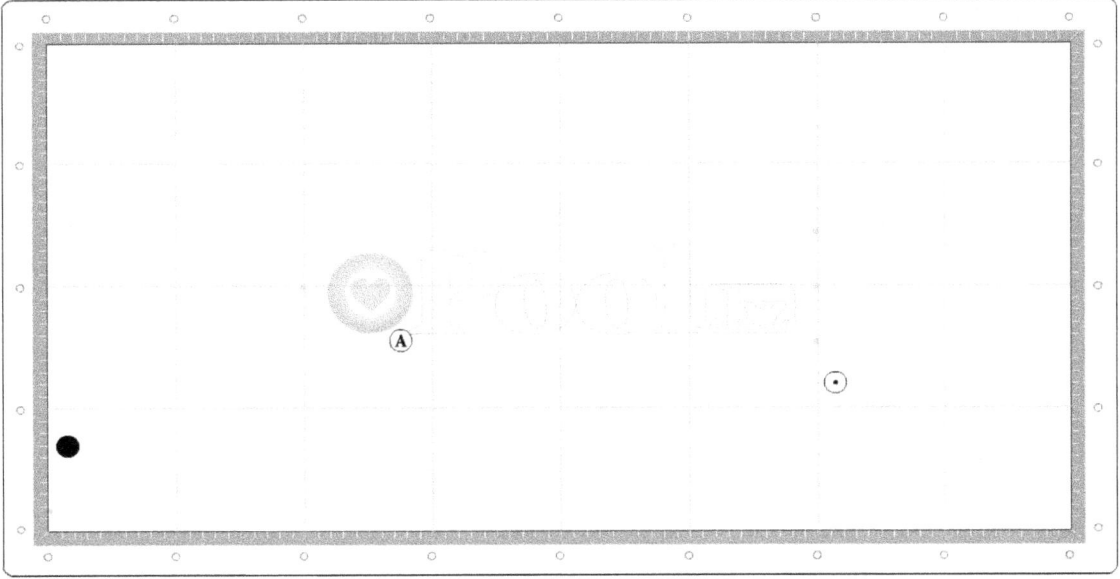

Notater og ideer:

Skudd mønster

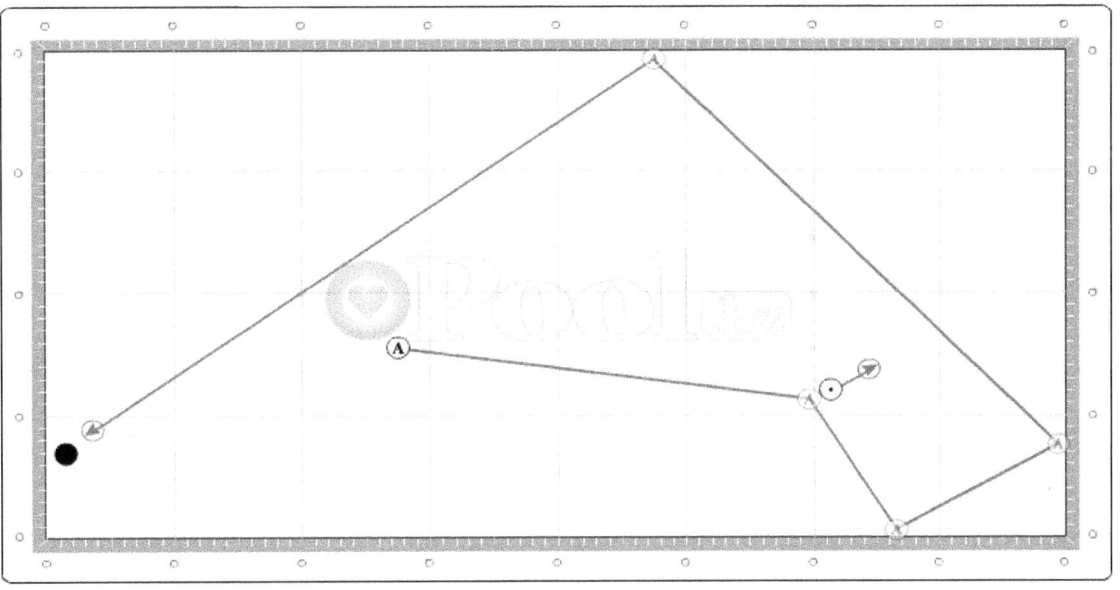

E: Utvidet hjørne retur (lang vant)

(CB) reiser langt til den første (OB). Deretter går (CB) inn i hjørnet, lang vant først. (CB) krysser bordet inn i midten av den lange vant. Til slutt kontakter (CB) den andre (OB).

Ⓐ (CB) (biljardkule) - ⊙ (OB) (motstander billiardball) - ● (OB) (rød biljardball)

E: Gruppe 1

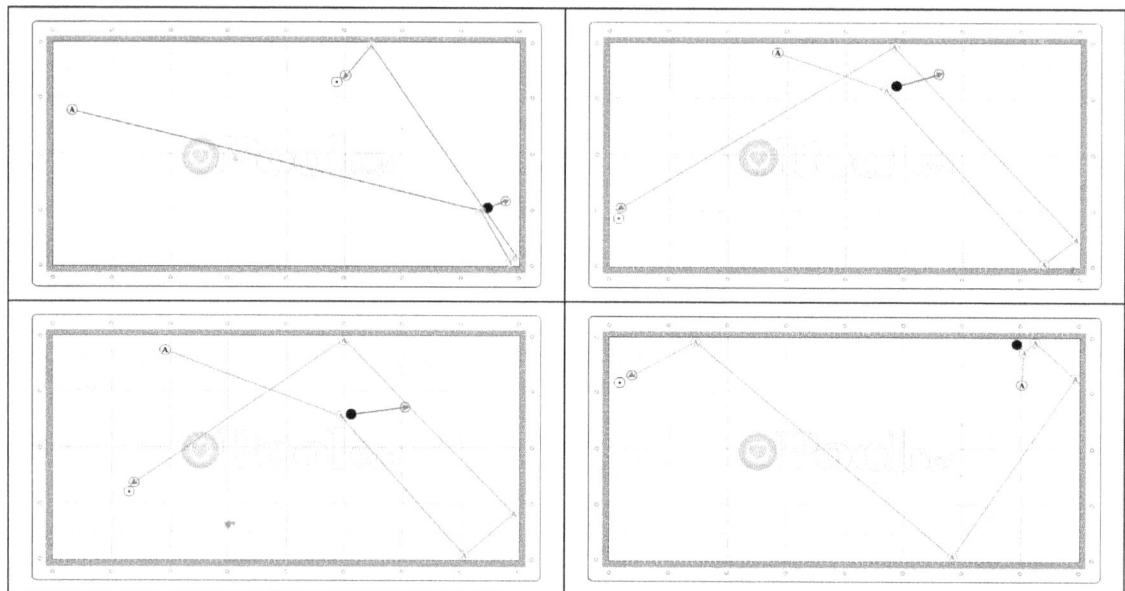

Analyse:

E:1a. _____

E:1b. _____

E:1c. _____

E:1d. _____

E:1a – Setup

Notater og ideer:

Skudd mønster

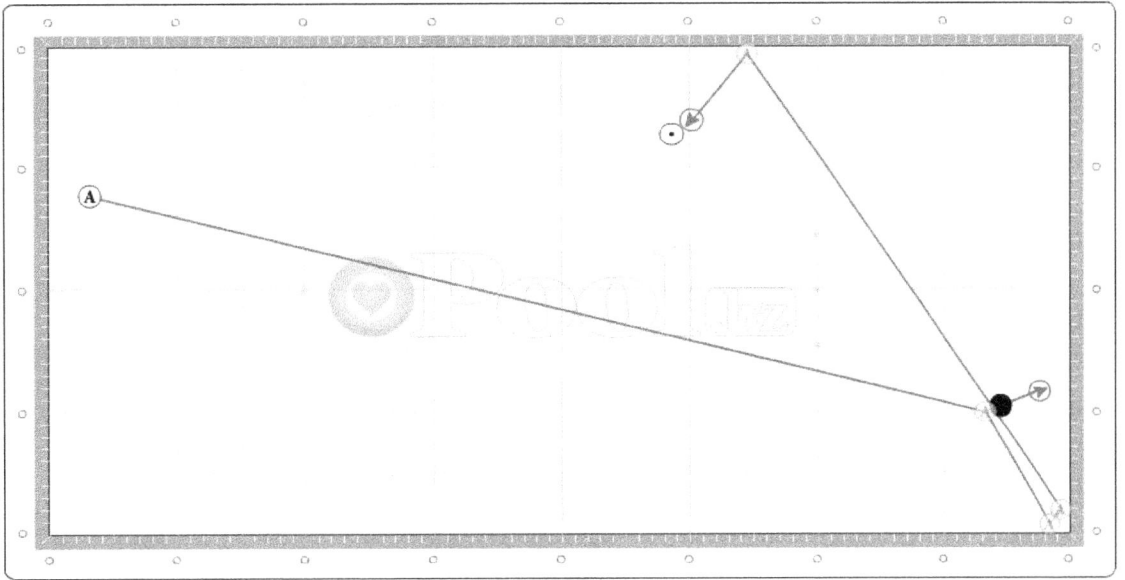

E:1b – Setup

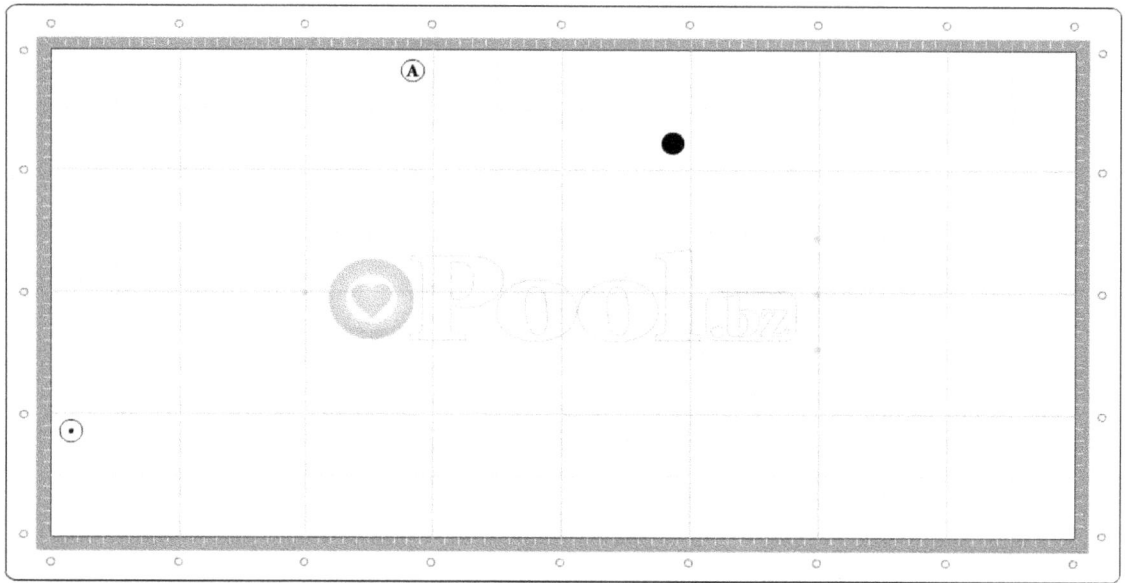

Notater og ideer:

Skudd mønster

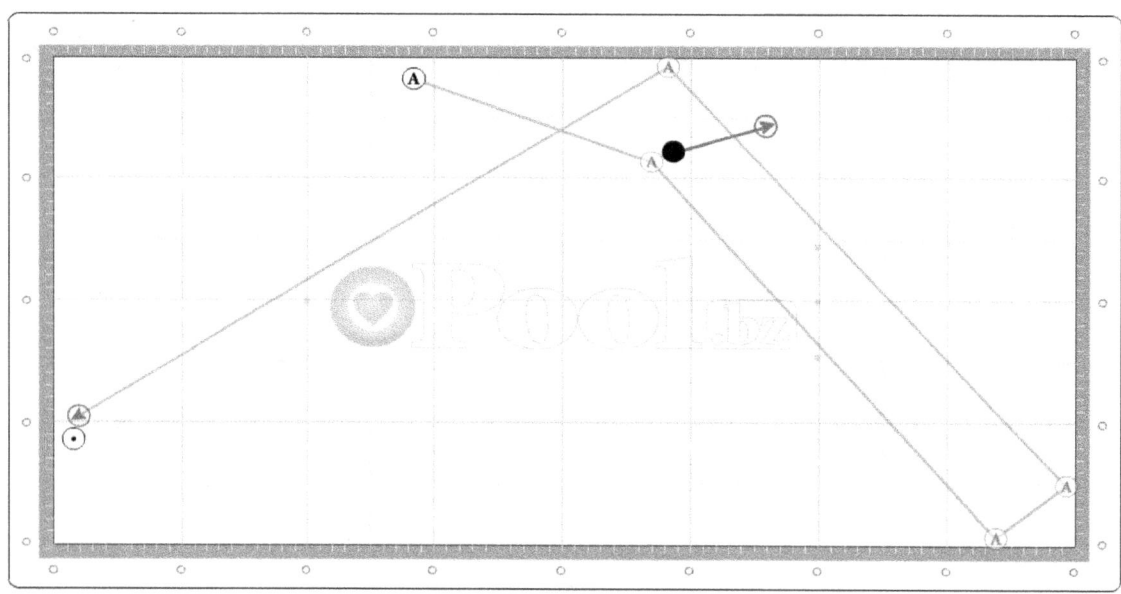

E:1c – Setup

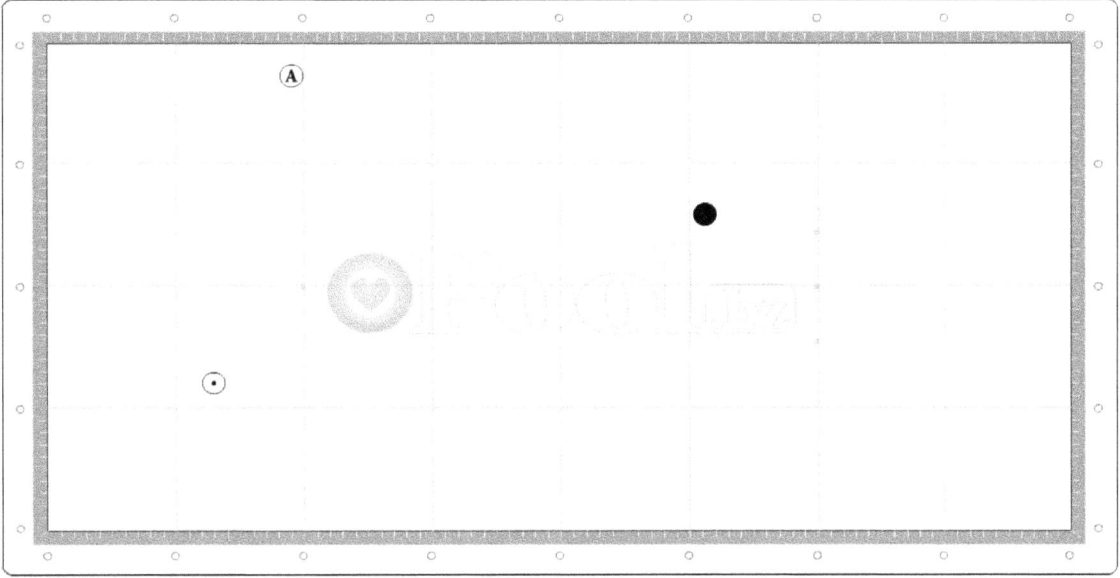

Notater og ideer:

Skudd mønster

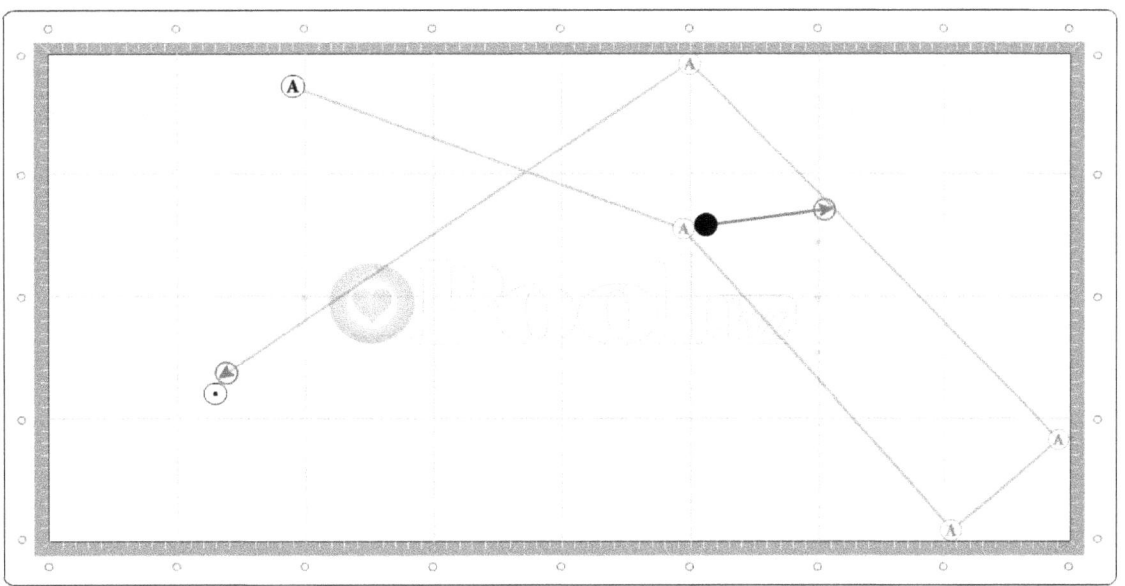

E:1d – Setup

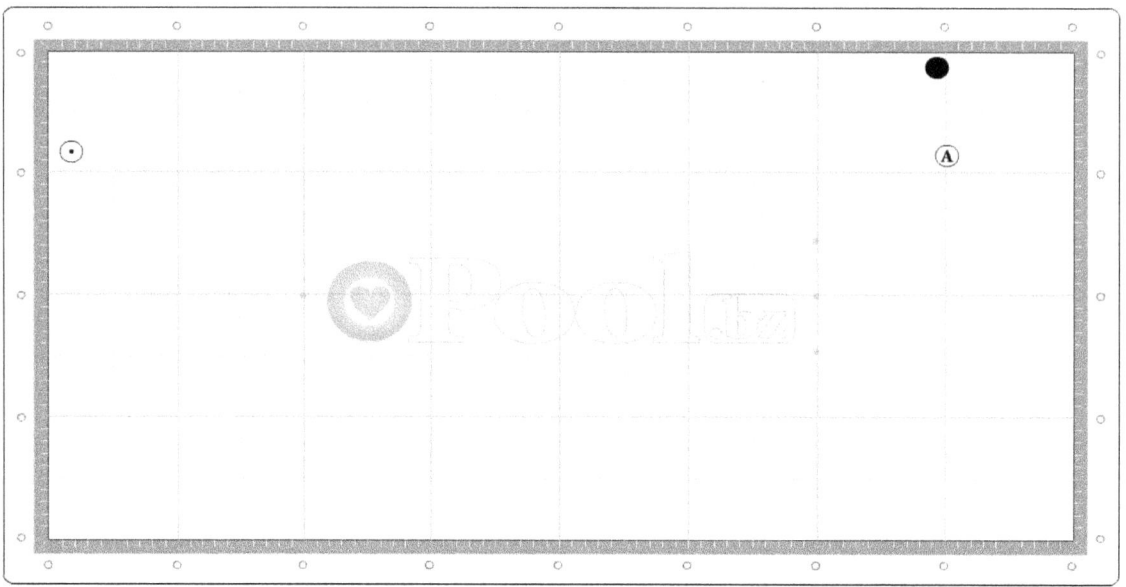

Notater og ideer:

Skudd mønster

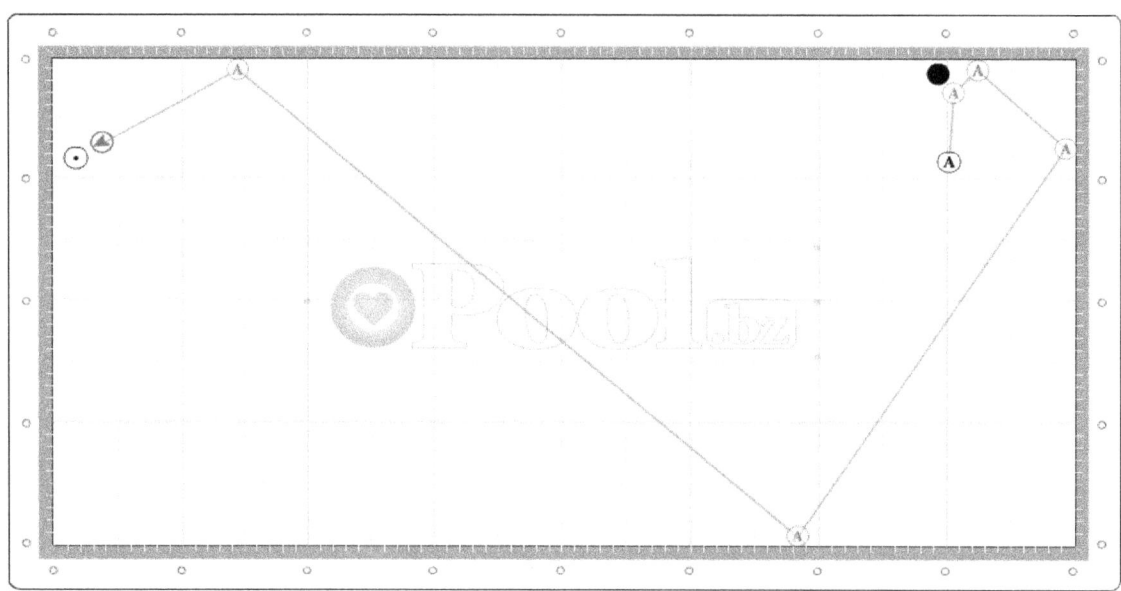

E: Gruppe 2

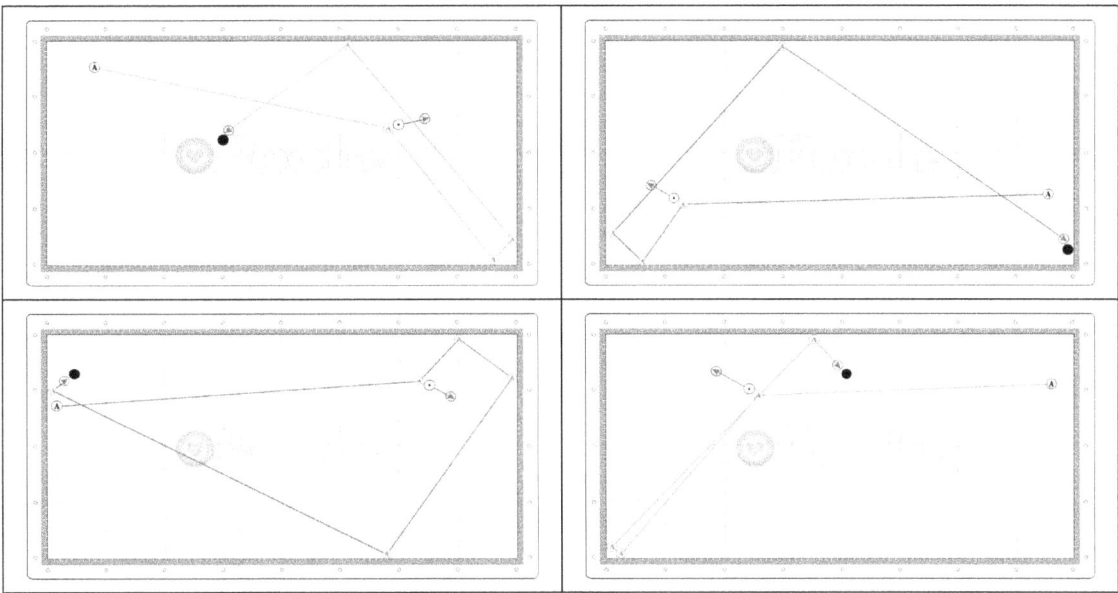

Analyse:

E:2a. _____

E:2b. _____

E:2c. _____

E:2d. _____

E:2a – Setup

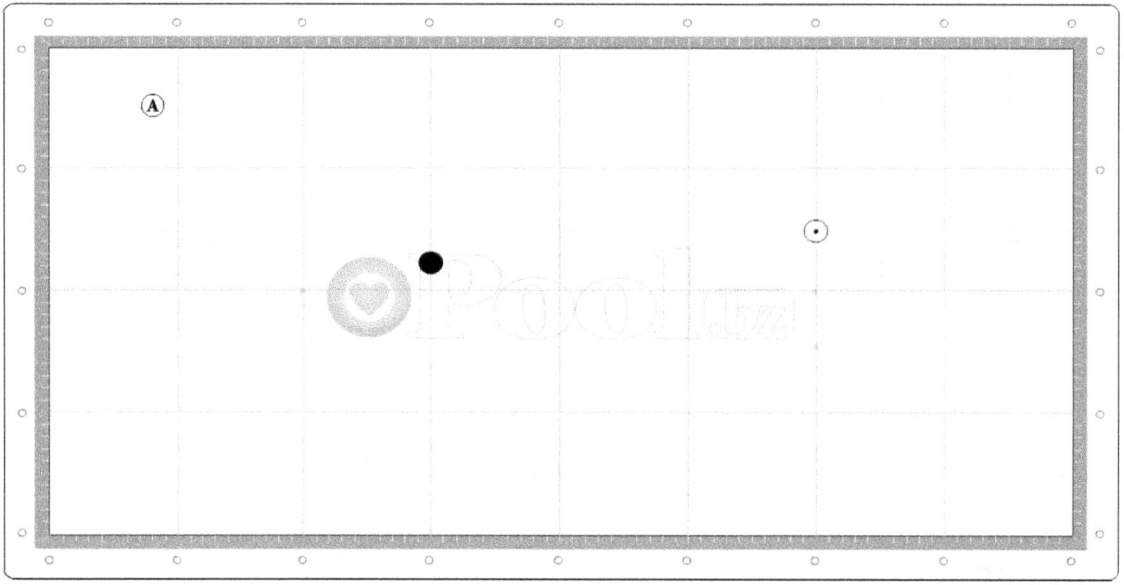

Notater og ideer:

Skudd mønster

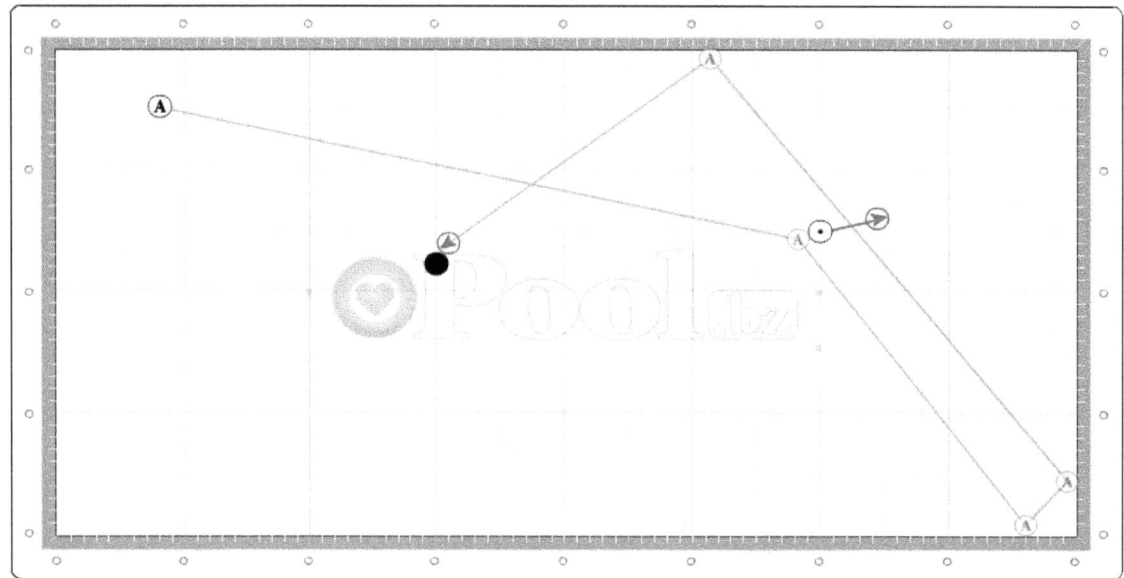

E:2b – Setup

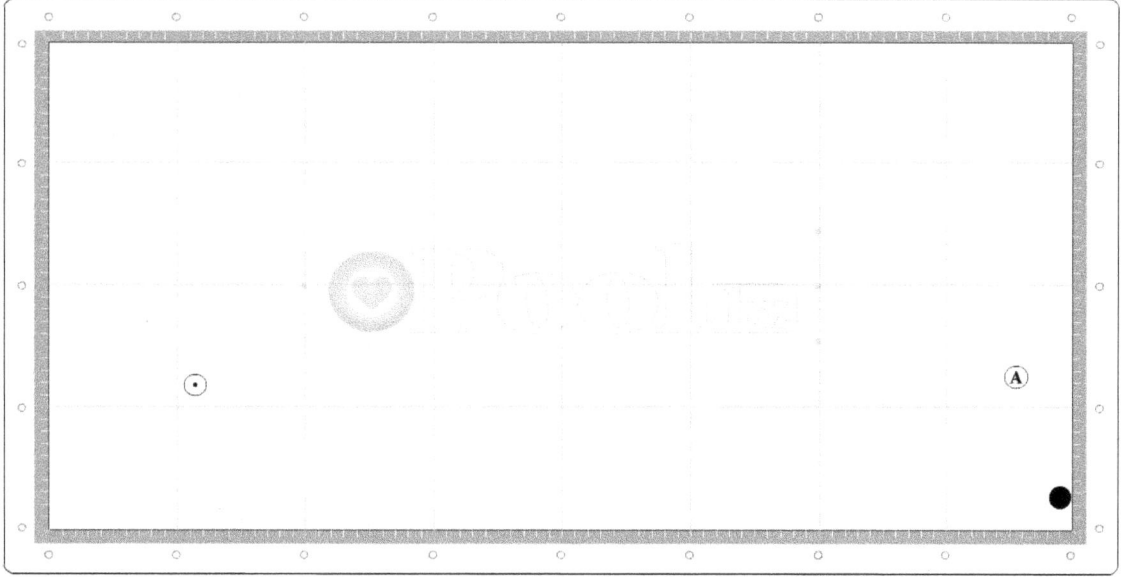

Notater og ideer:

Skudd mønster

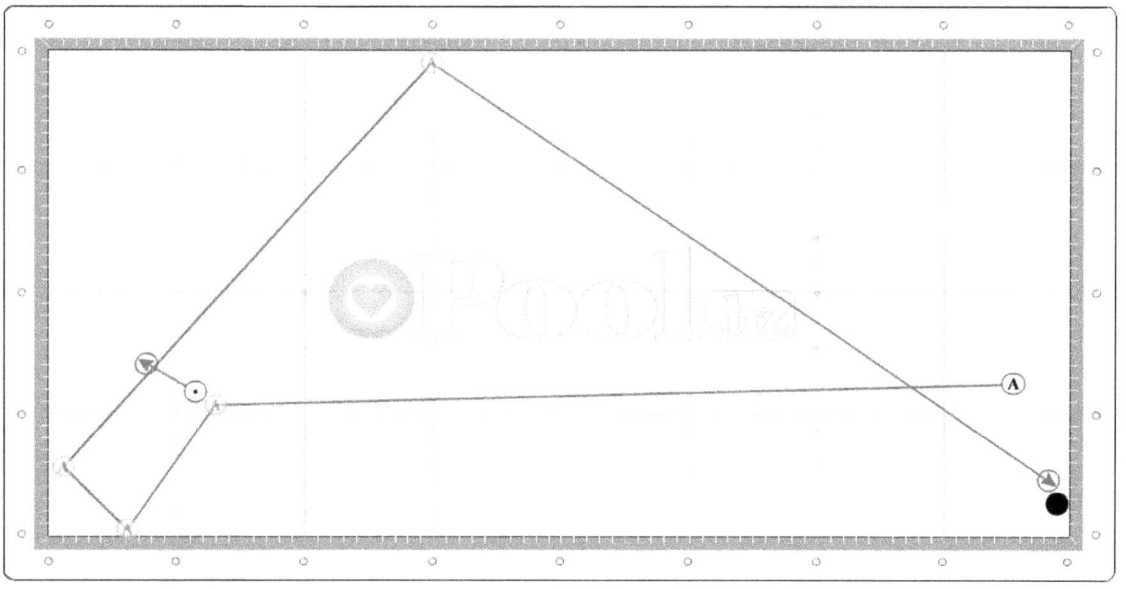

E:2c – Setup

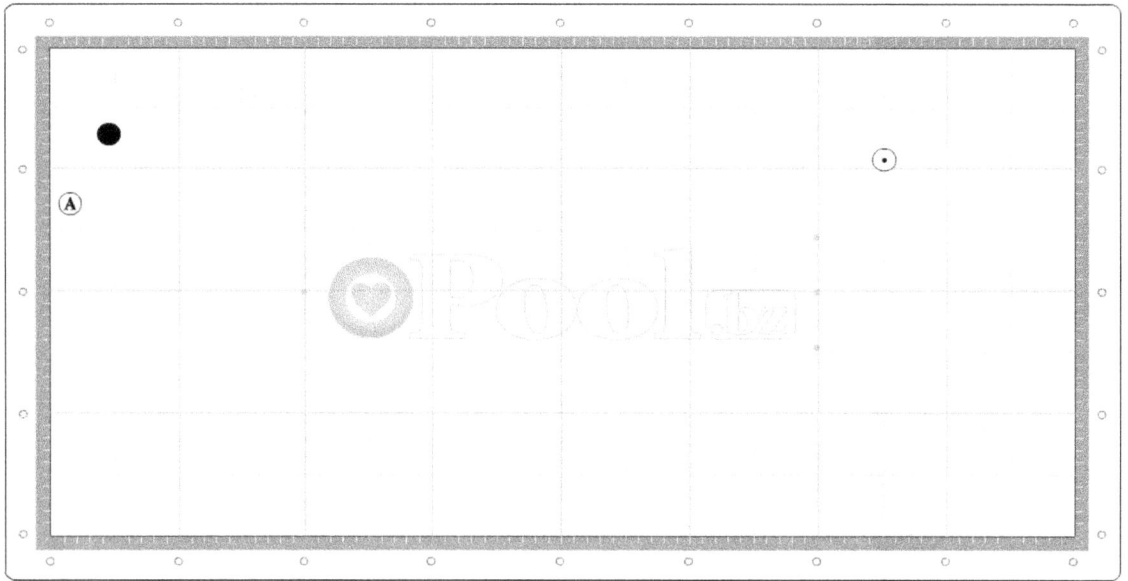

Notater og ideer:

Skudd mønster

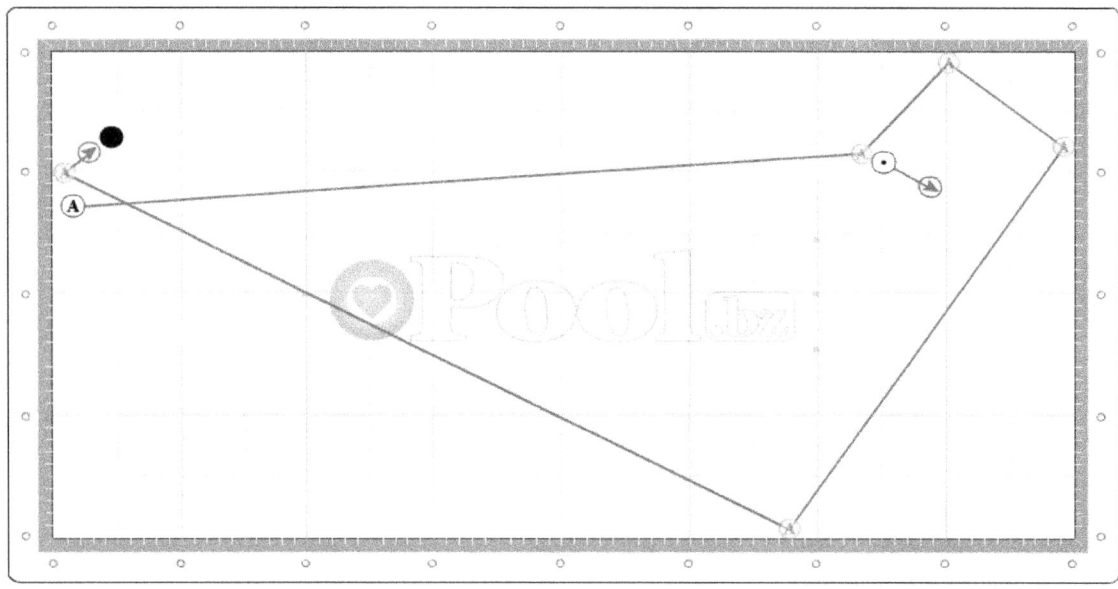

E:2d – Setup

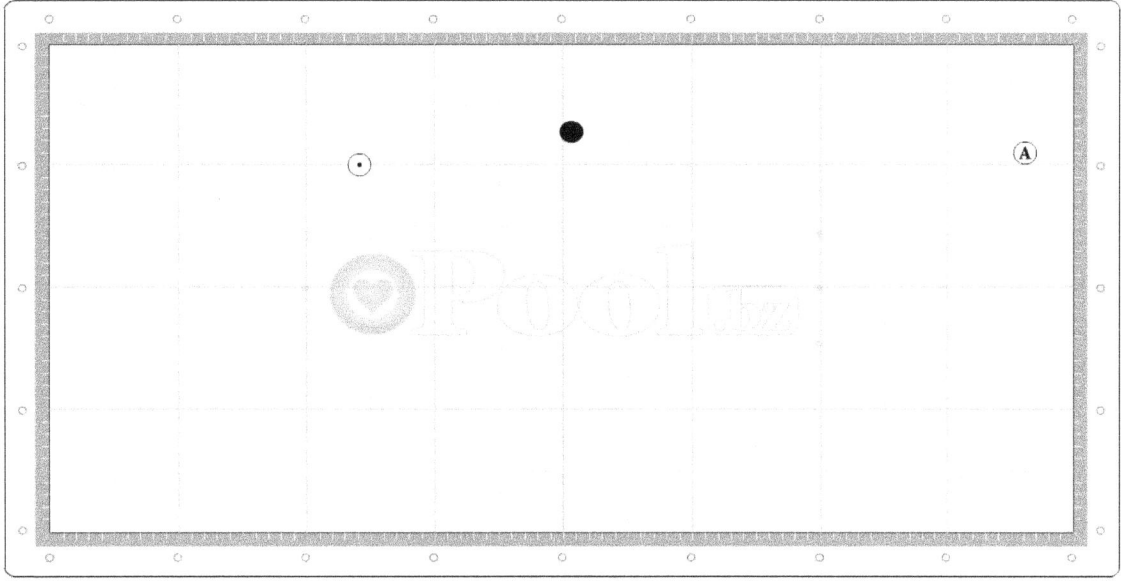

Notater og ideer:

Skudd mønster

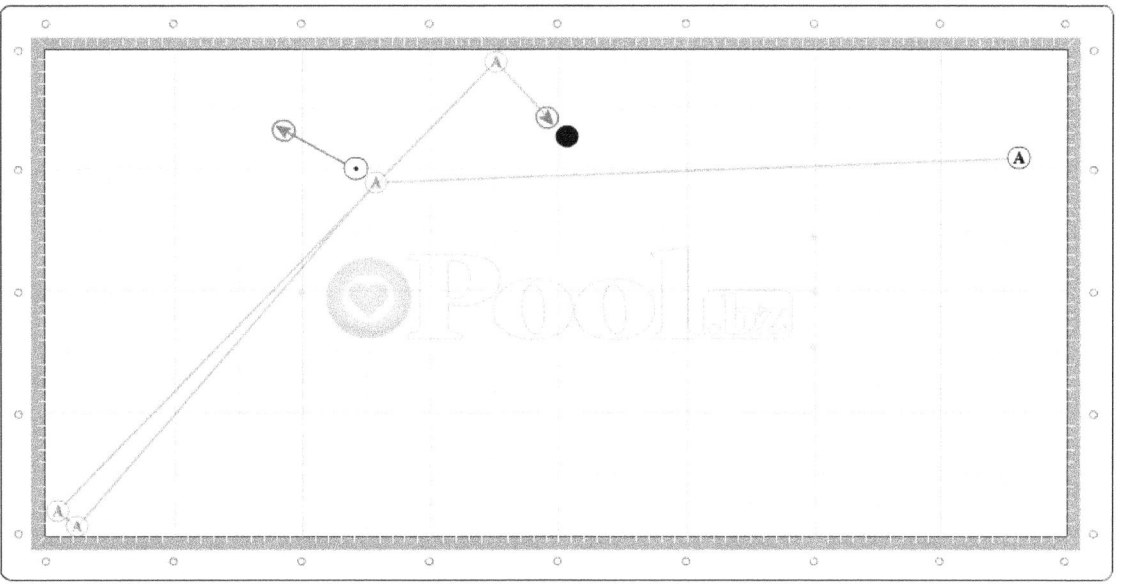

E: Gruppe 3

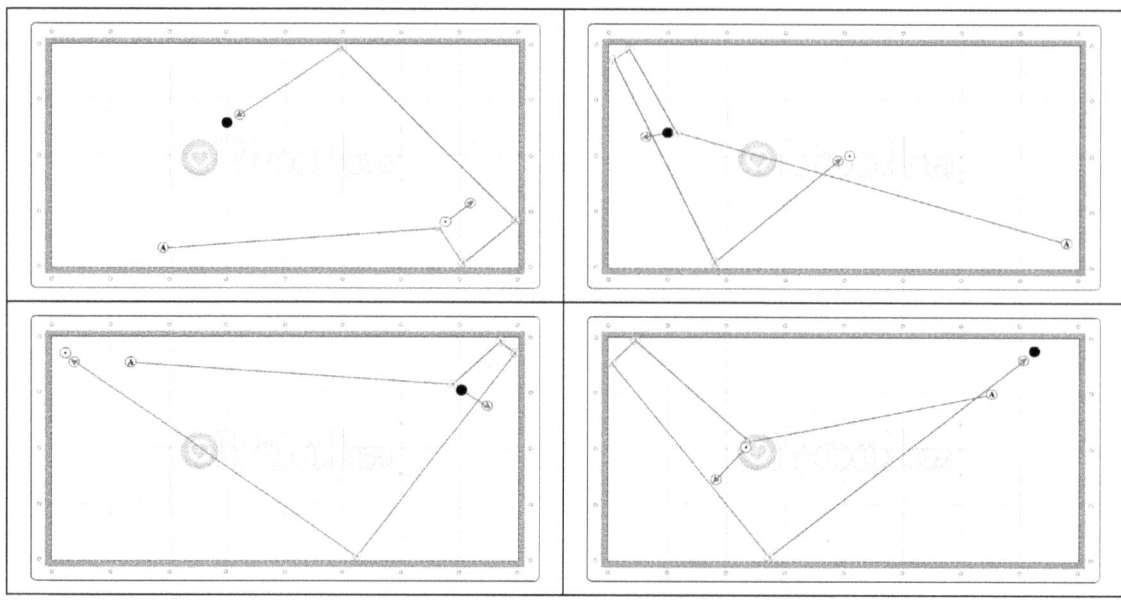

Analyse:

E:3a. _____

E:3b. _____

E:3c. _____

E:3d. _____

E:3a – Setup

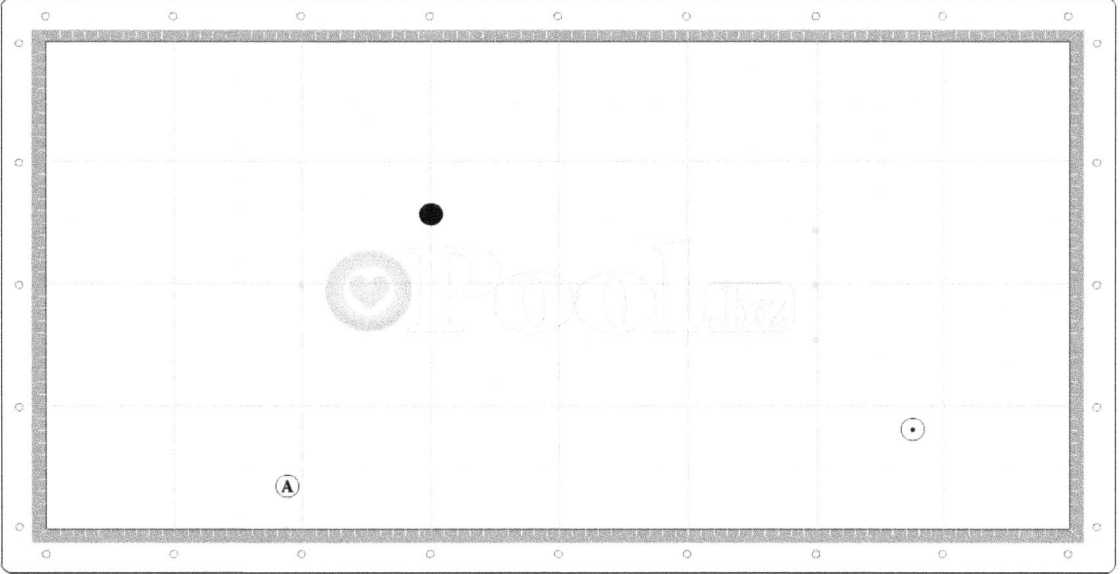

Notater og ideer:

Skudd mønster

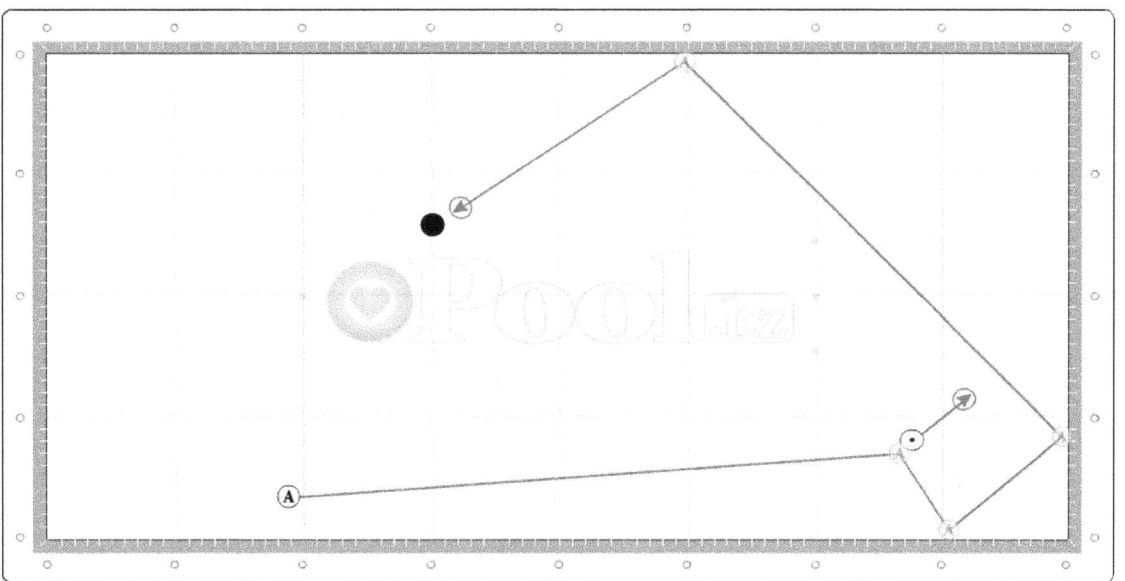

E:3b – Setup

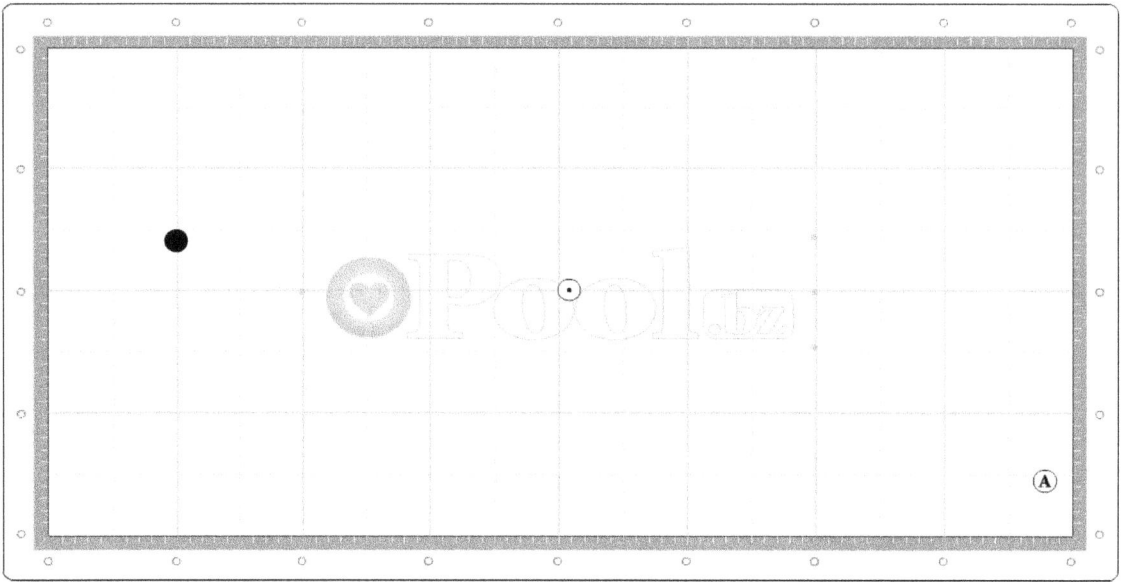

Notater og ideer:

Skudd mønster

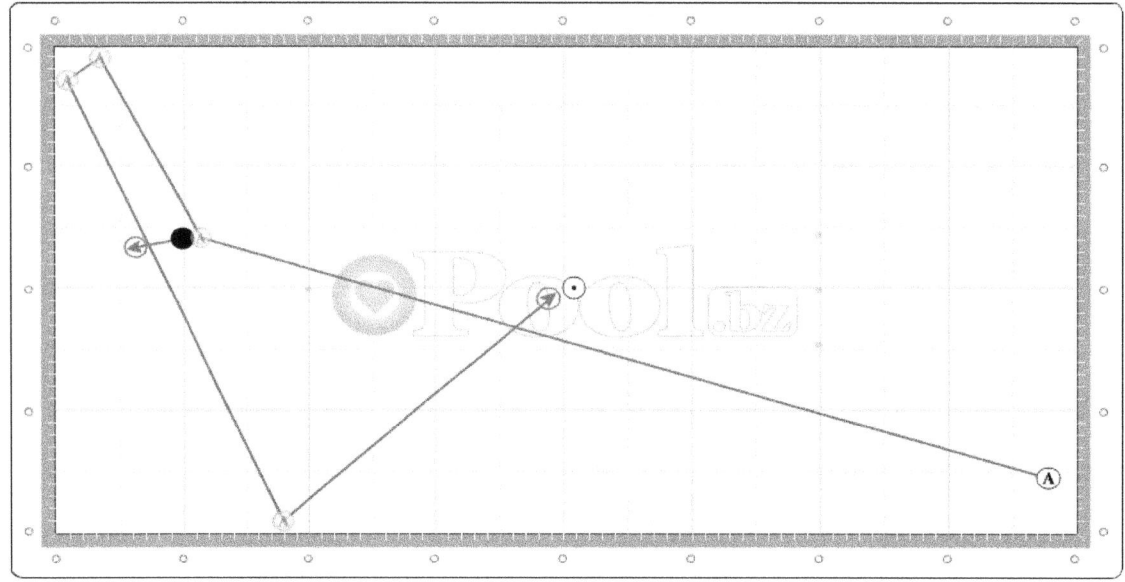

E:3c – Setup

Notater og ideer:

Skudd mønster

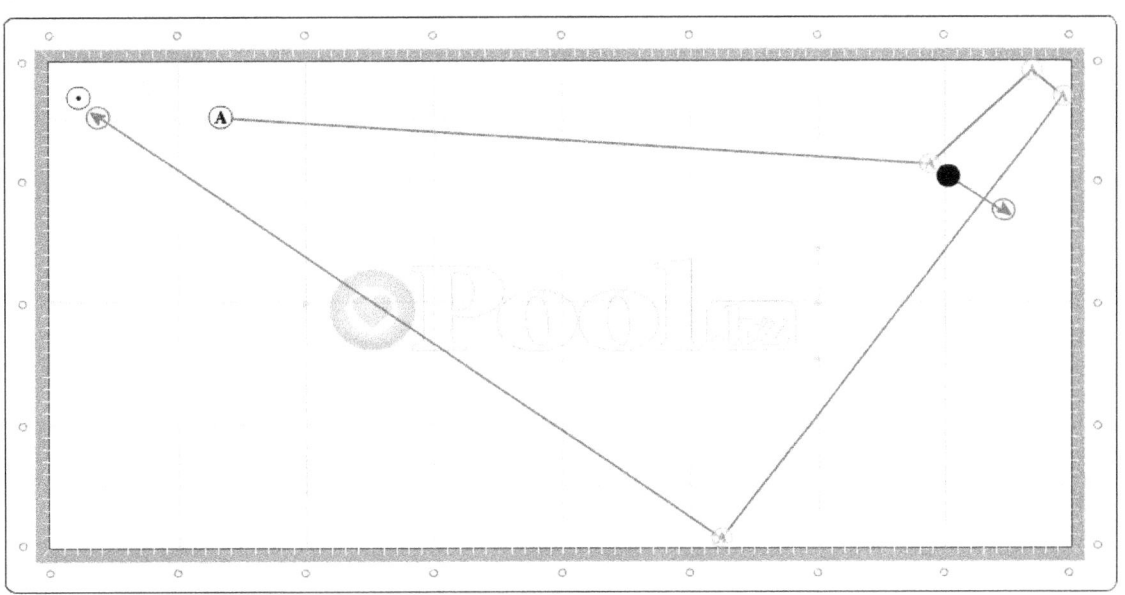

E:3d – Setup

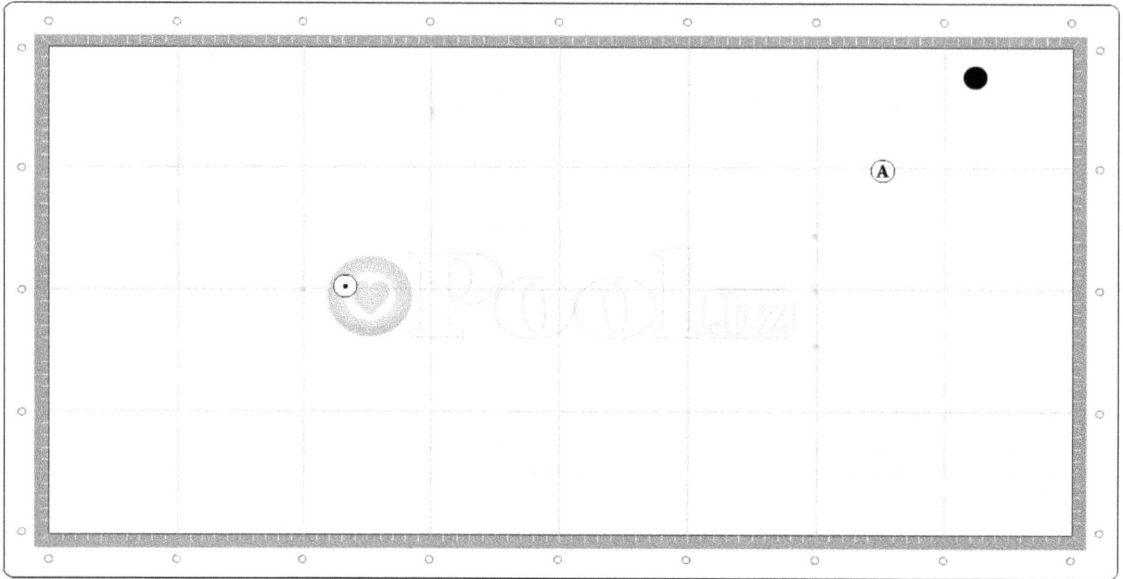

Notater og ideer:

Skudd mønster

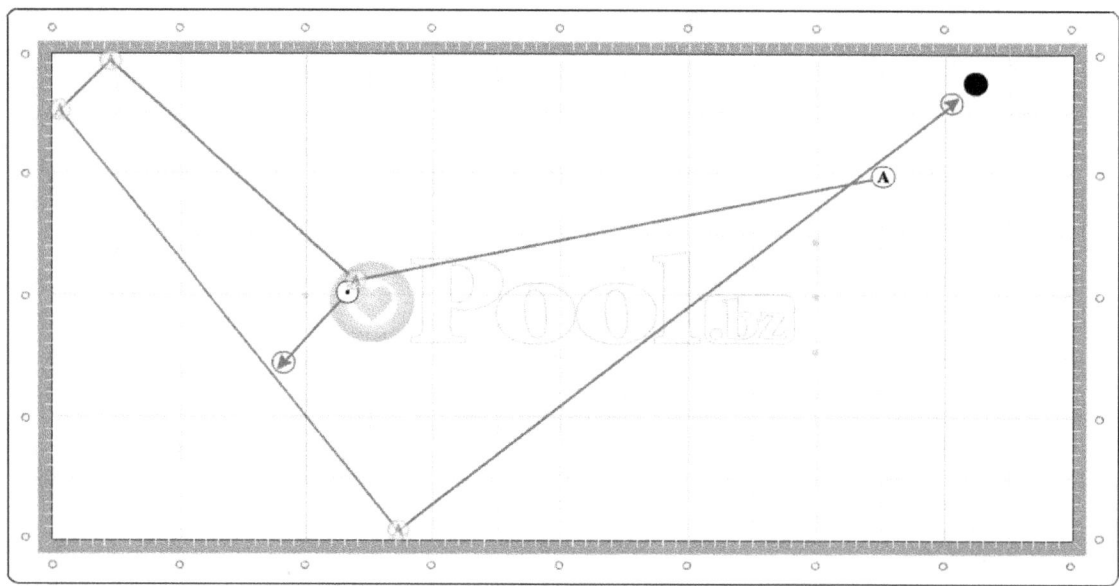

F: Grunt vinkelben, nedover bakken

Den (CB) kontakter den første (OB), og går deretter inn i hjørnet, lang vant først. (CB) kommer ut til midten av motsatt lang vant. (CB) kommer ut i grunne vinkler og kontakter den andre (OB).

Ⓐ (CB) (biljardkule) - ⊙ (OB) (motstander billiardball) - ● (OB) (rød biljardball)

F: Gruppe 1

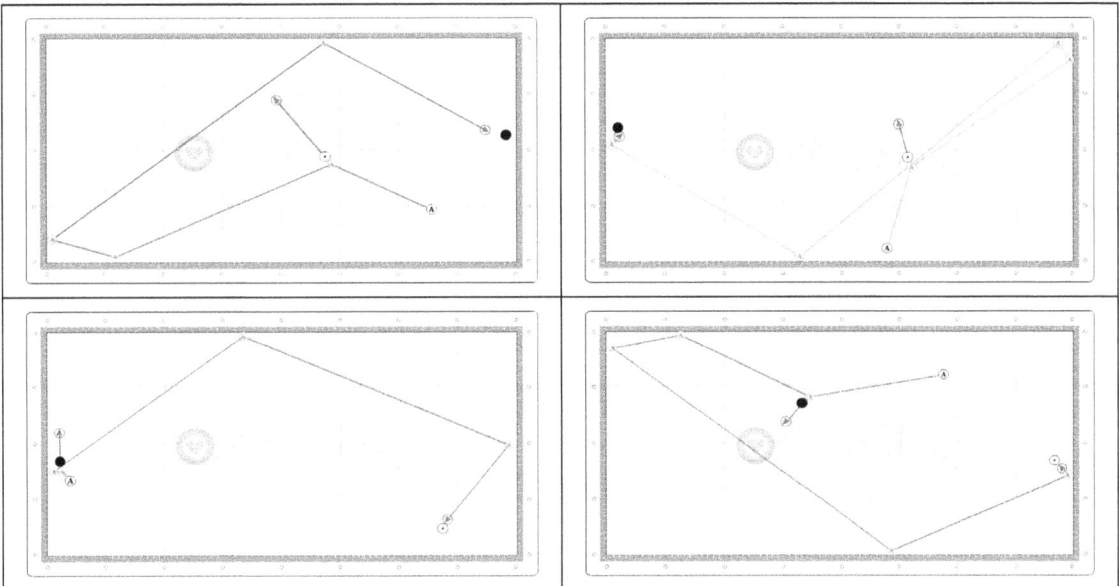

Analyse:

F:1a. _____

F:1b. _____

F:1c. _____

F:1d. _____

F:1a – Setup

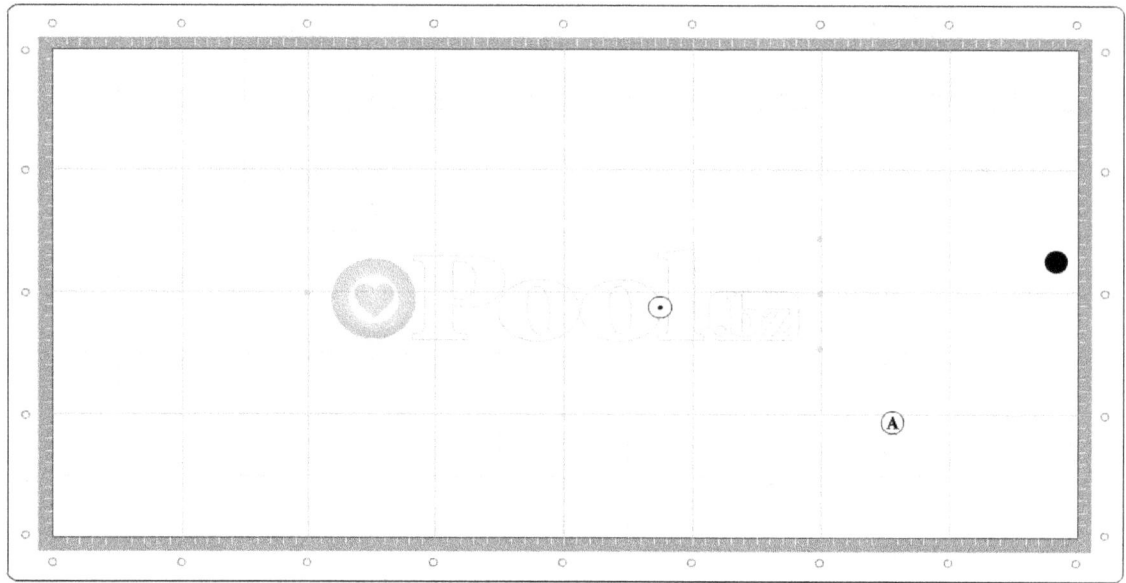

Notater og ideer:

Skudd mønster

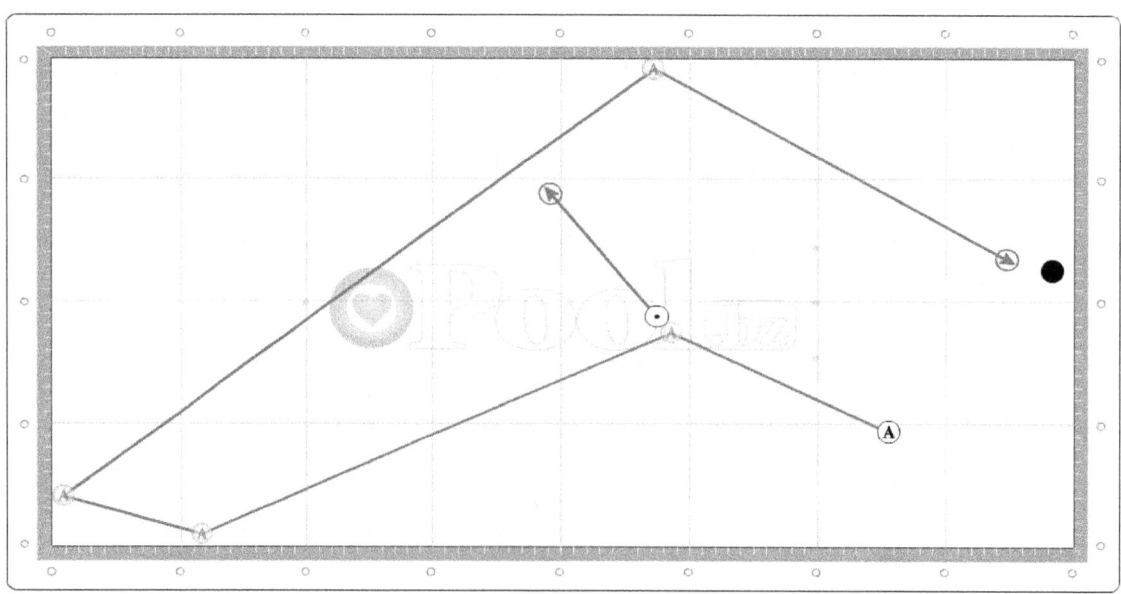

F:1b – Setup

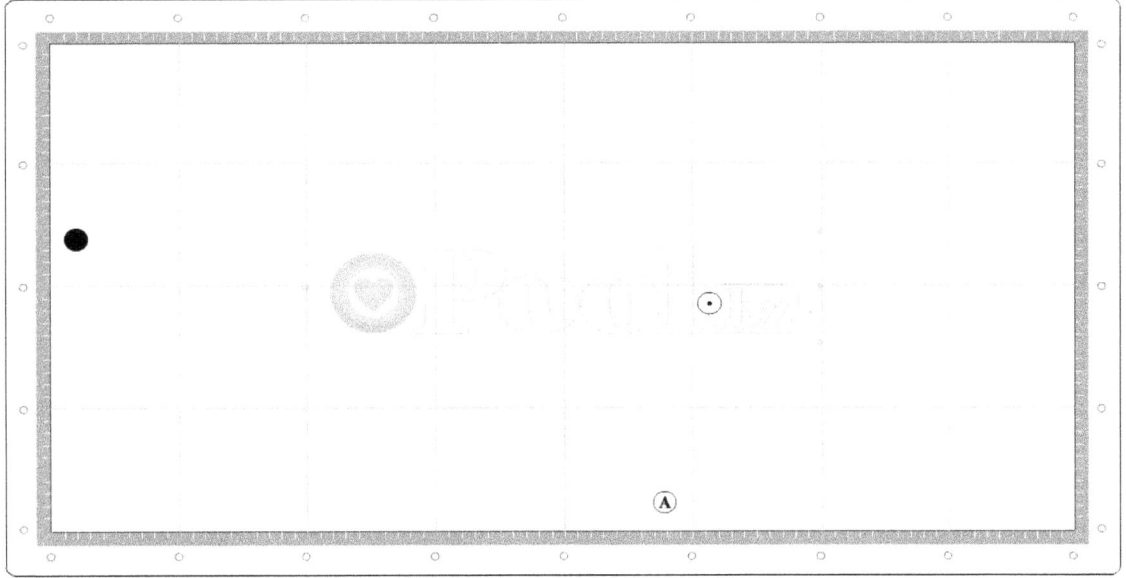

Notater og ideer:

Skudd mønster

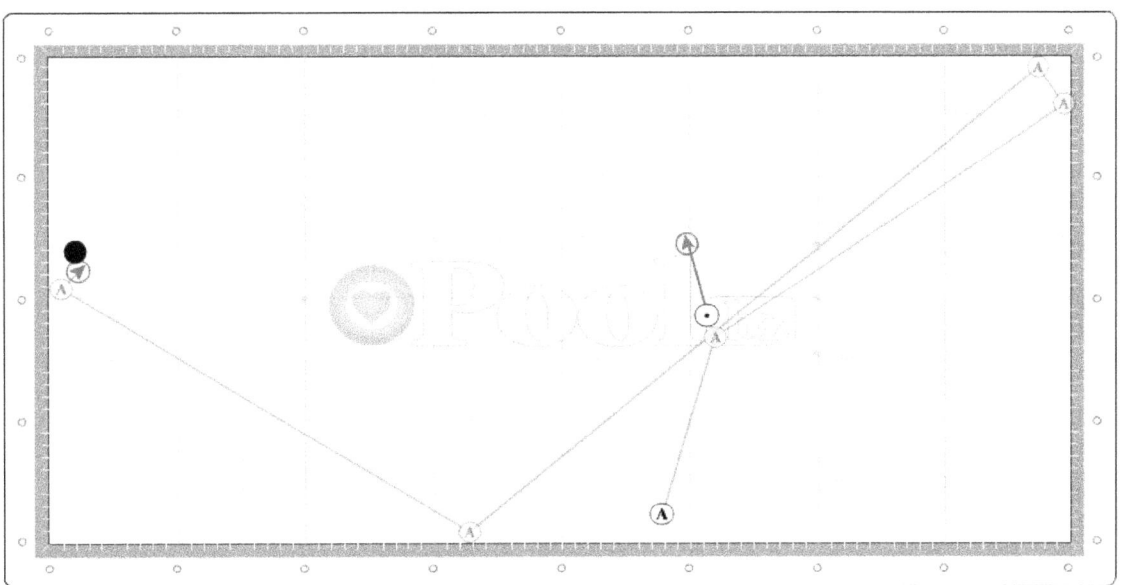

F:1c – Setup

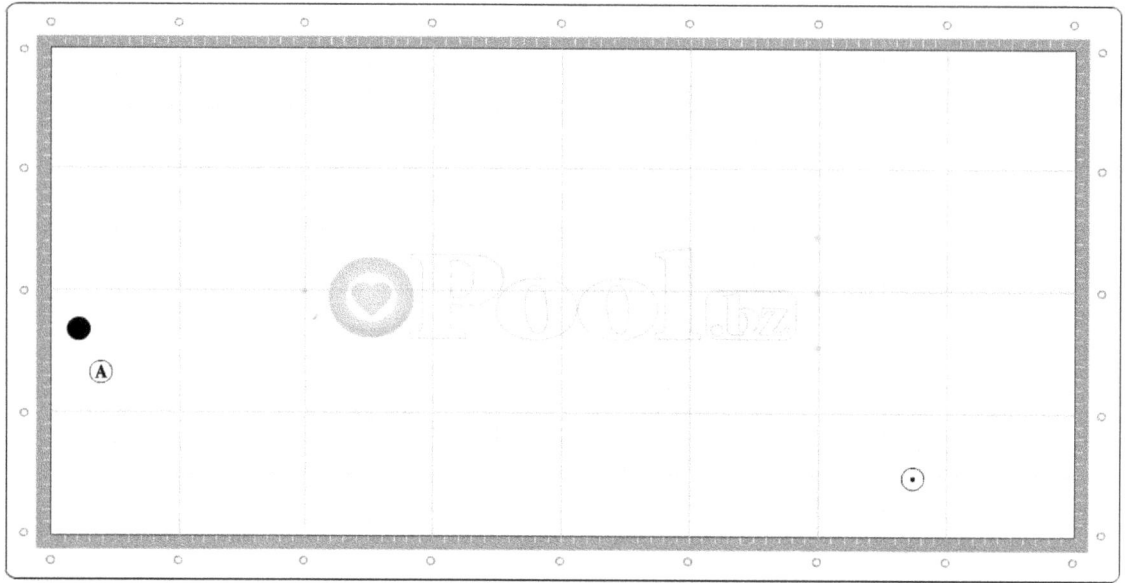

Notater og ideer:

Skudd mønster

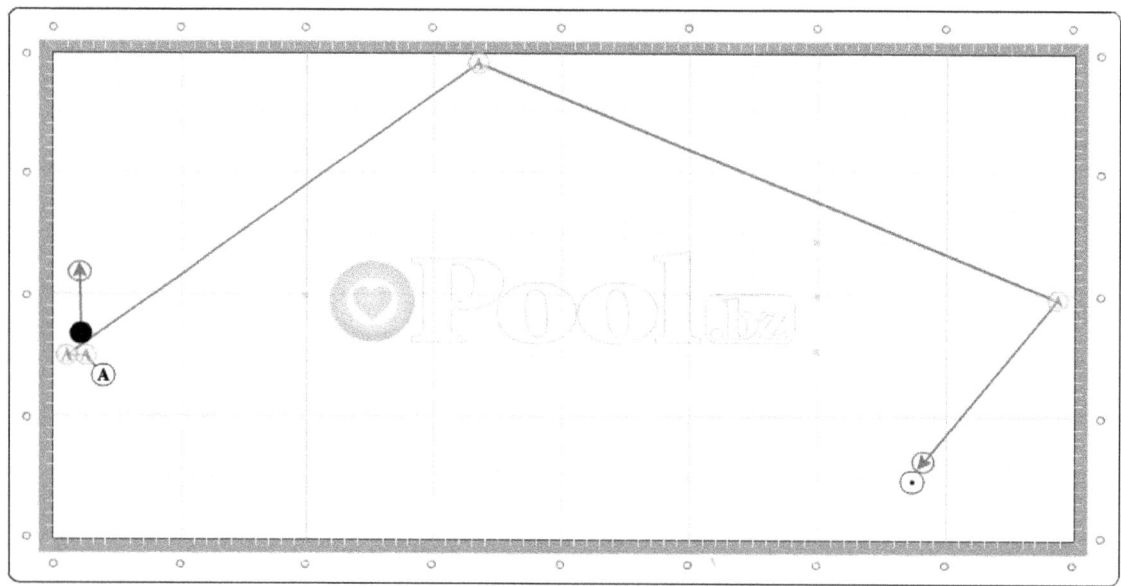

F:1d – Setup

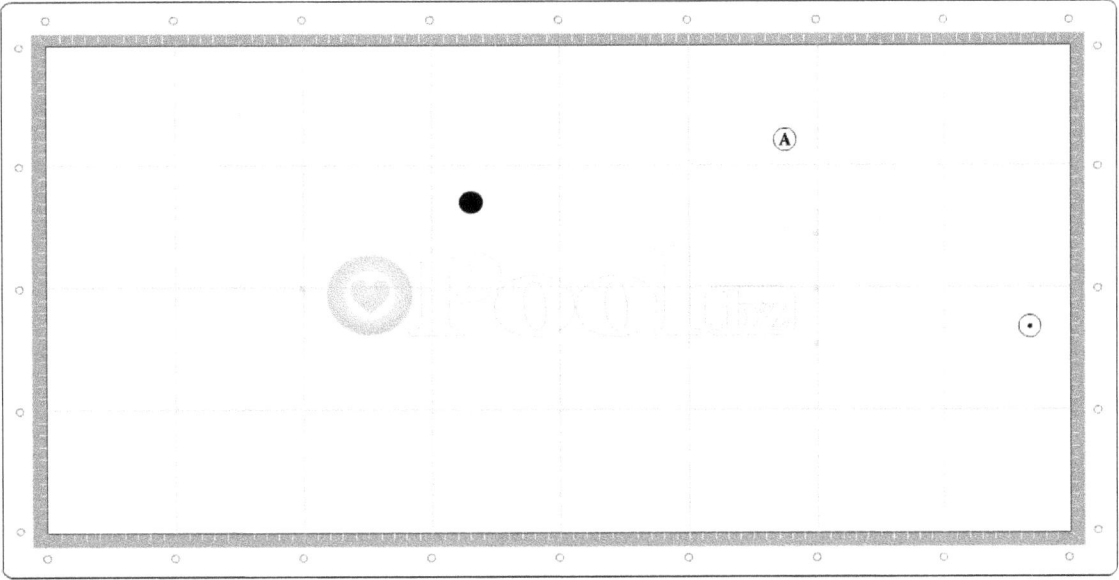

Notater og ideer:

Skudd mønster

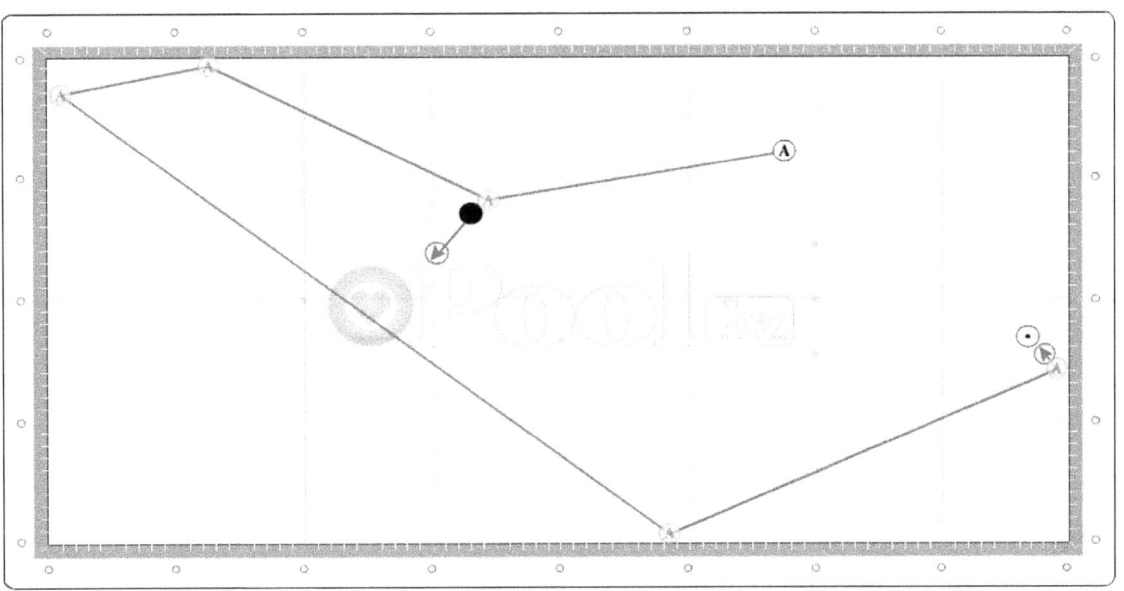

F: Gruppe 2

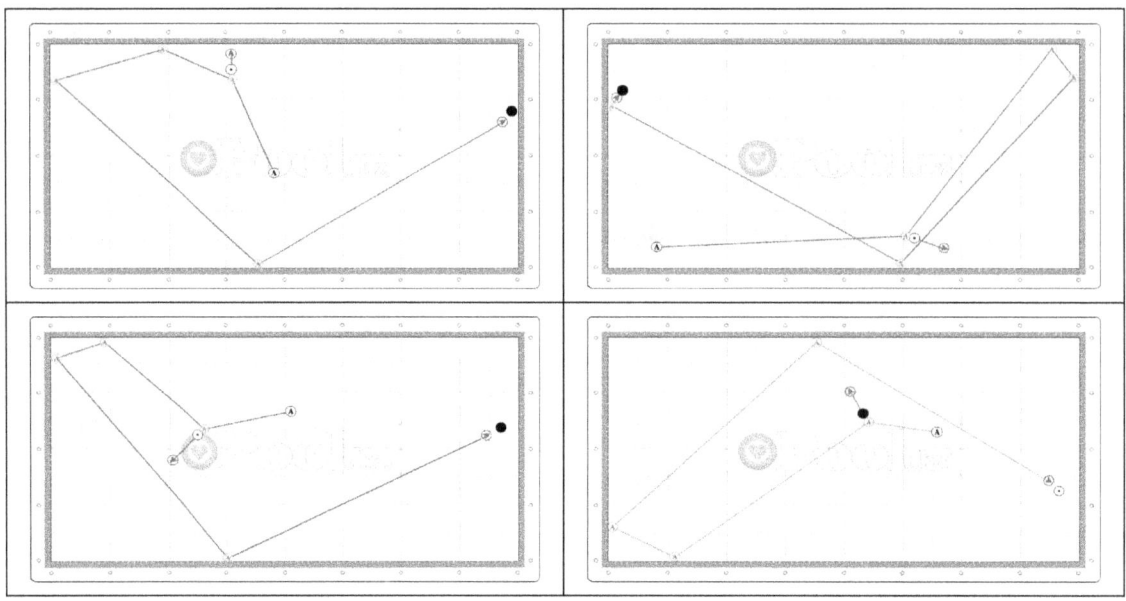

Analyse:

F:2a. _____

F:2b. _____

F:2c. _____

F:2d. _____

F:2a – Setup

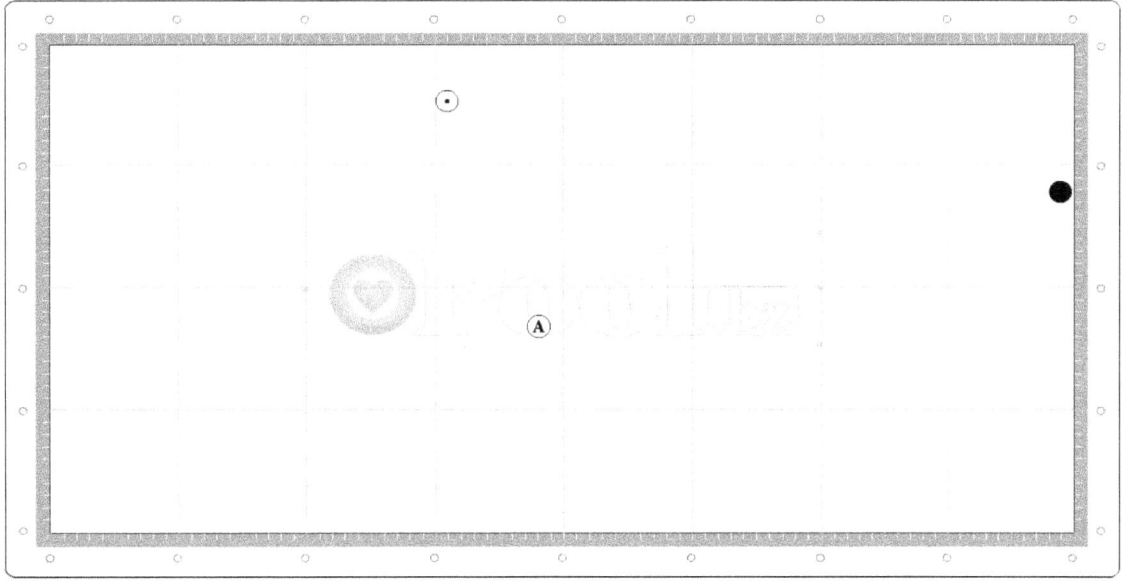

Notater og ideer:

Skudd mønster

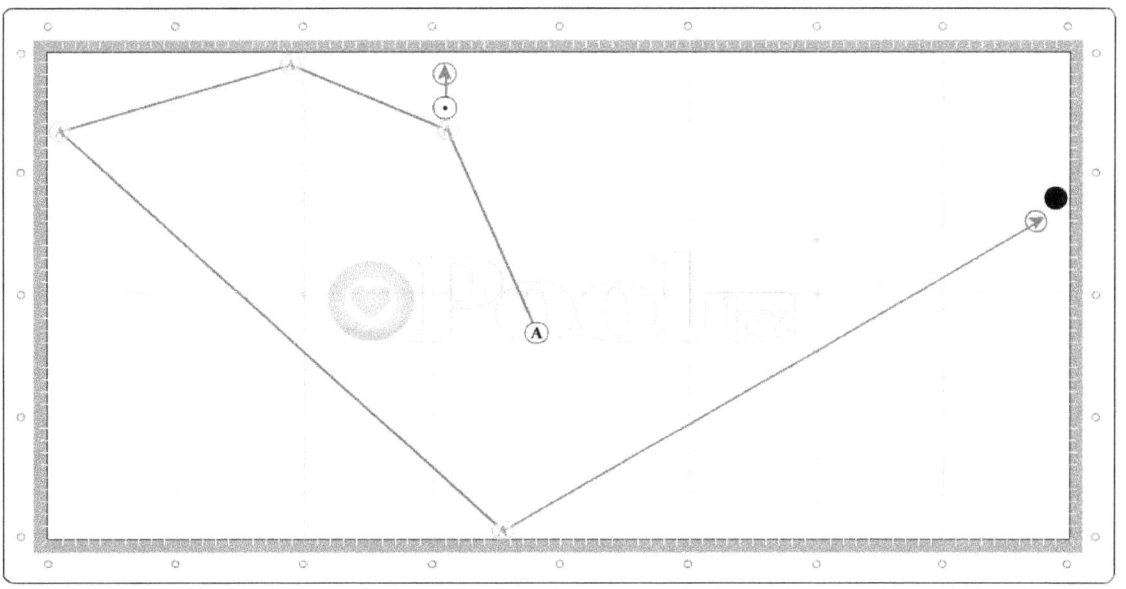

F:2b – Setup

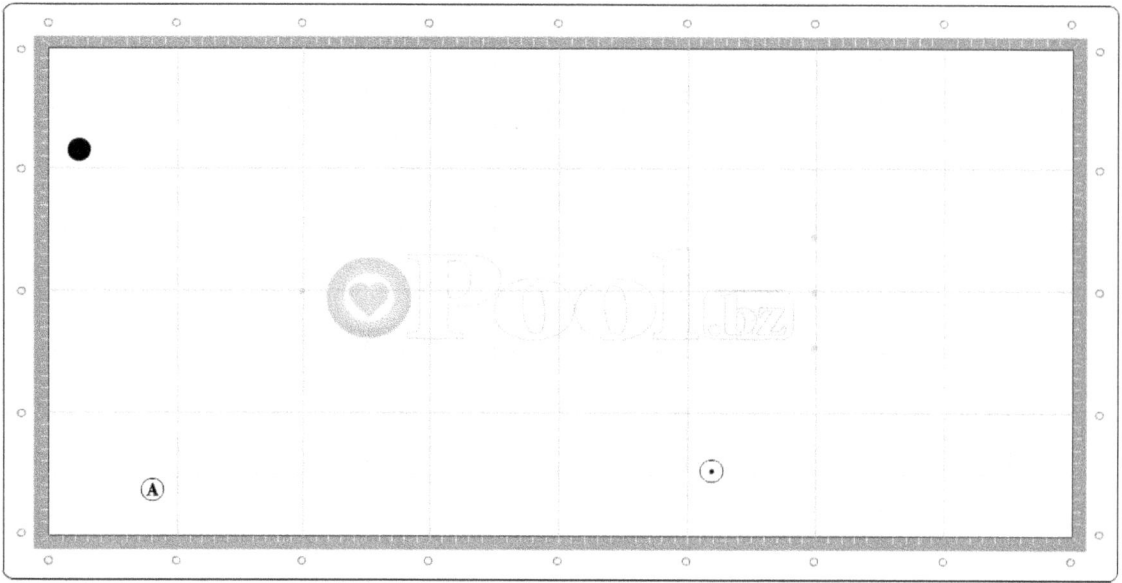

Notater og ideer:

Skudd mønster

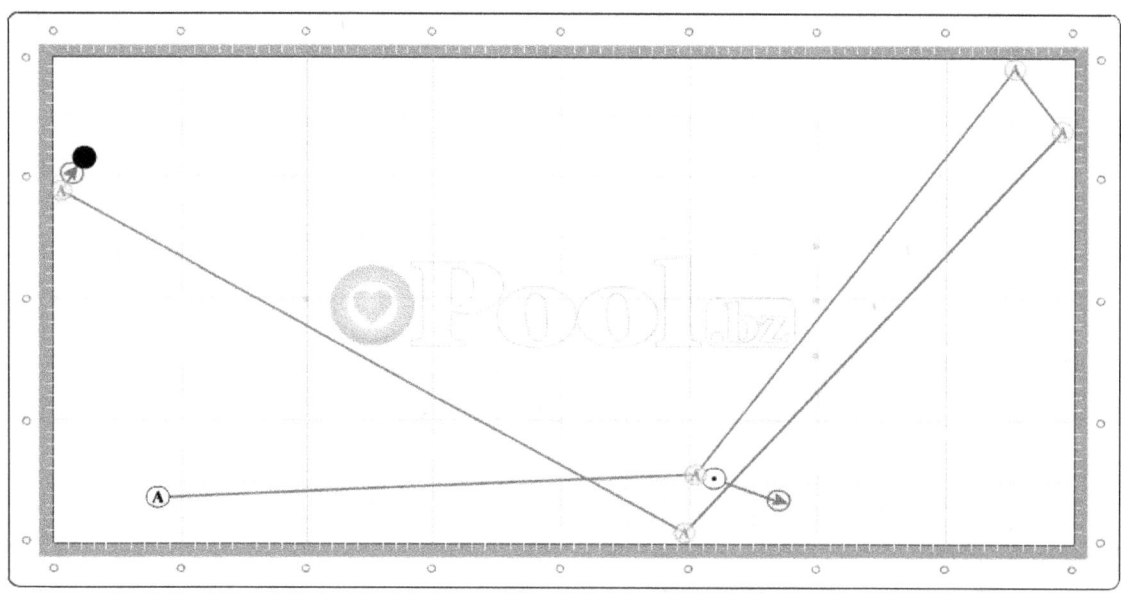

F:2c – Setup

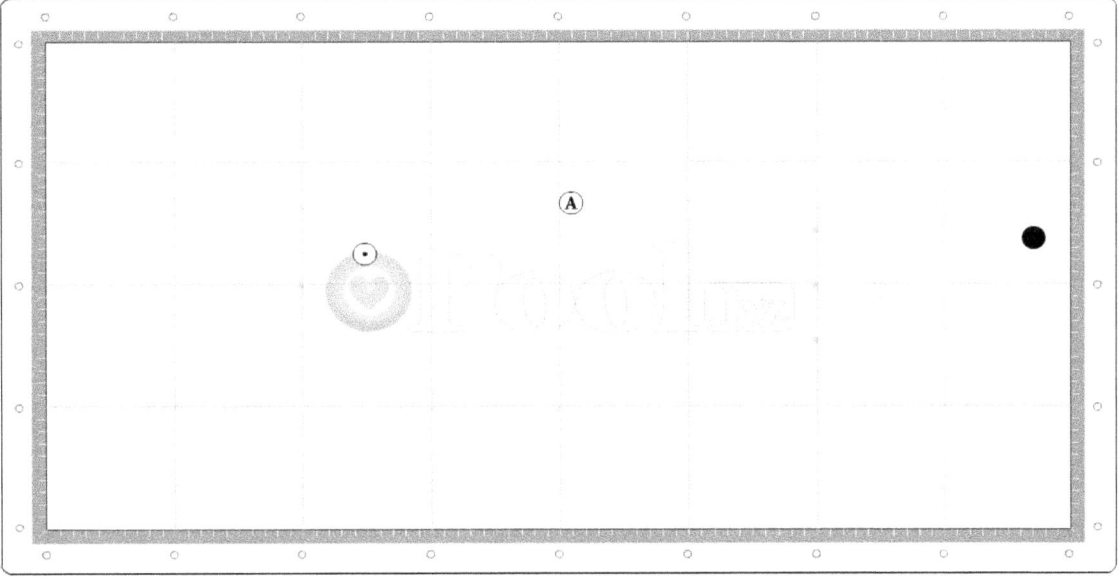

Notater og ideer:

Skudd mønster

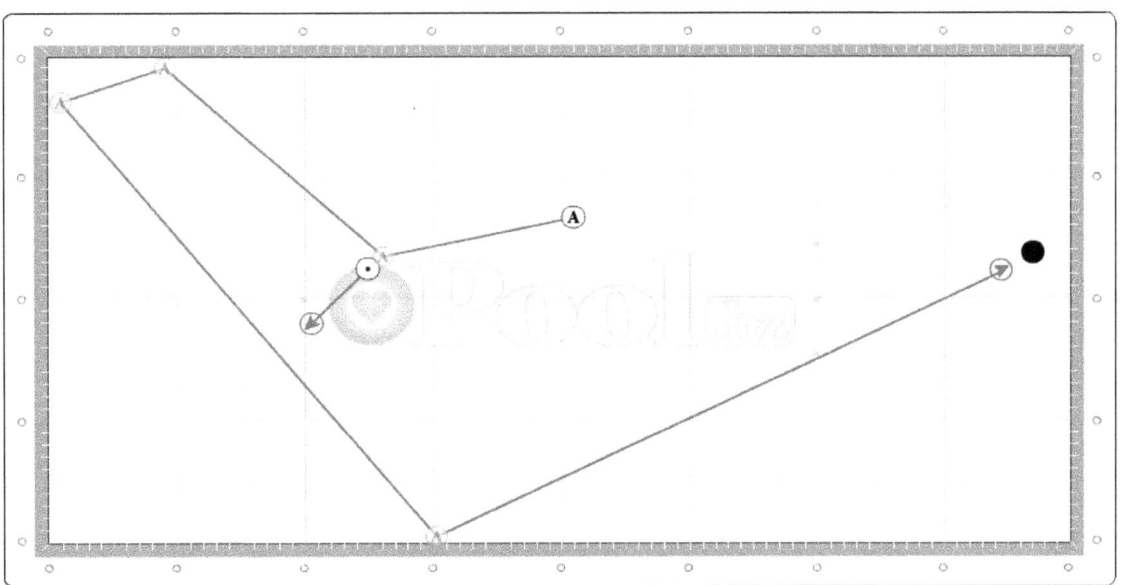

F:2d – Setup

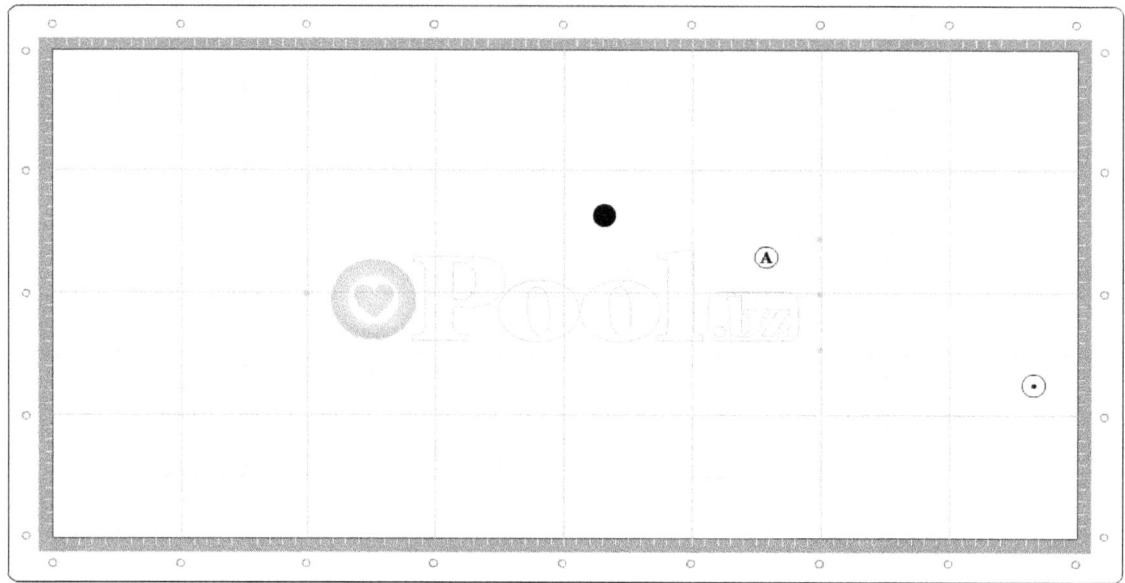

Notater og ideer:

Skudd mønster

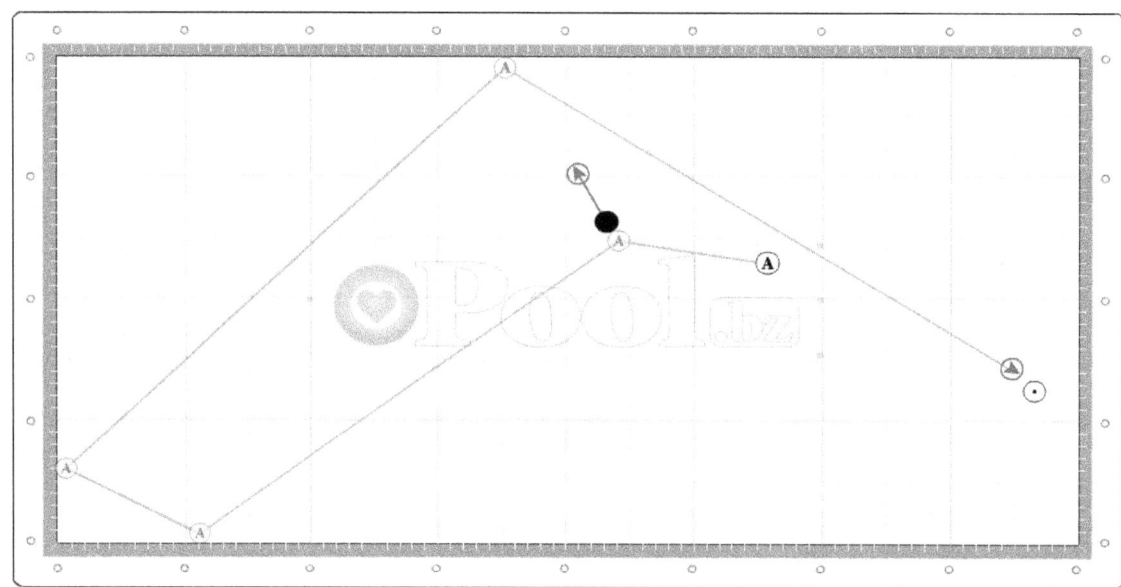

F: Gruppe 3

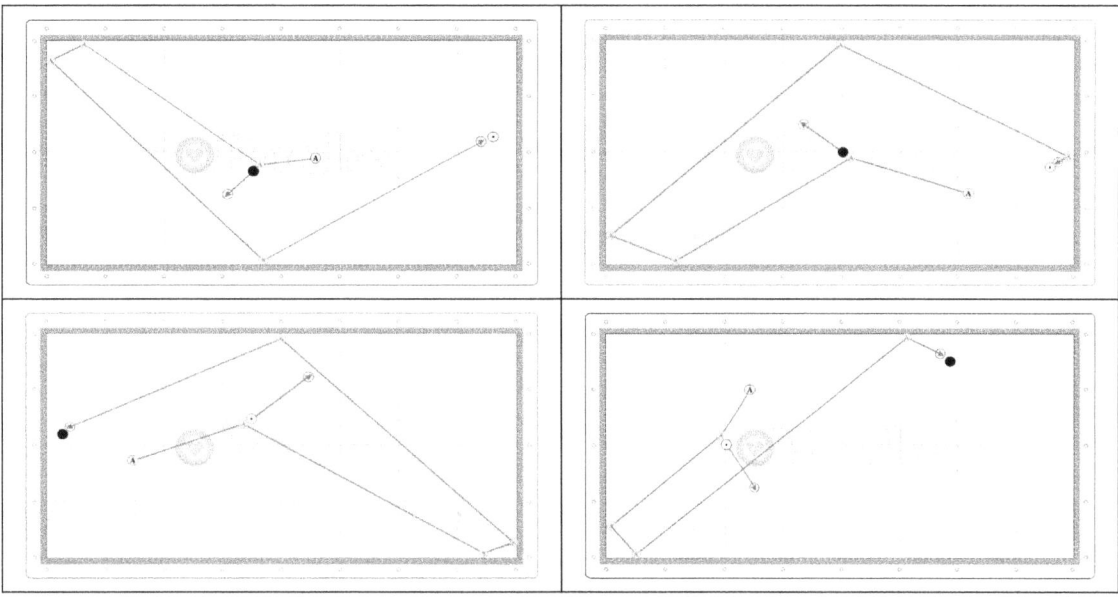

Analyse:

F:3a. _____

F:3b. _____

F:3c. _____

F:3d. _____

F:3a – Setup

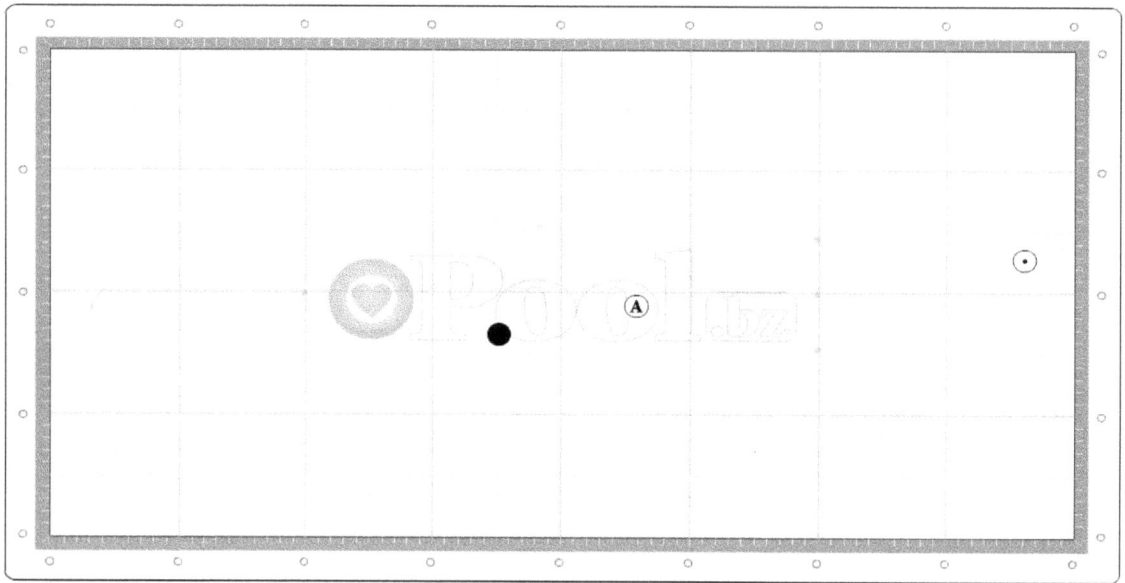

Notater og ideer:

Skudd mønster

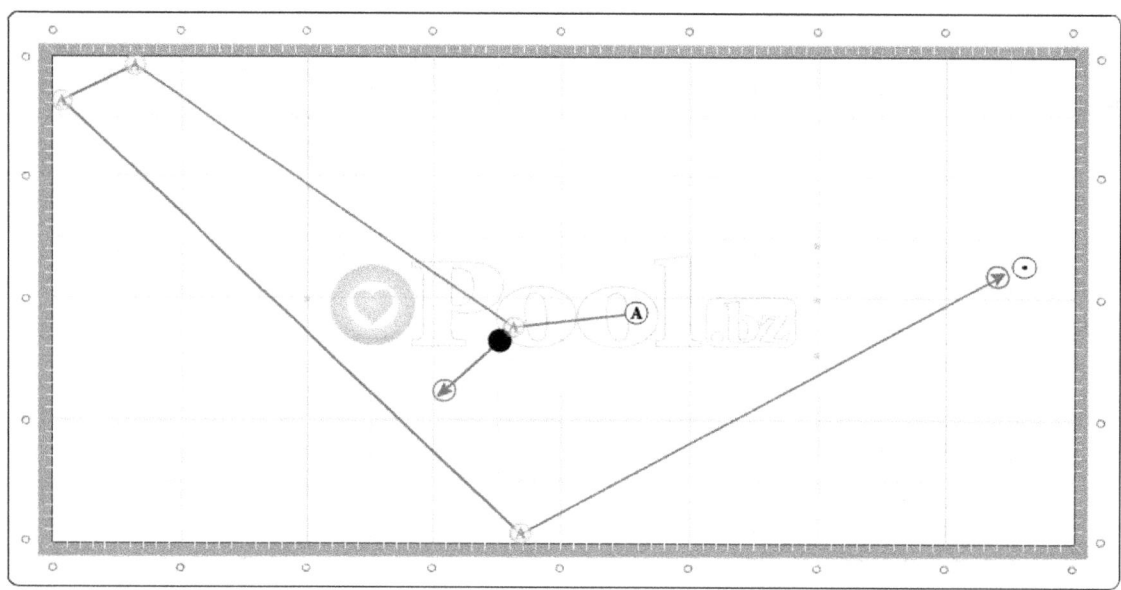

F:3b – Setup

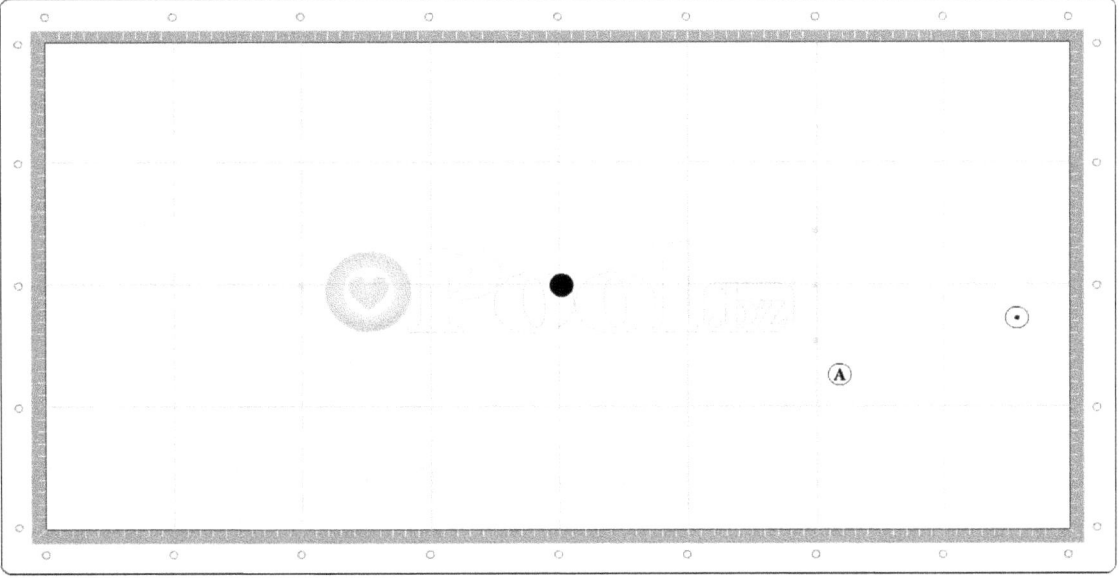

Notater og ideer:

Skudd mønster

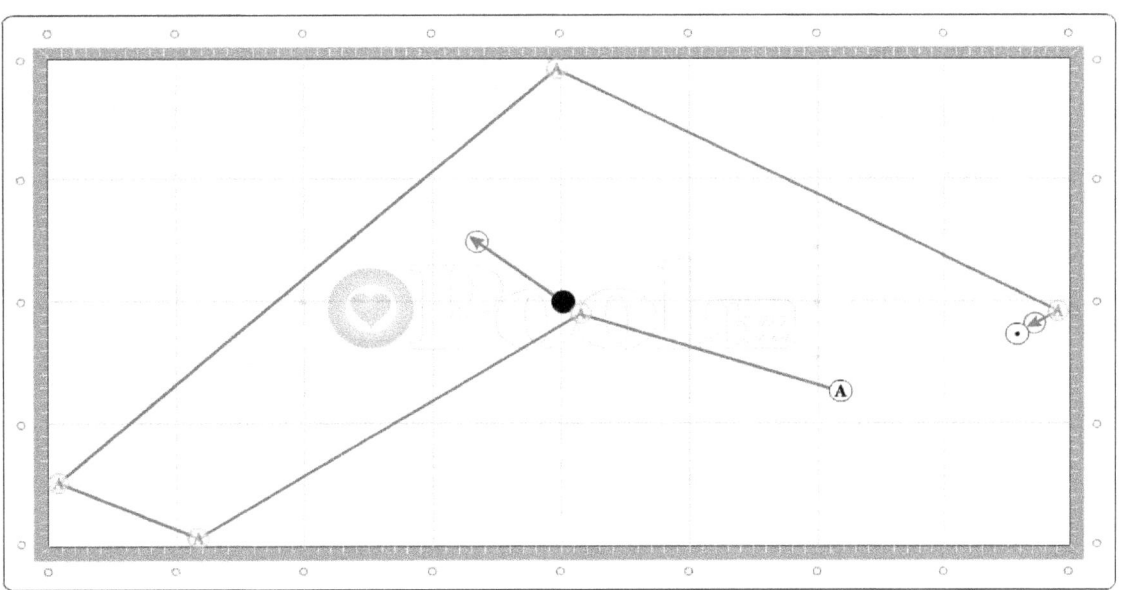

F:3c – Setup

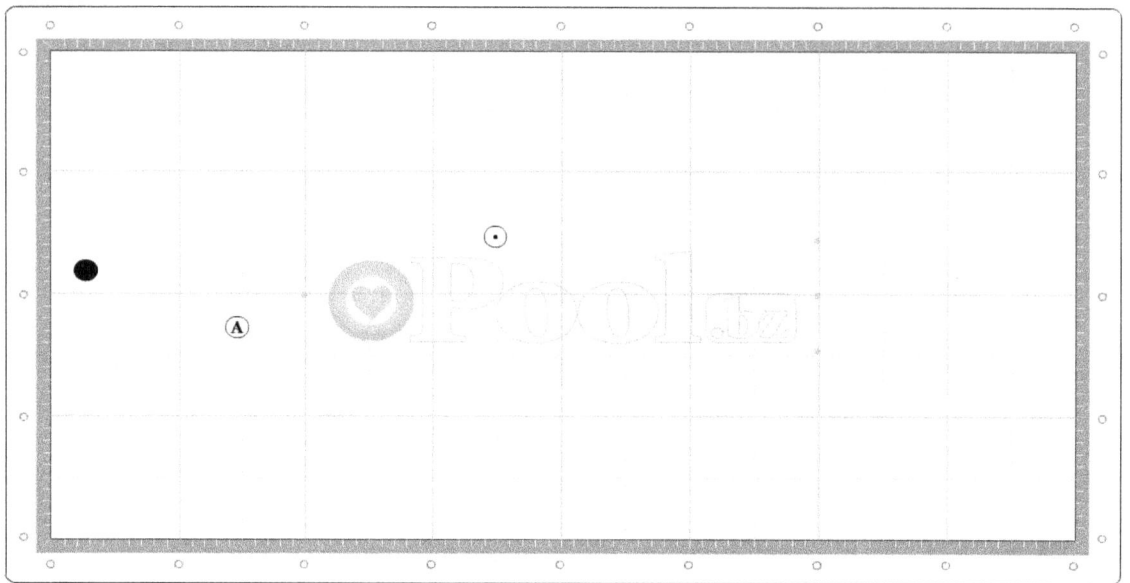

Notater og ideer:

Skudd mønster

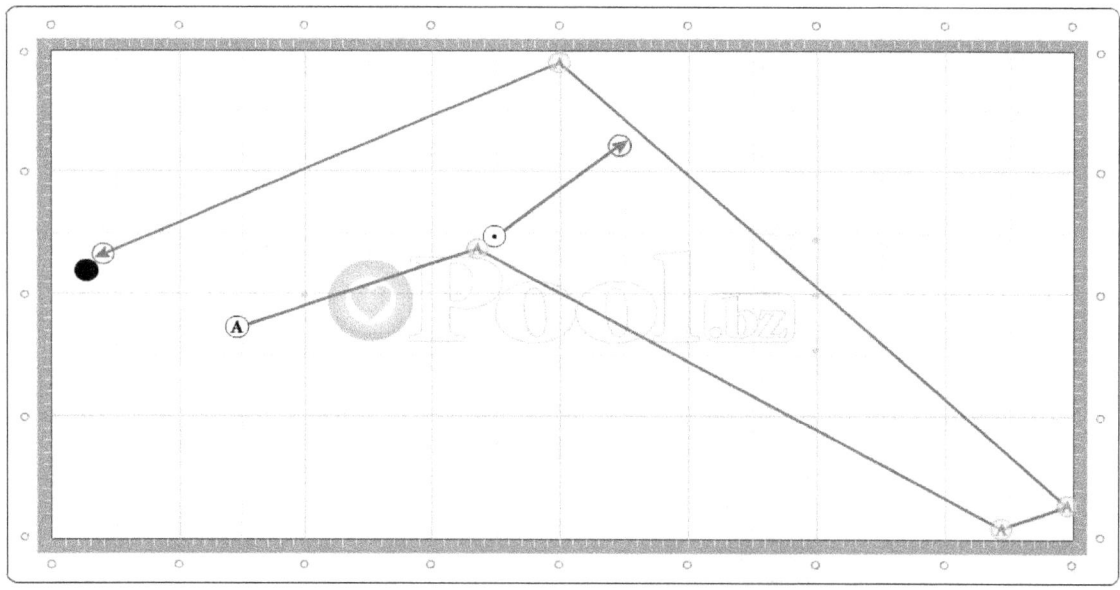

F:3d – Setup

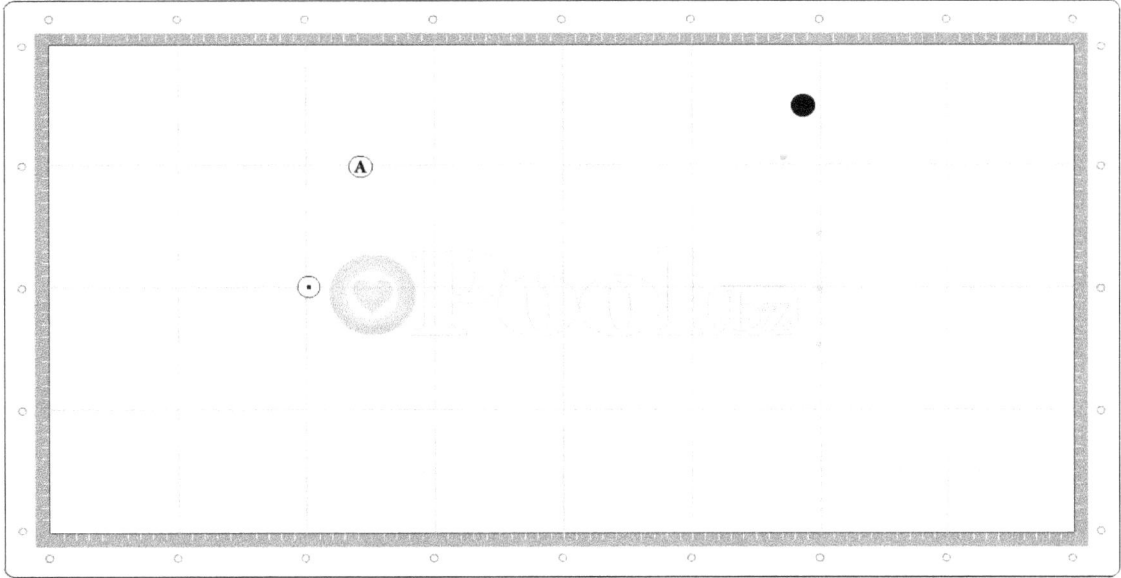

Notater og ideer:

Skudd mønster

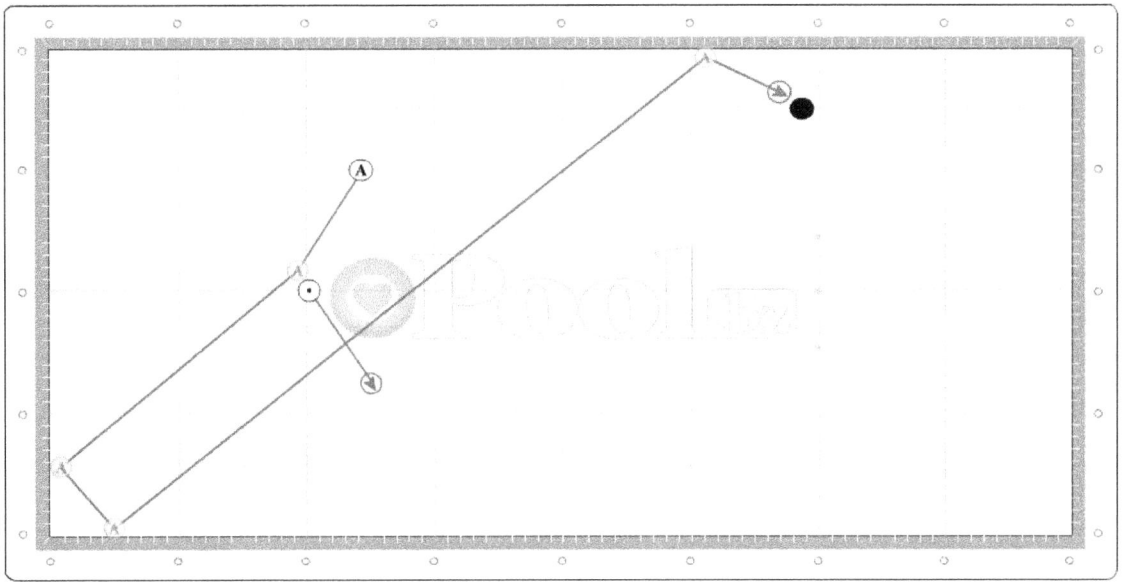

F: Gruppe 4

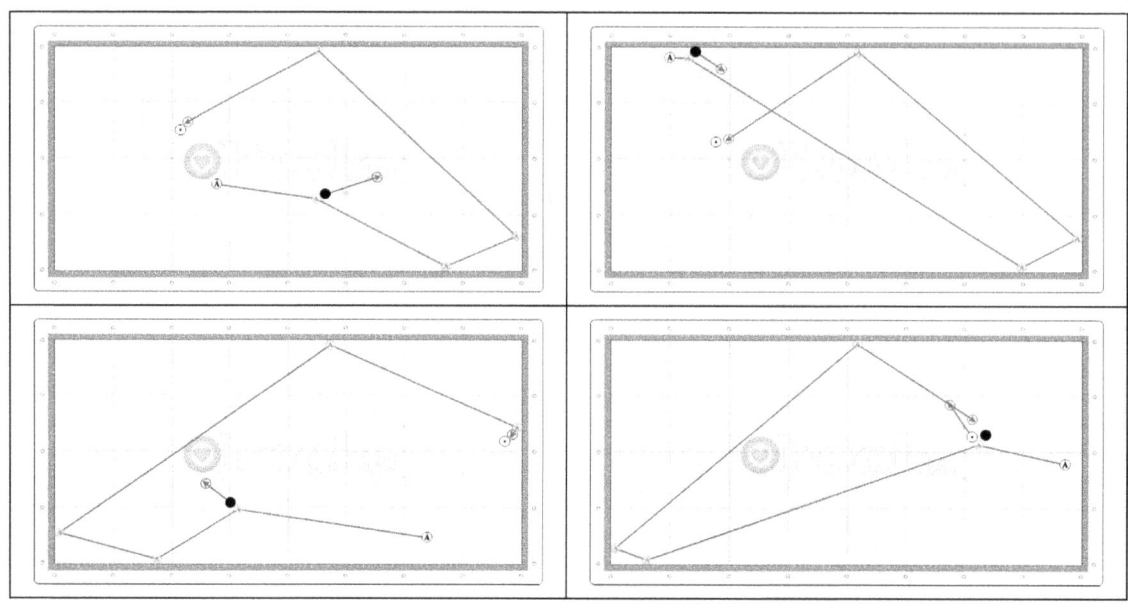

Analyse:

F:4a. _____

F:4b. _____

F:4c. _____

F:4d. _____

F:4a – Setup

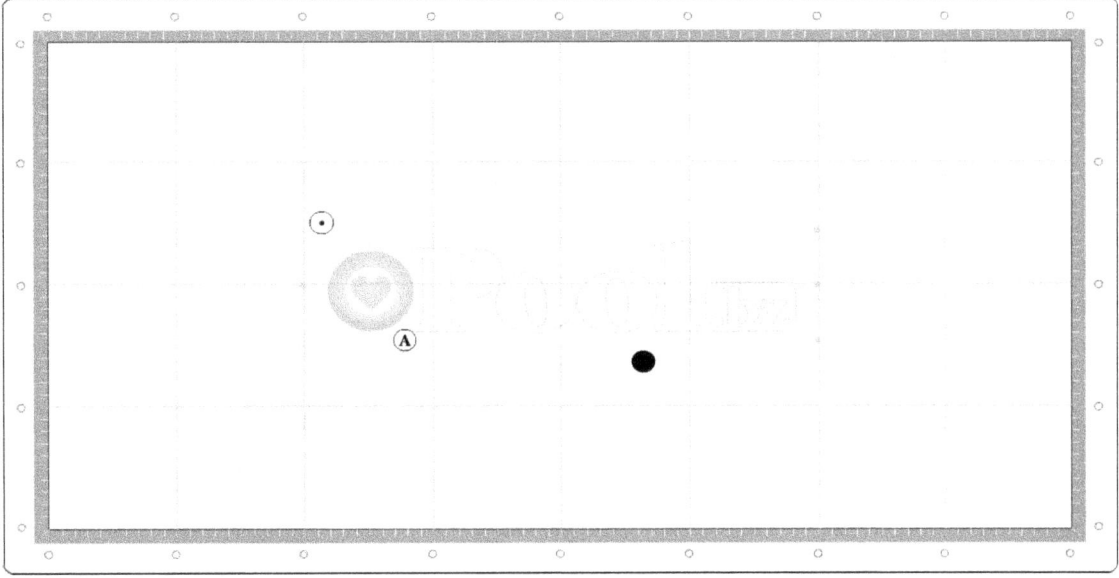

Notater og ideer:

Skudd mønster

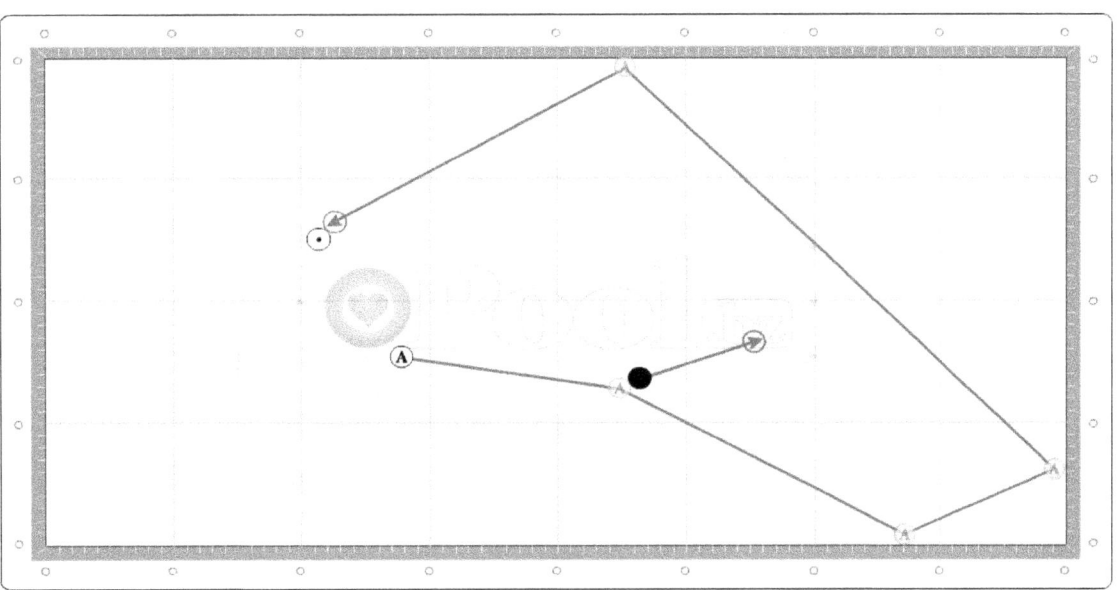

F:4b – Setup

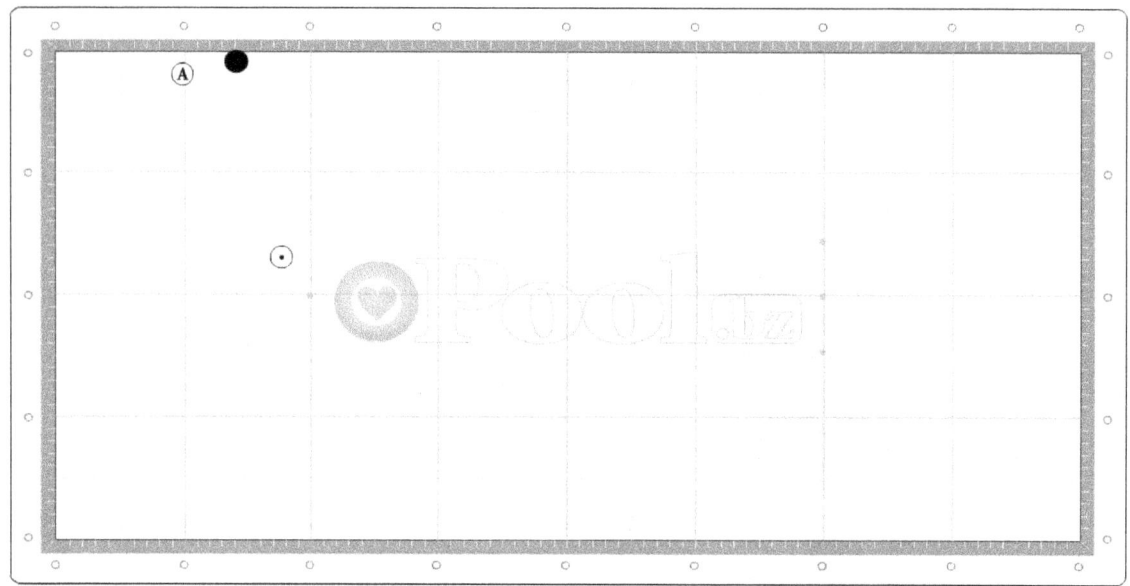

Notater og ideer:

Skudd mønster

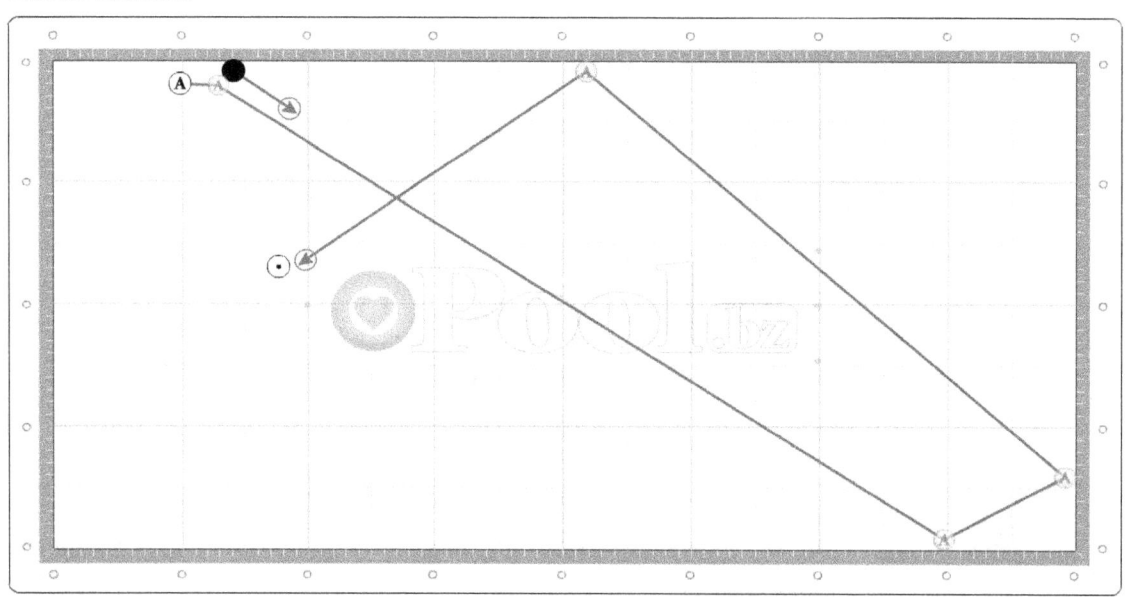

F:4c – Setup

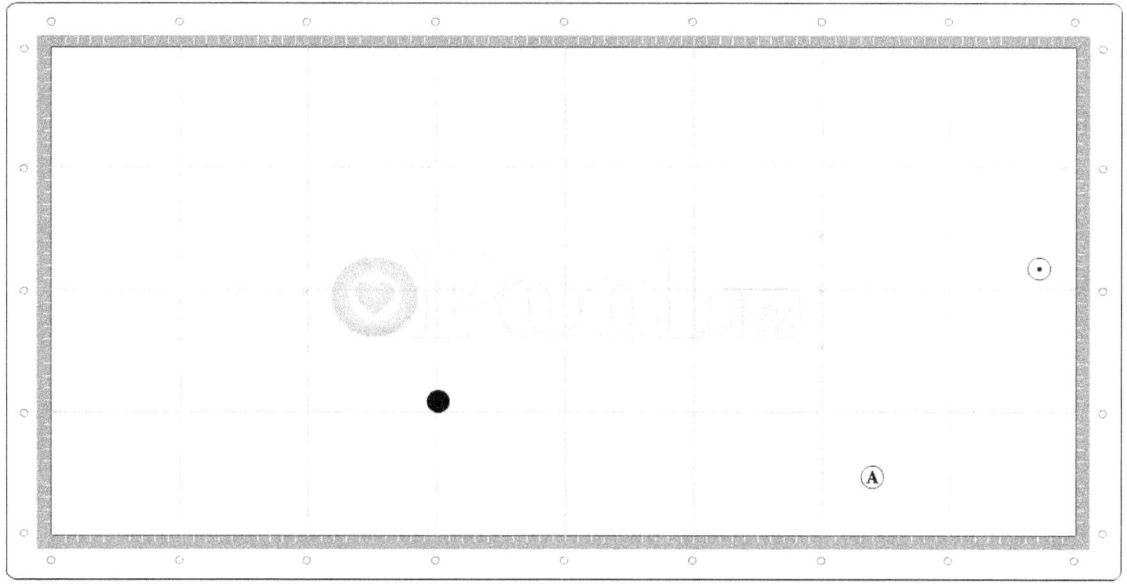

Notater og ideer:

Skudd mønster

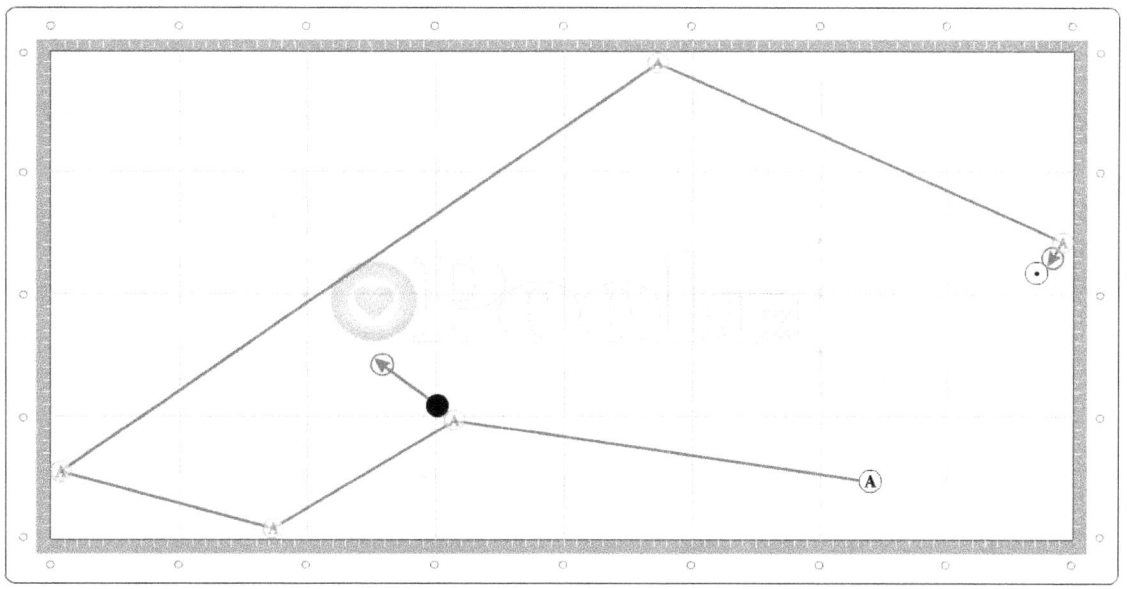

Tre vant carambole: Opp og ned fjellmønstrene

F:4d – Setup

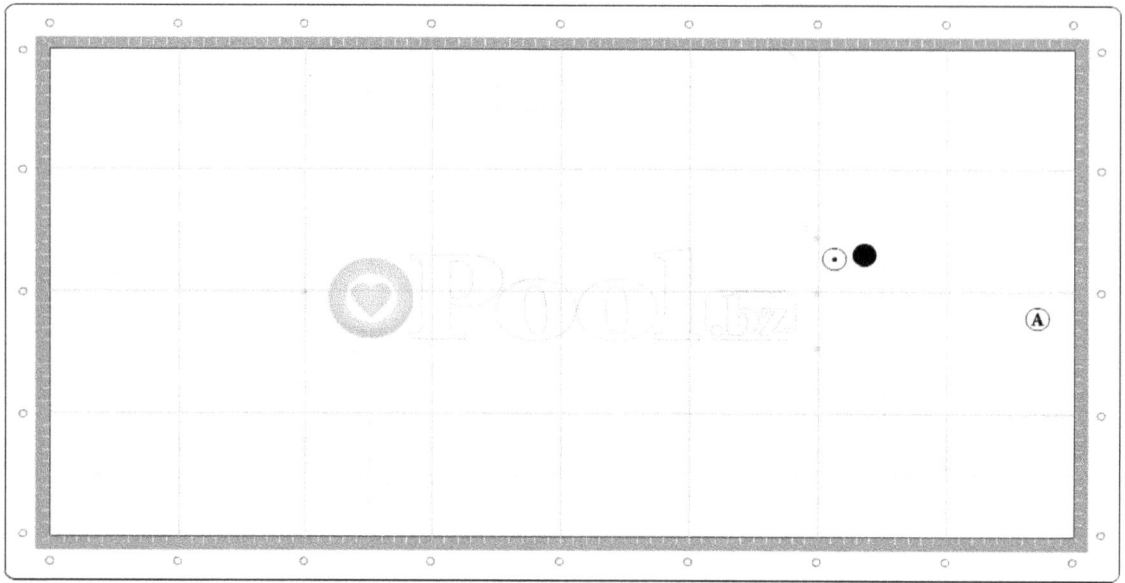

Notater og ideer:

Skudd mønster

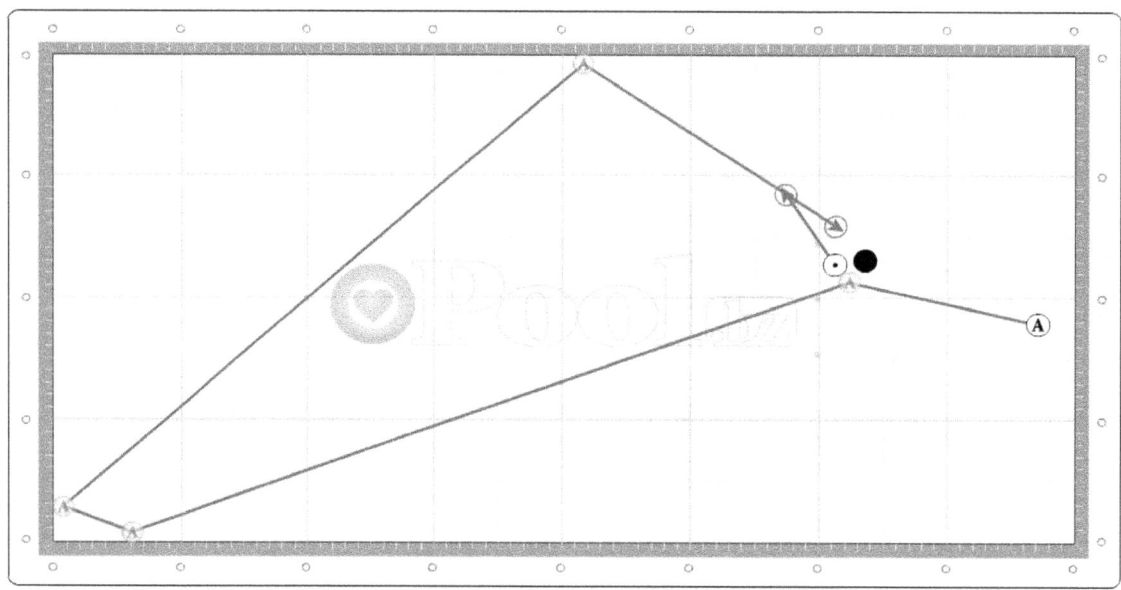

G: Inn i hjørnet (kort vant)

Den (CB) forbinder med den første (OB). (CB) går inn i hjørnet, kort vant først. Deretter krysser (CB) bordet til midten av den lange vant. Derfra kontakter (CB) den andre (OB).

Ⓐ (CB) (biljardkule) - ⊙ (OB) (motstander billiardball) - ● (OB) (rød biljardball)

G: Gruppe 1

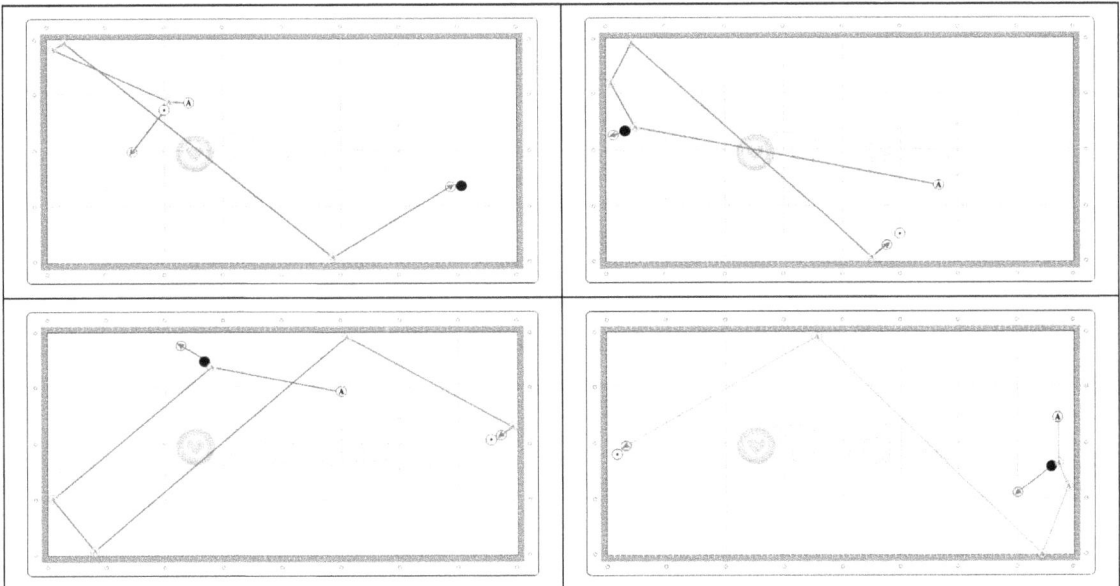

Analyse:

G:1a. _____

G:1b. _____

G:1c. _____

G:1d. _____

G:1a – Setup

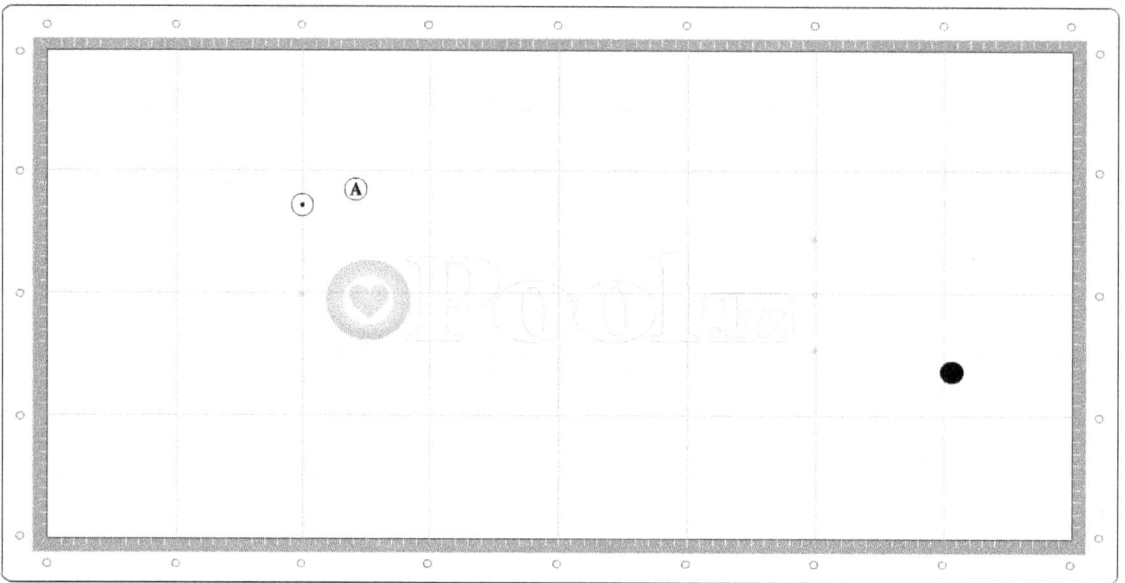

Notater og ideer:

Skudd mønster

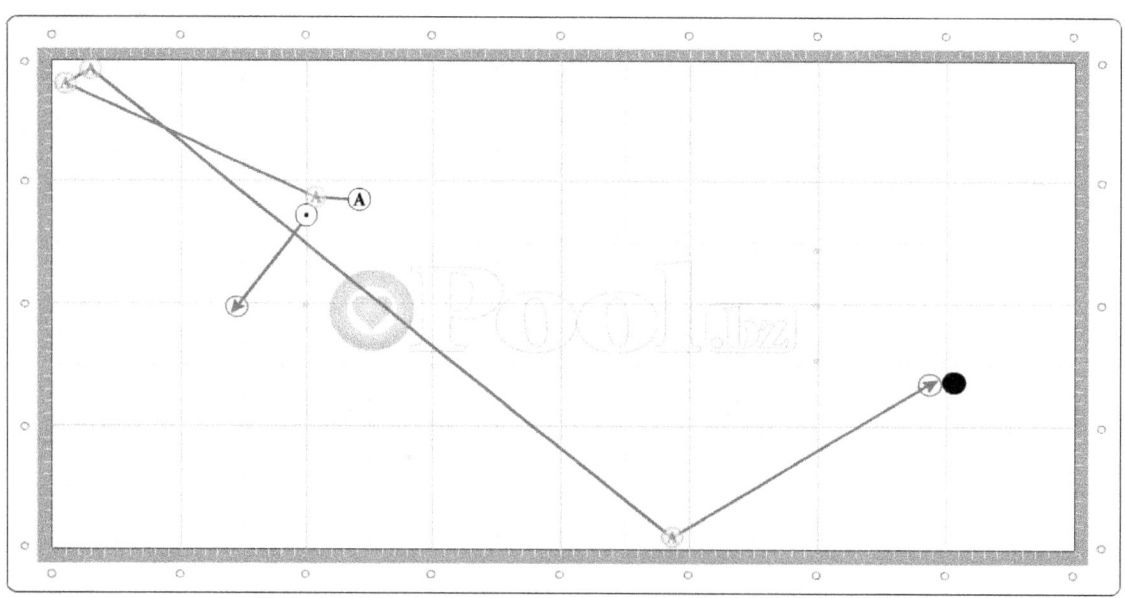

G:1b – Setup

Notater og ideer:

Skudd mønster

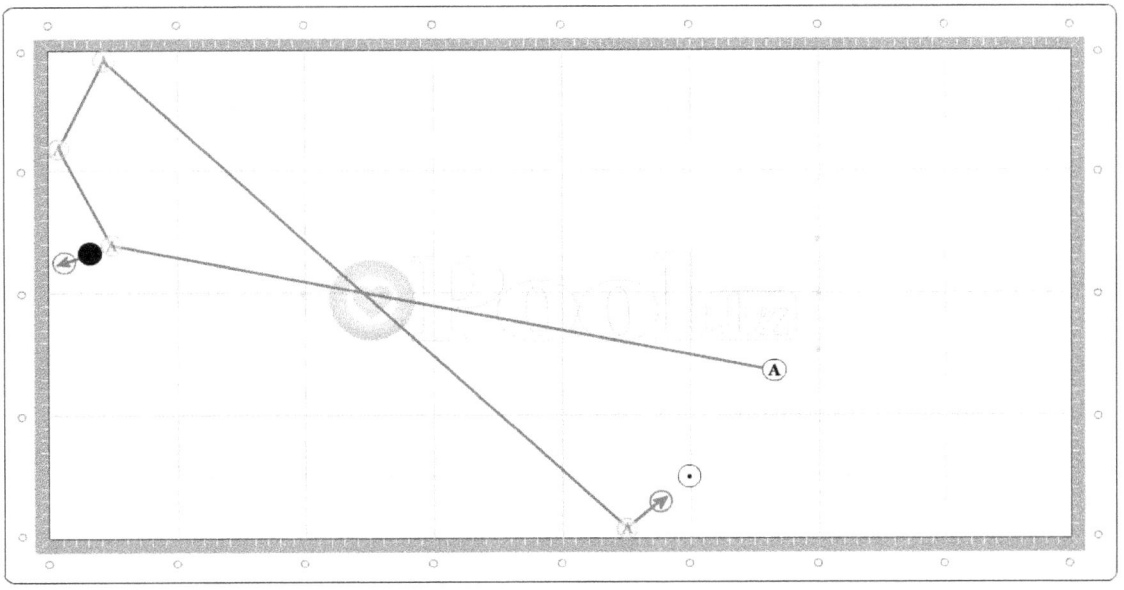

G:1c – Setup

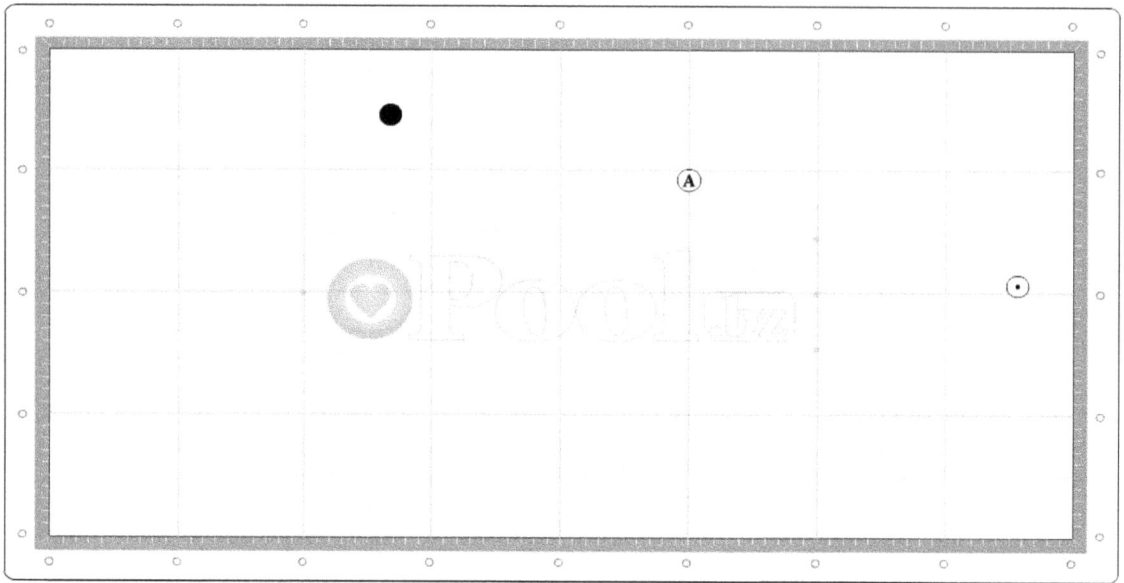

Notater og ideer:

Skudd mønster

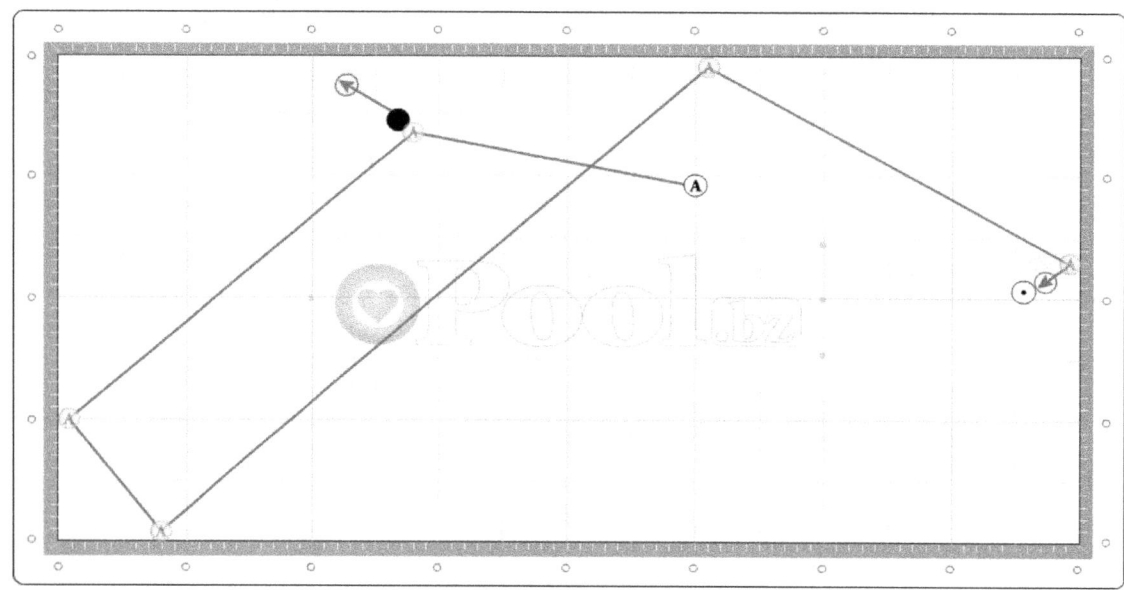

G:1d – Setup

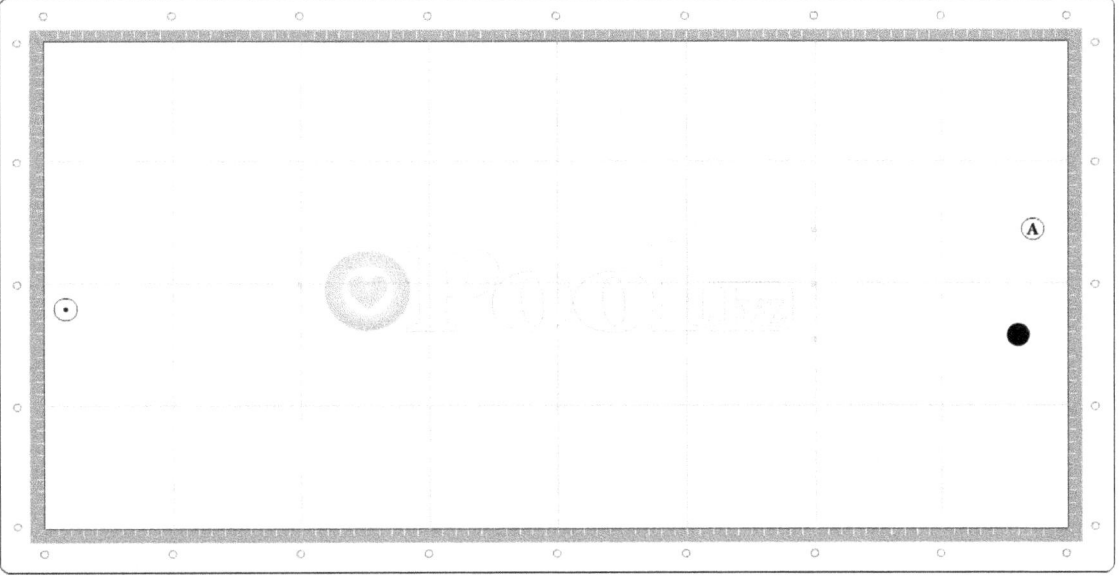

Notater og ideer:

Skudd mønster

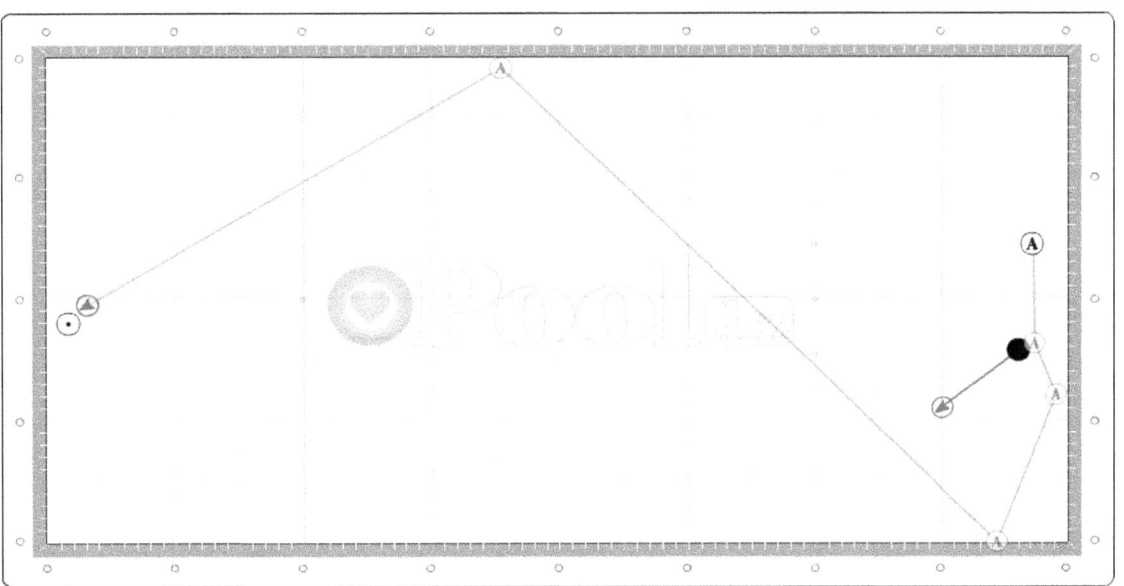

G: Gruppe 2

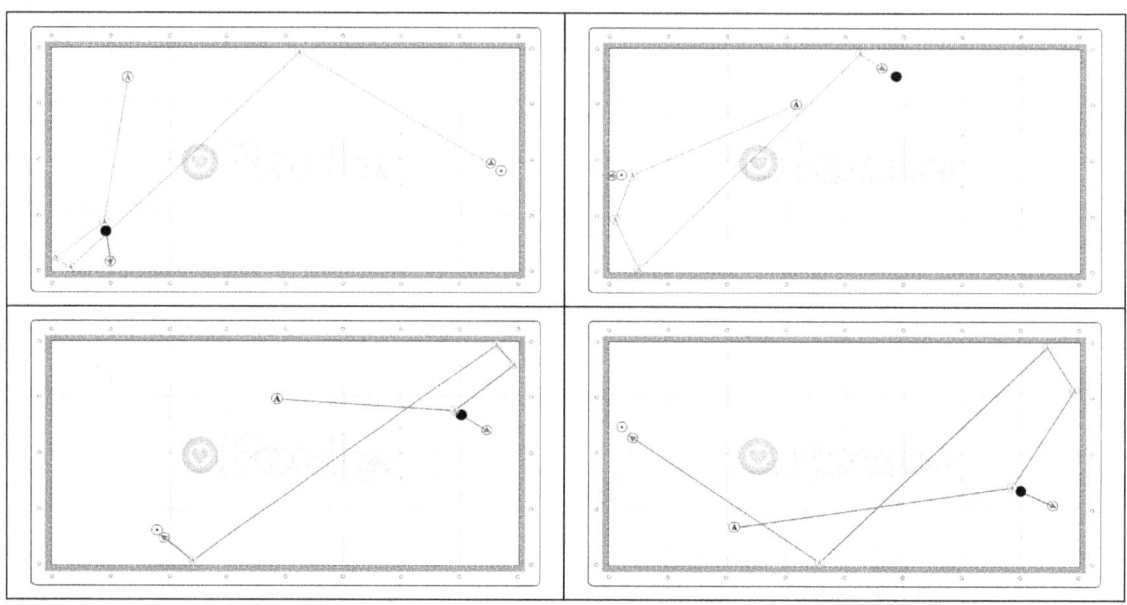

Analyse:

G:2a. _____

G:2b. _____

G:2c. _____

G:2d. _____

G:2a – Setup

Notater og ideer:

Skudd mønster

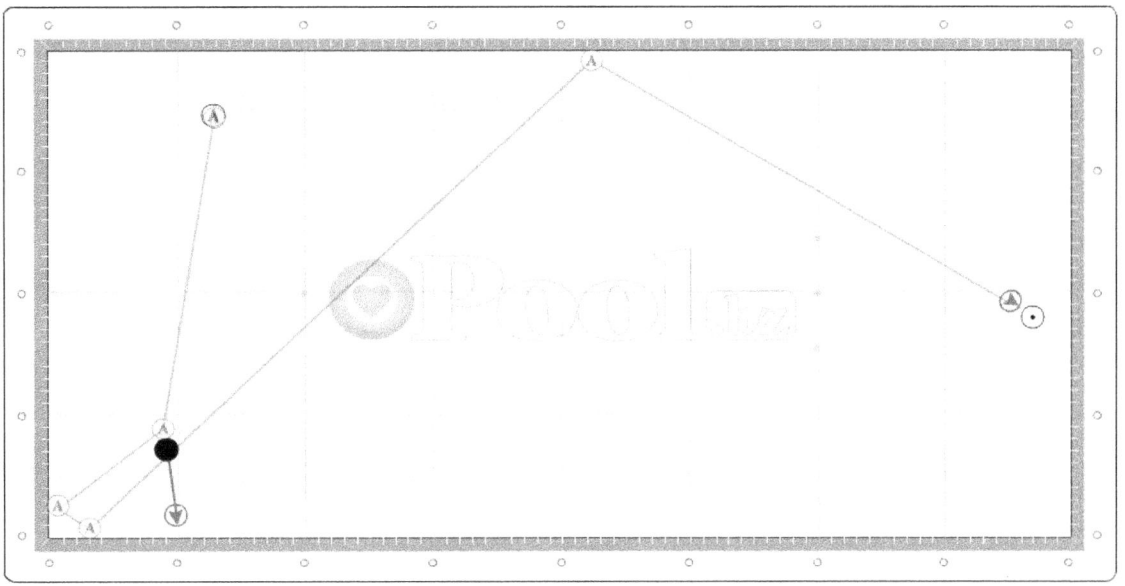

G:2b – Setup

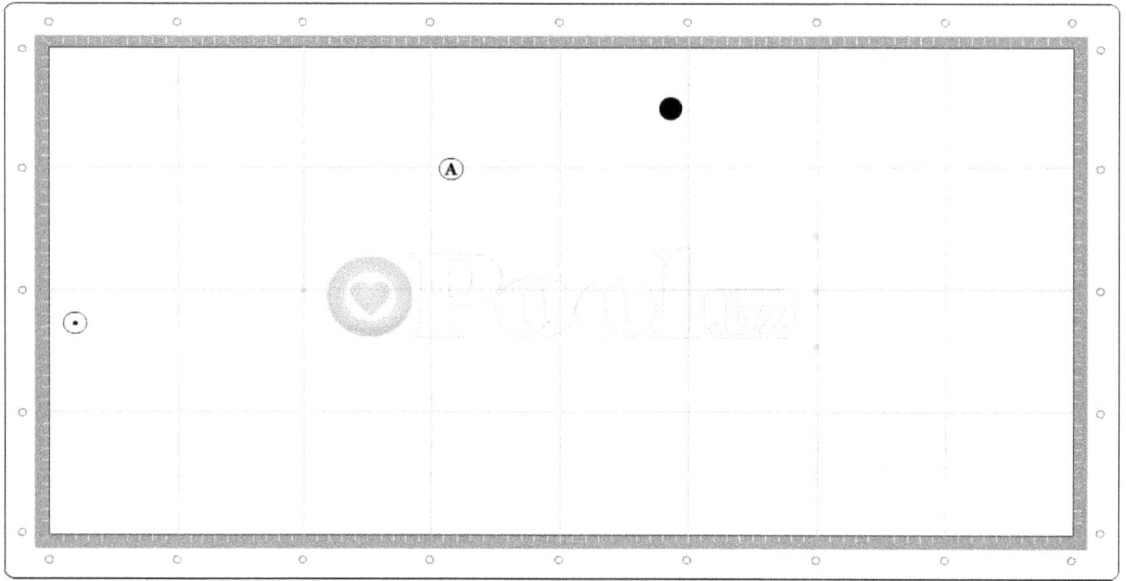

Notater og ideer:

Skudd mønster

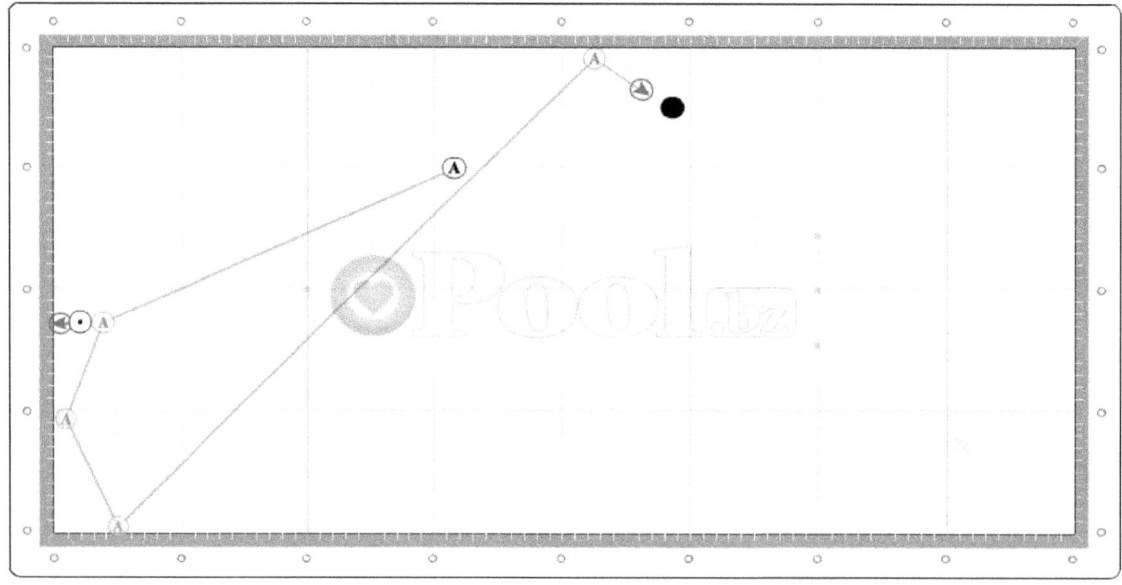

G:2c – Setup

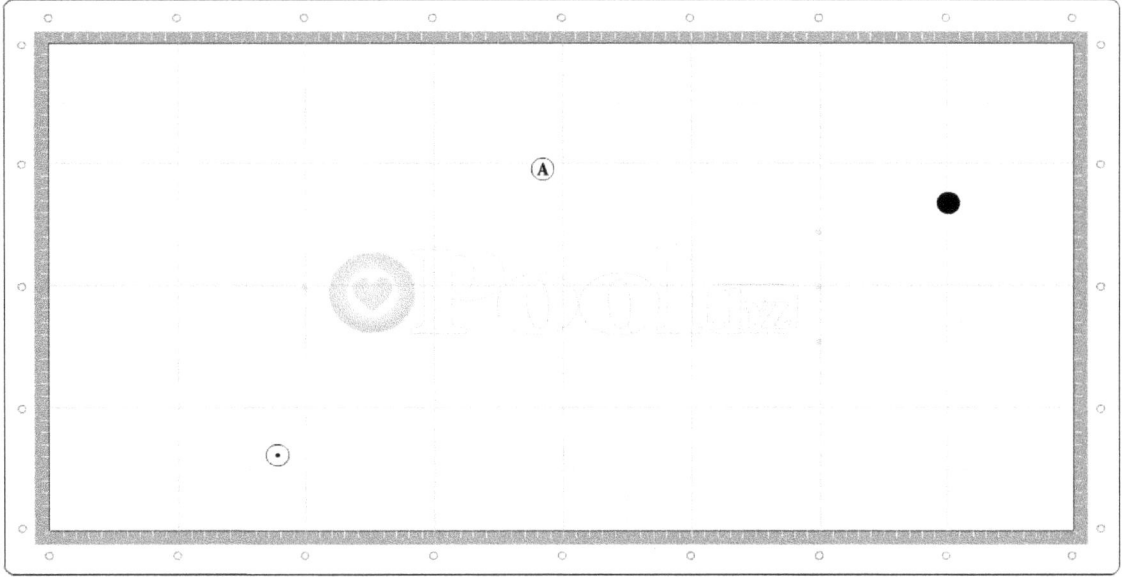

Notater og ideer:

Skudd mønster

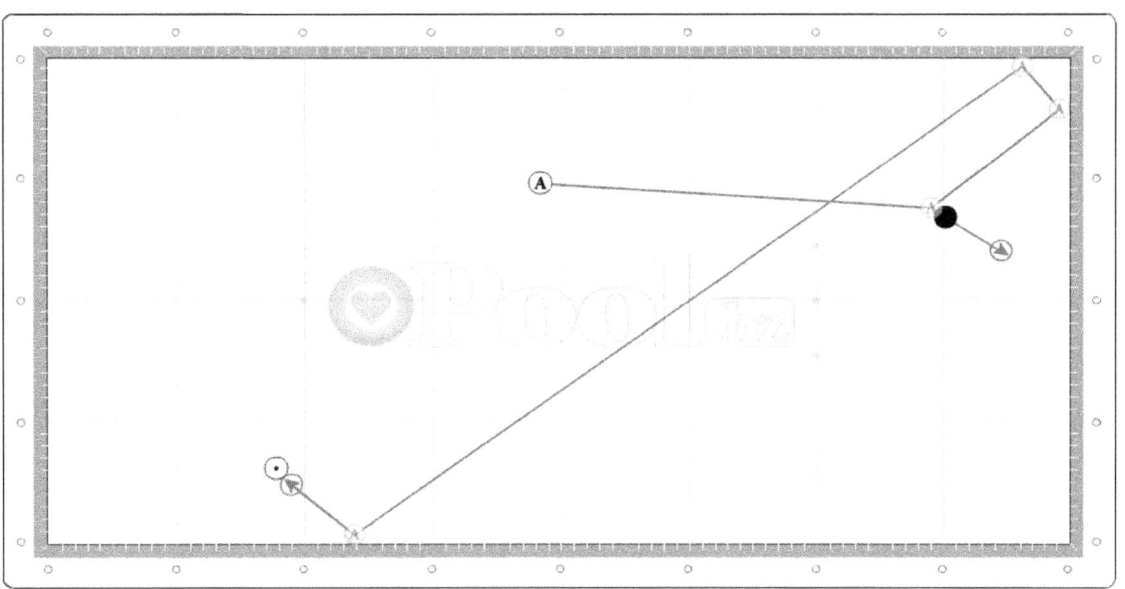

G:3d – Setup

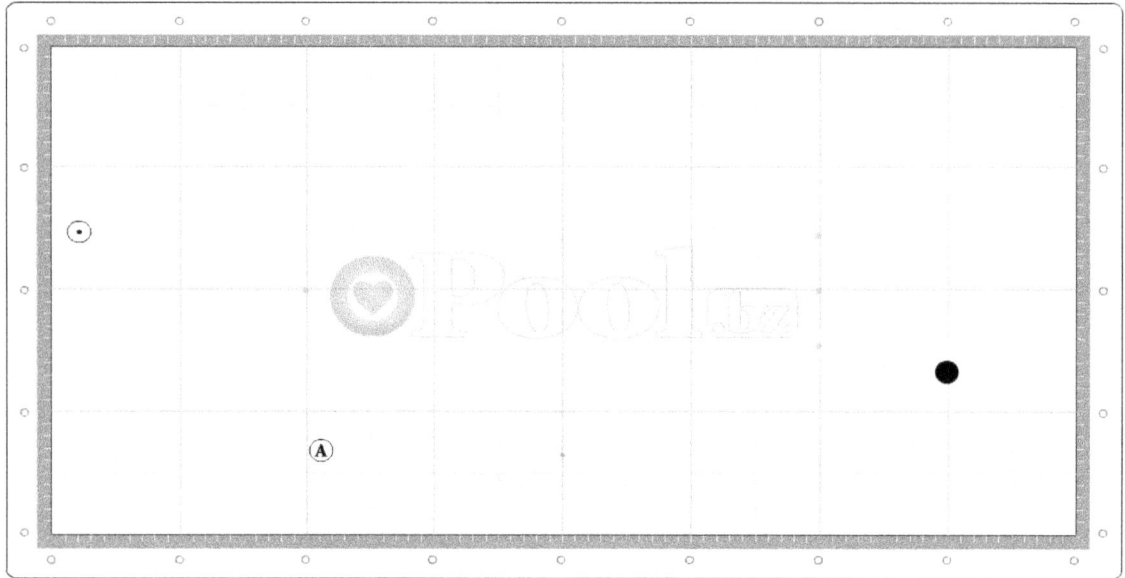

Notater og ideer:

Skudd mønster

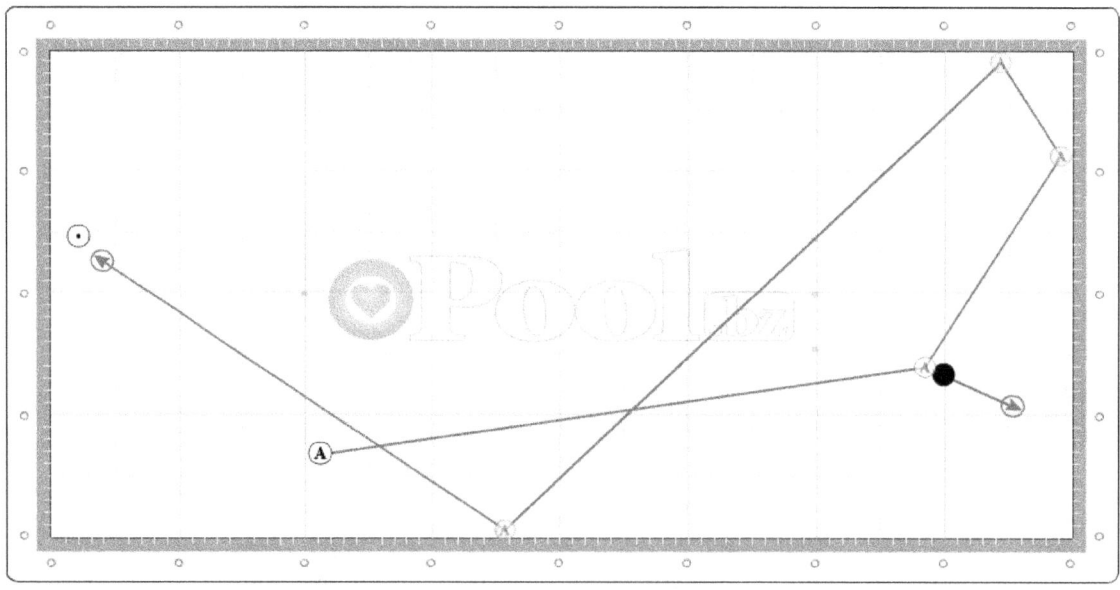

G: Gruppe 3

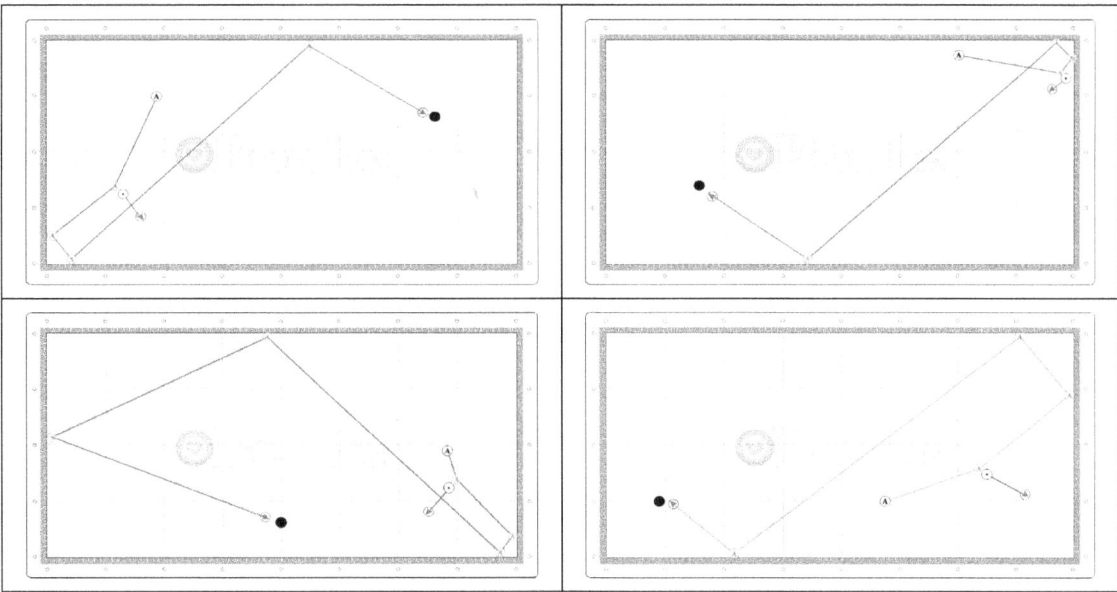

Analyse:

G:3a. _____

G:3b. _____

G:3c. _____

G:3d. _____

G:3a – Setup

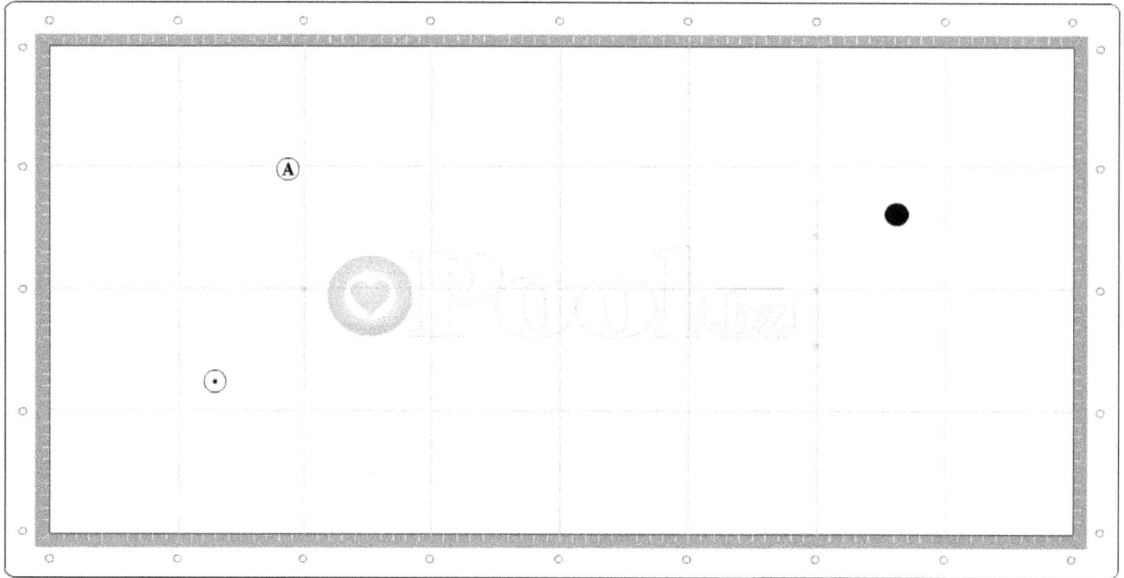

Notater og ideer:

Skudd mønster

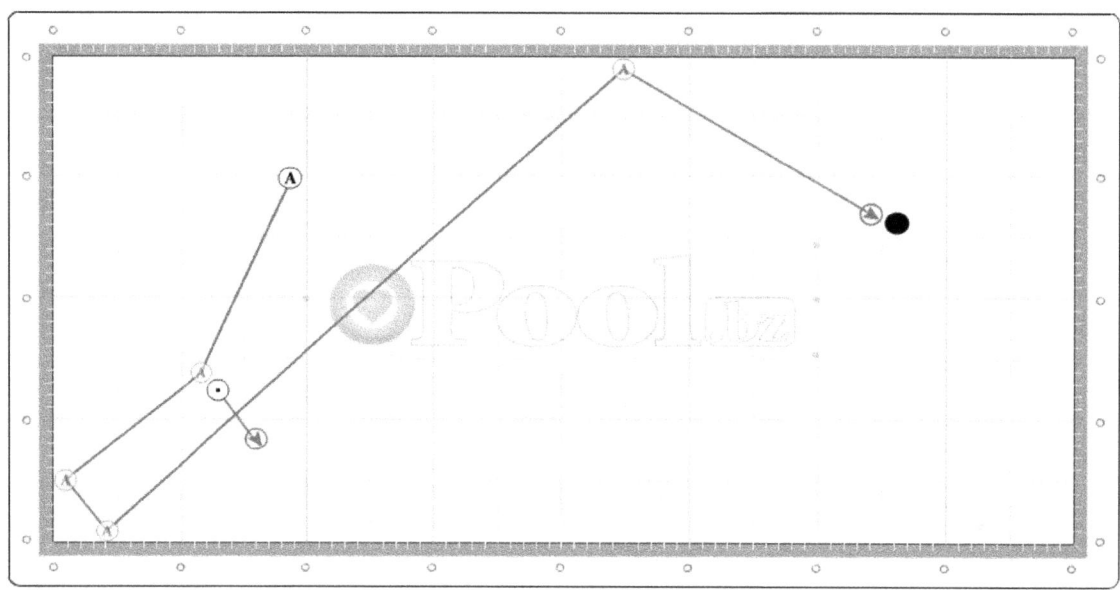

G:3b – Setup

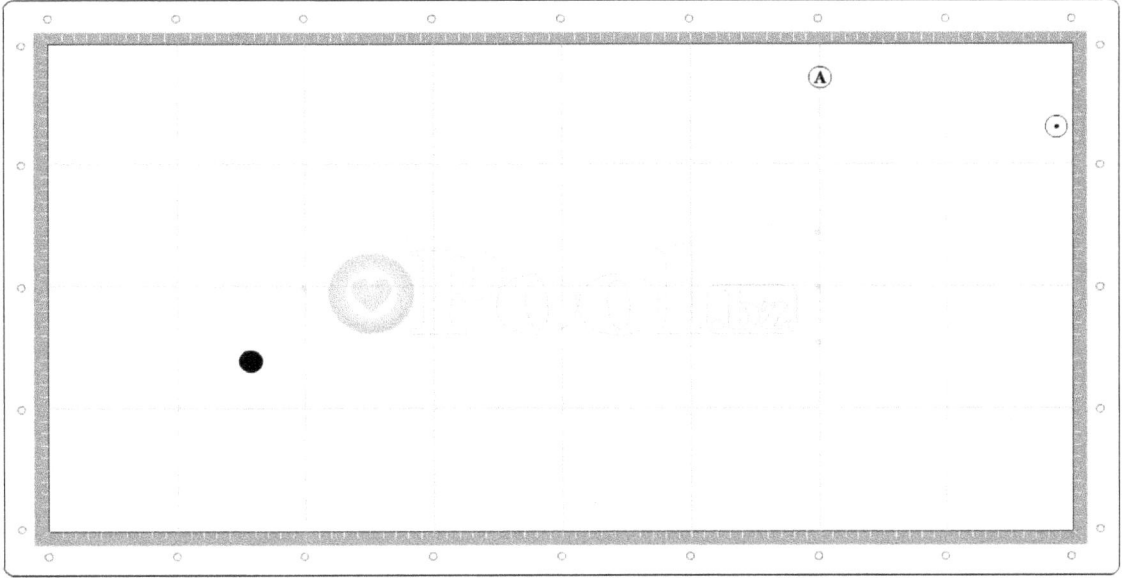

Notater og ideer:

Skudd mønster

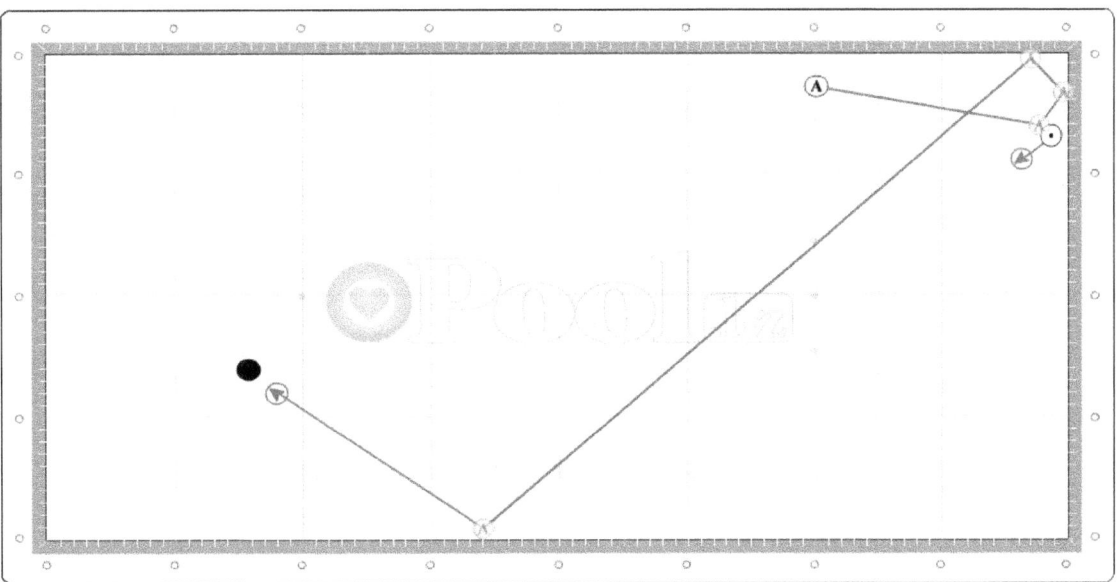

G:3c – Setup

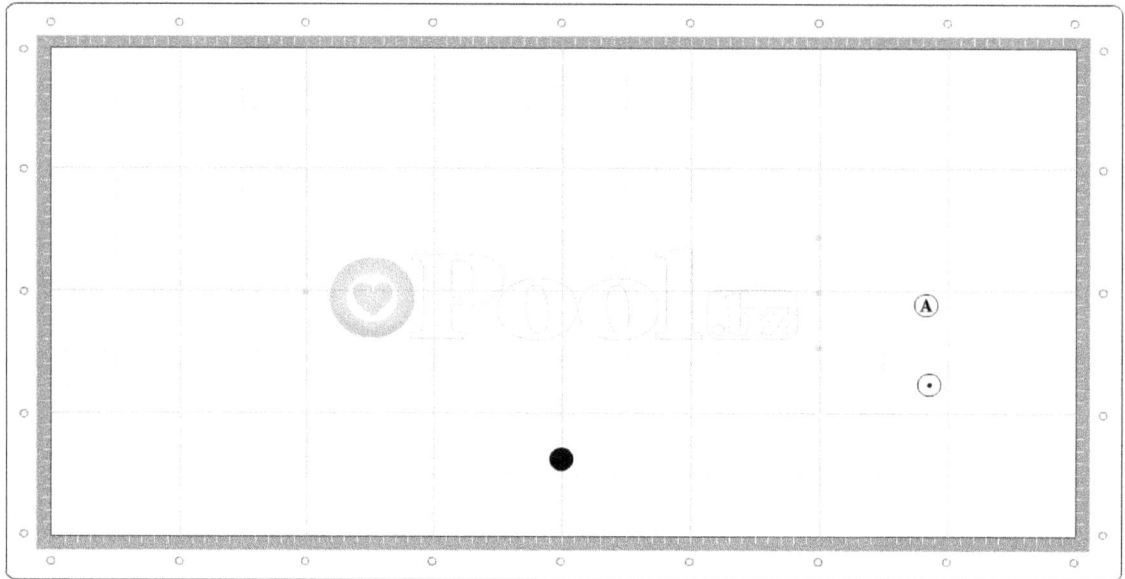

Notater og ideer:

Skudd mønster

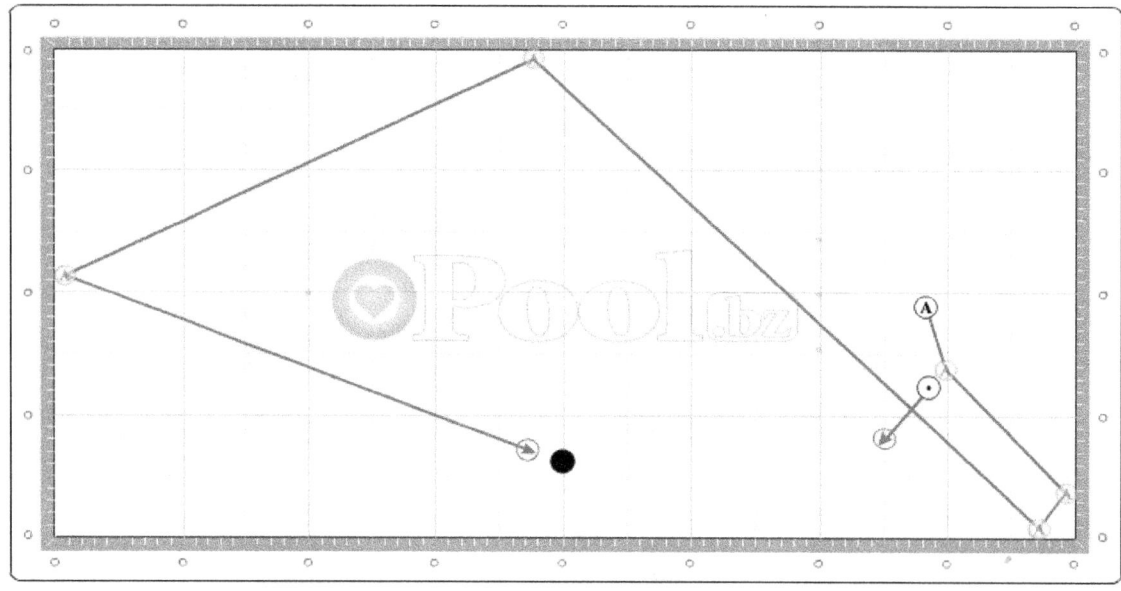

G:3d – Setup

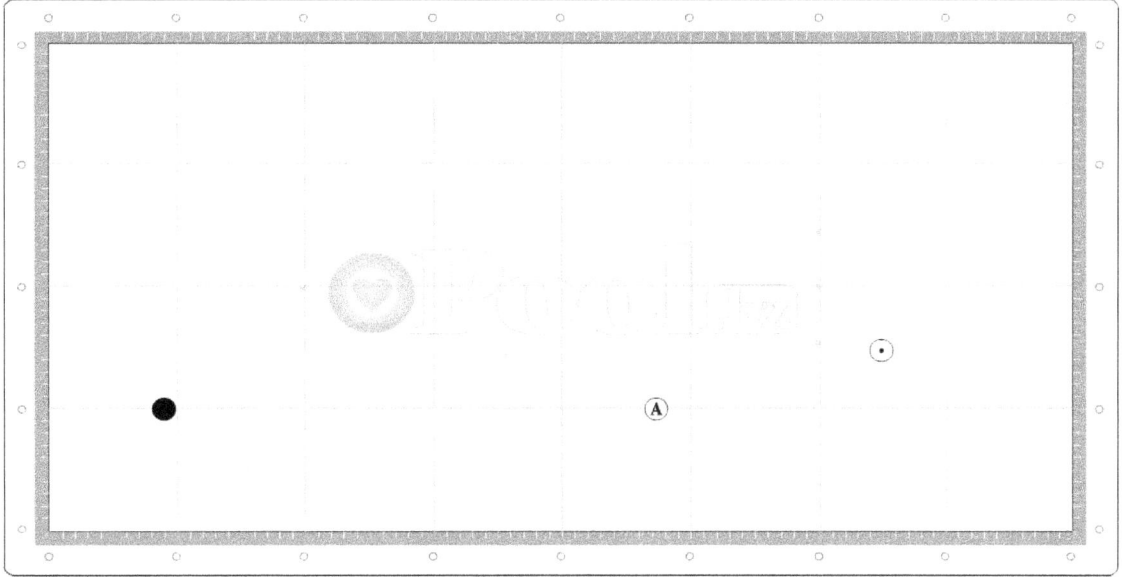

Notater og ideer:

Skudd mønster

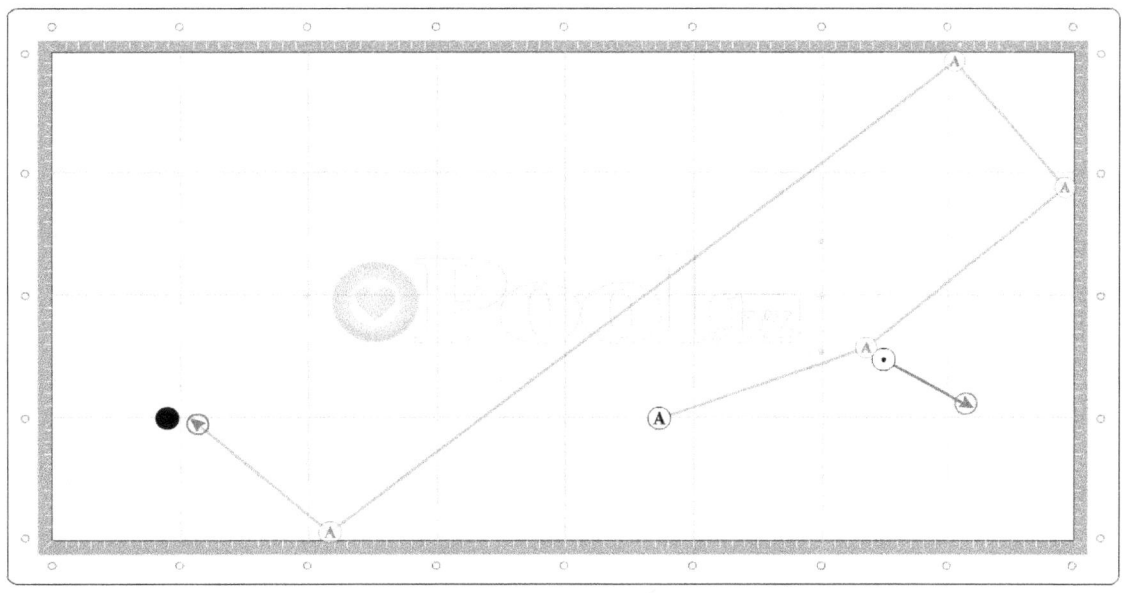

H: Grunnleggende dobbel krok

På disse layoutene kommer (CB) av den første (OB) inn i hjørne - lang vant først og kommer opp bakken til midten av den lange vant. På den nedre høyden går (CB) inn og ut av motsatt hjørne - en fem billard vant -situasjon.

Ⓐ (CB) (biljardkule) - ⊙ (OB) (motstander billiardball) - ● (OB) (rød biljardball)

H: Gruppe 1

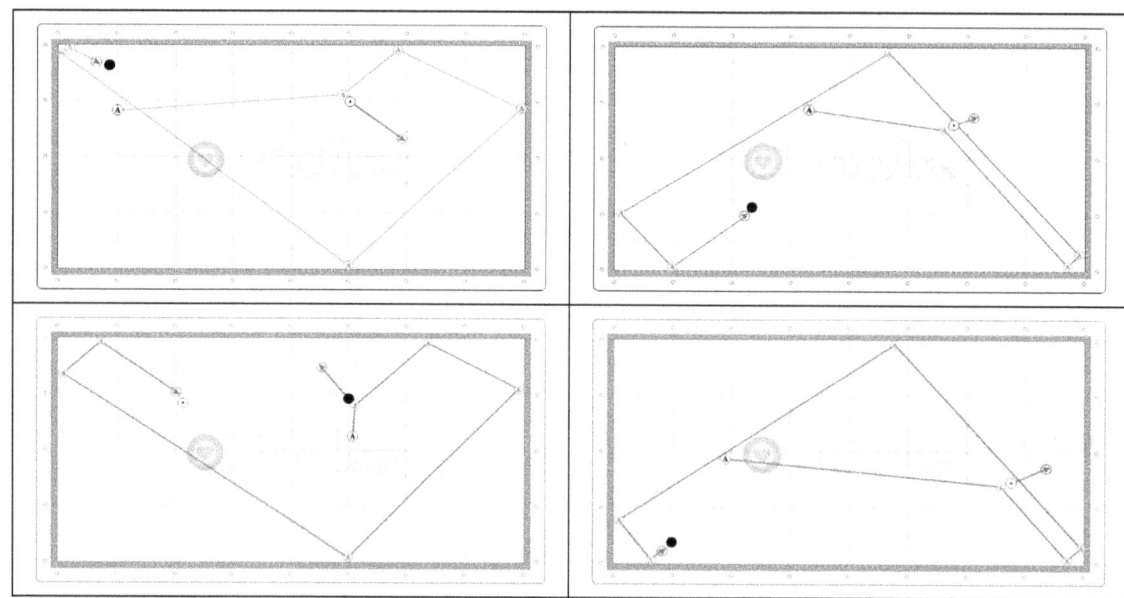

Analyse:

H:1a. _____

H:1b. _____

H:1c. _____

H:1d. _____

H:1a – Setup

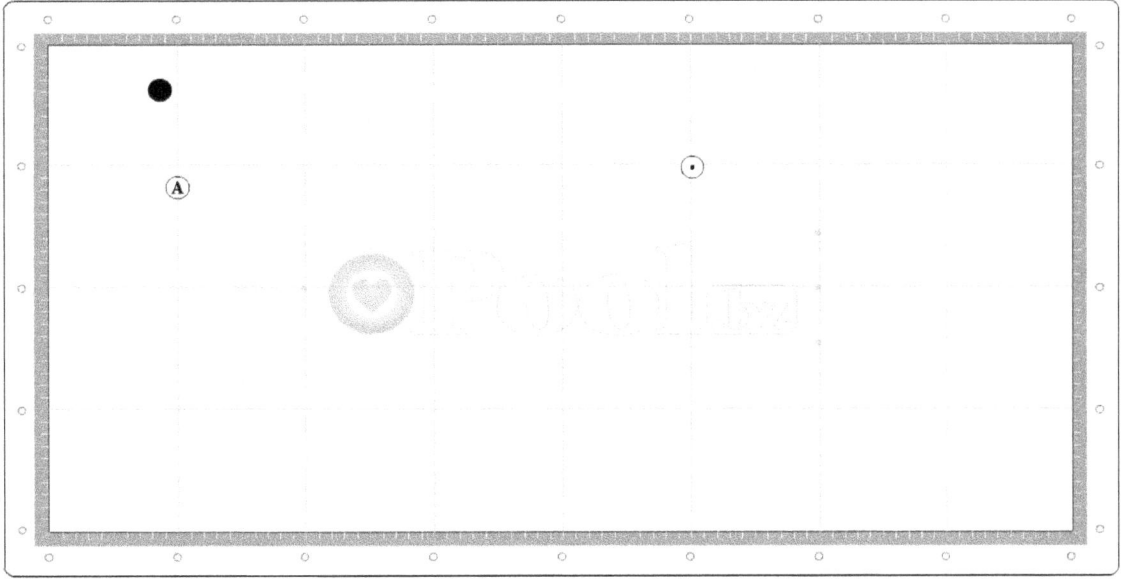

Notater og ideer:

Skudd mønster

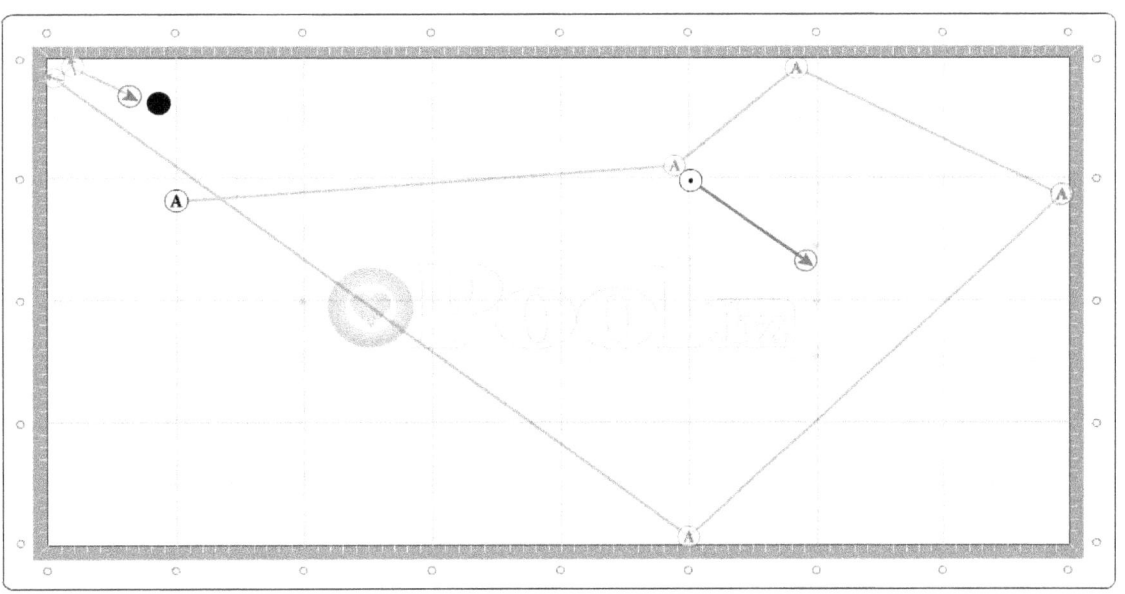

H:1b – Setup

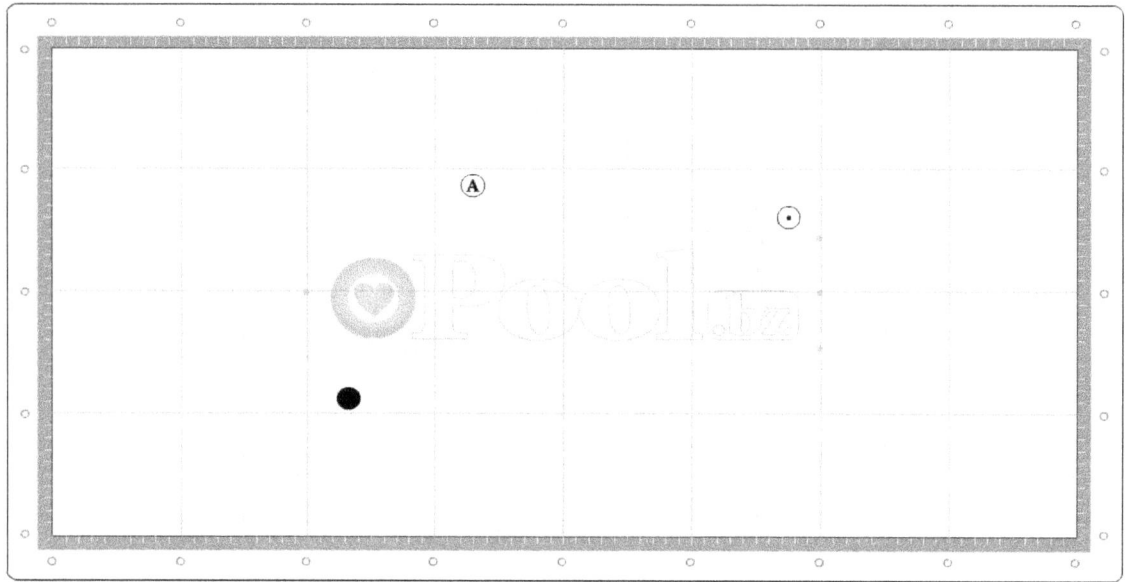

Notater og ideer:

Skudd mønster

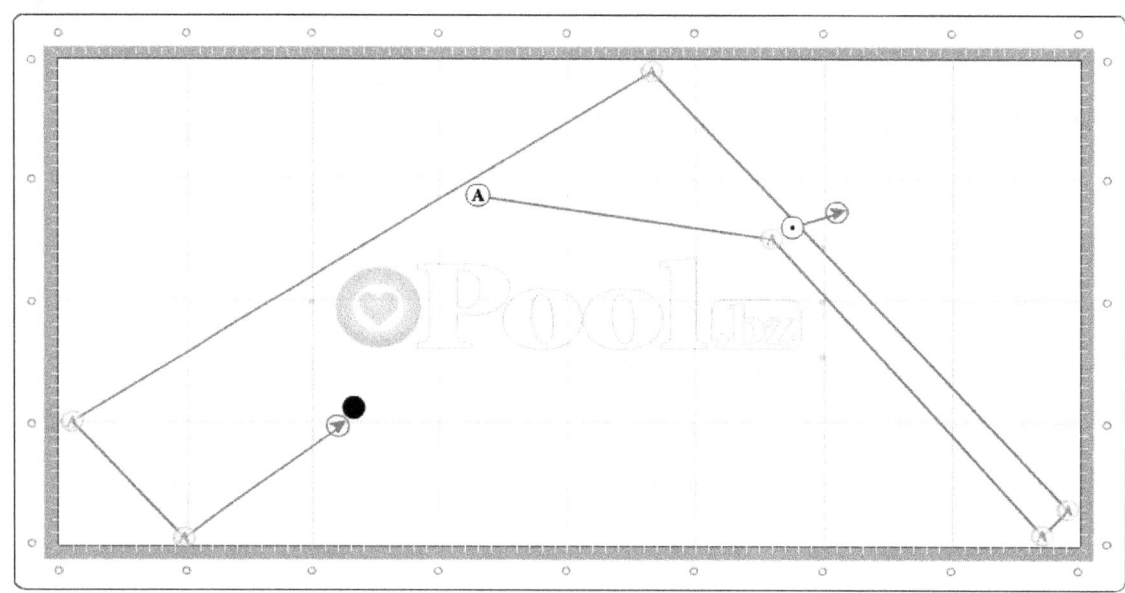

H:1c – Setup

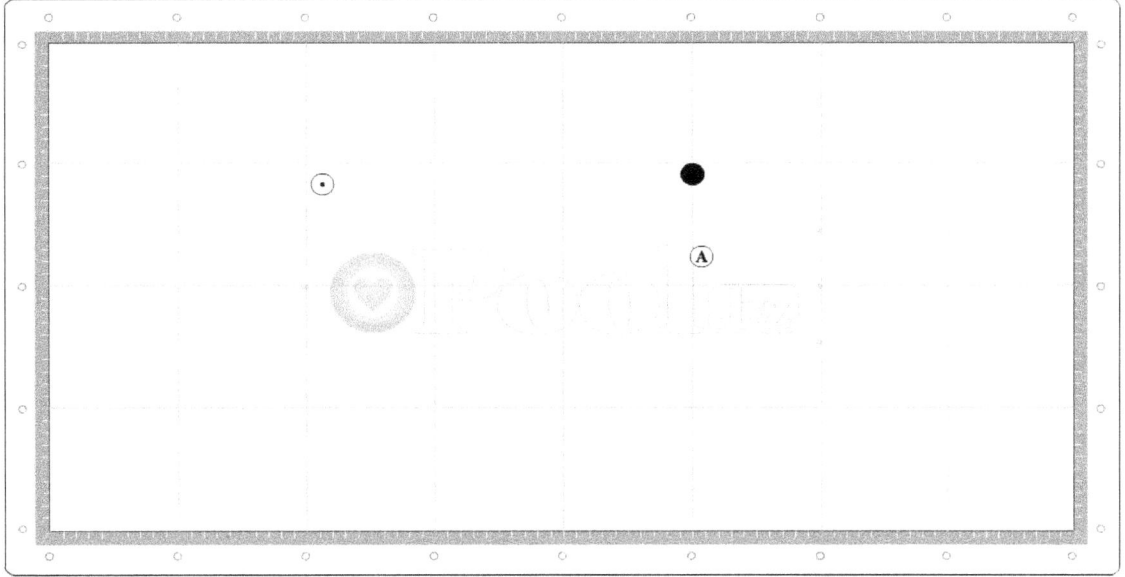

Notater og ideer:

Skudd mønster

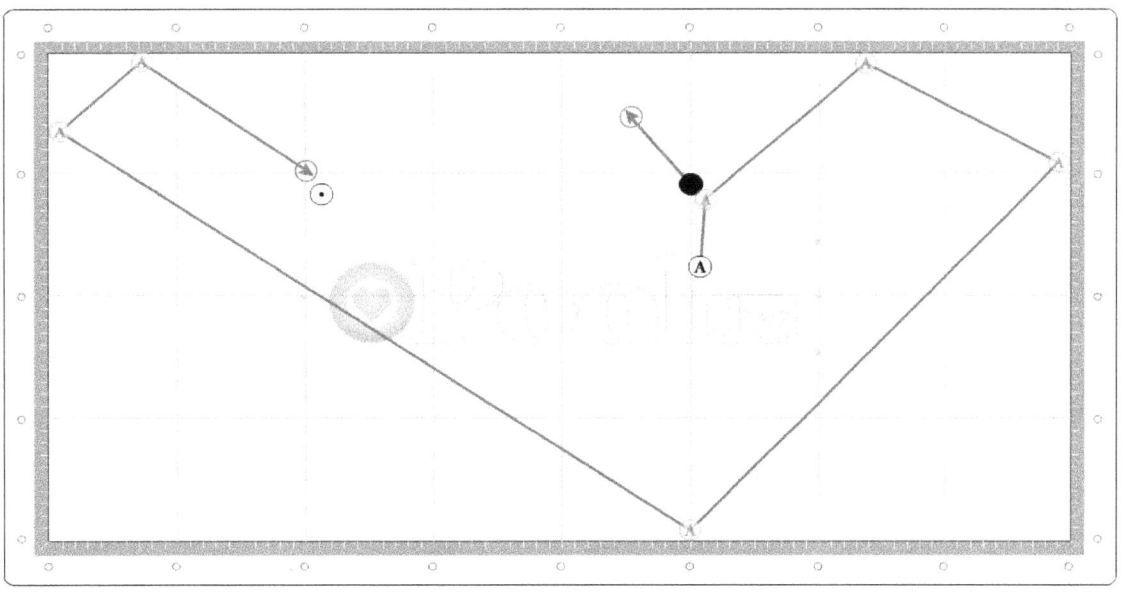

H:1d – Setup

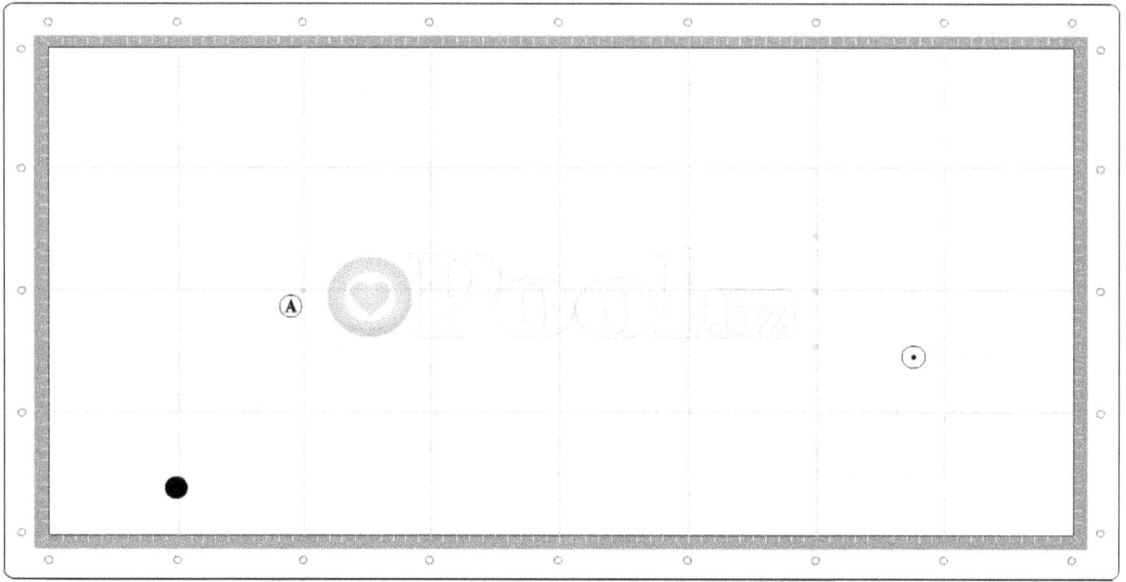

Notater og ideer:

Skudd mønster

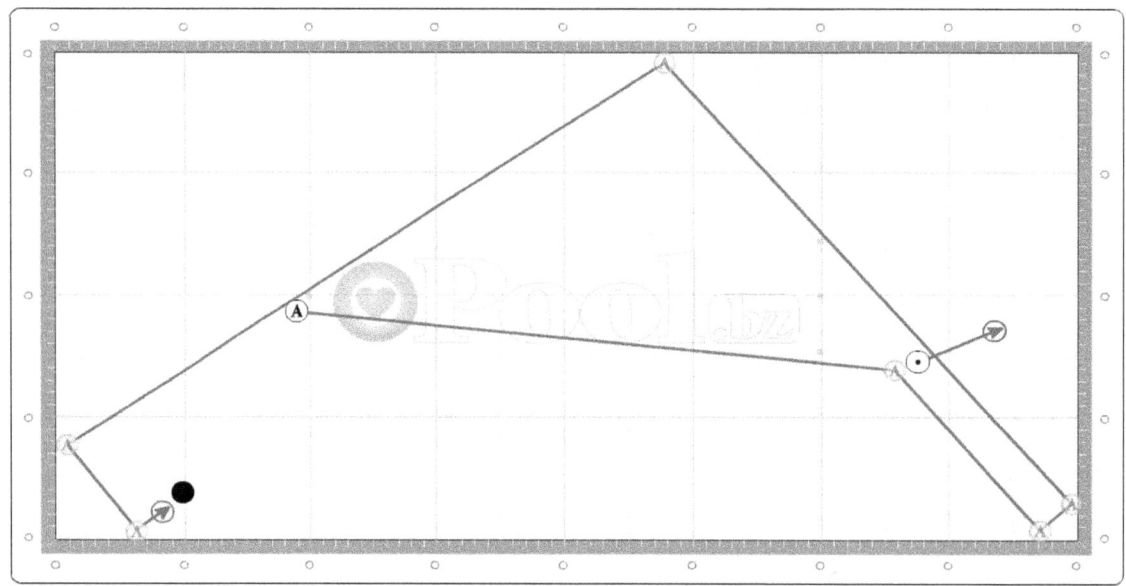

H: Gruppe 2

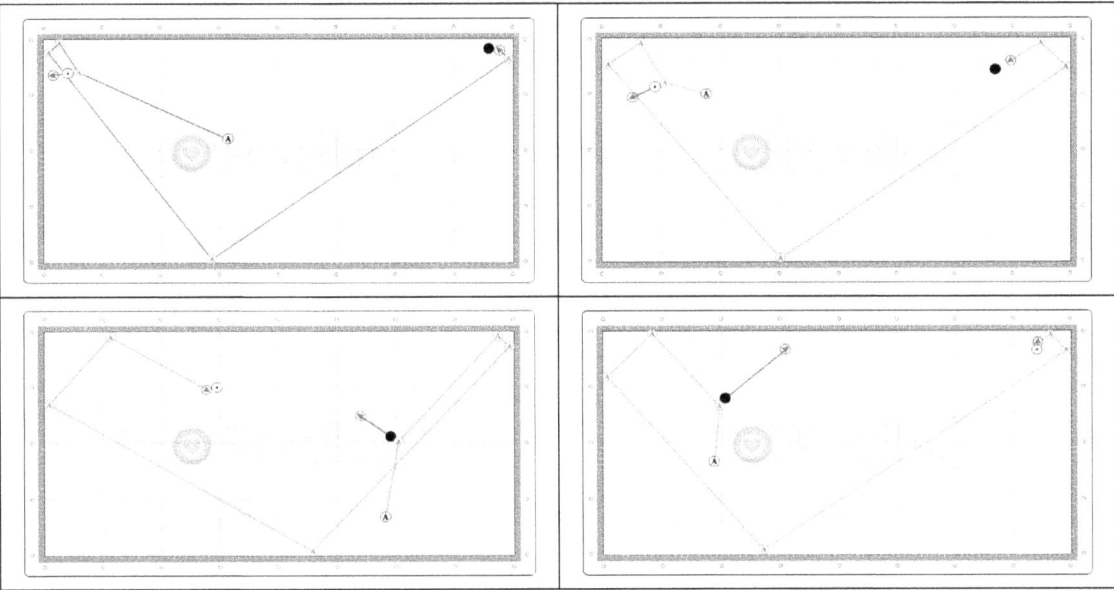

Analyse:

H:2a. _____

H:2b. _____

H:2c. _____

H:2d. _____

H:2a – Setup

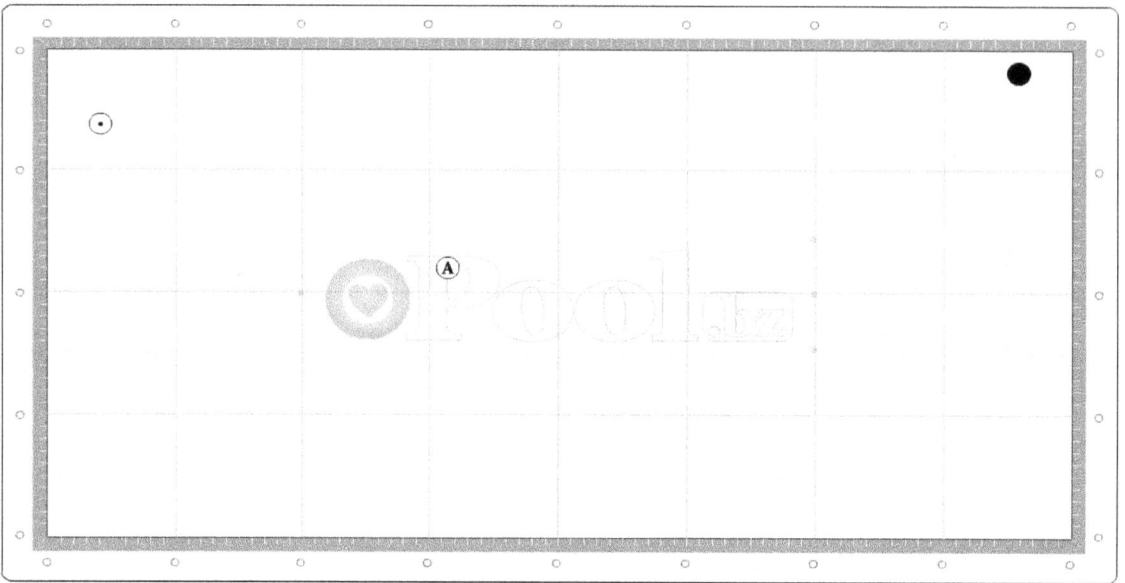

Notater og ideer:

Skudd mønster

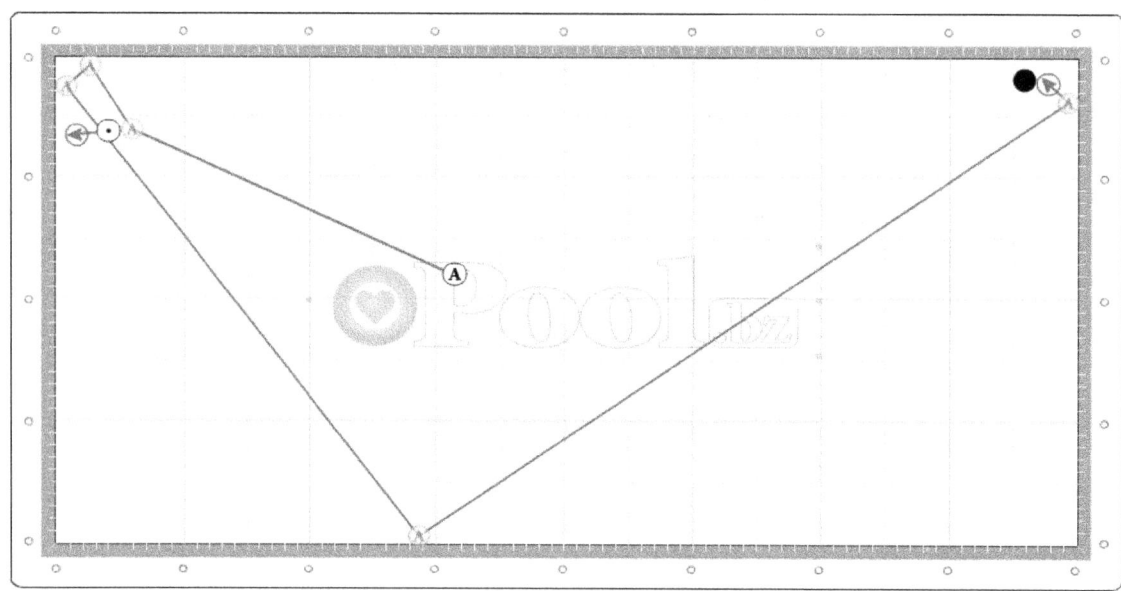

H:2b – Setup

Notater og ideer:

Skudd mønster

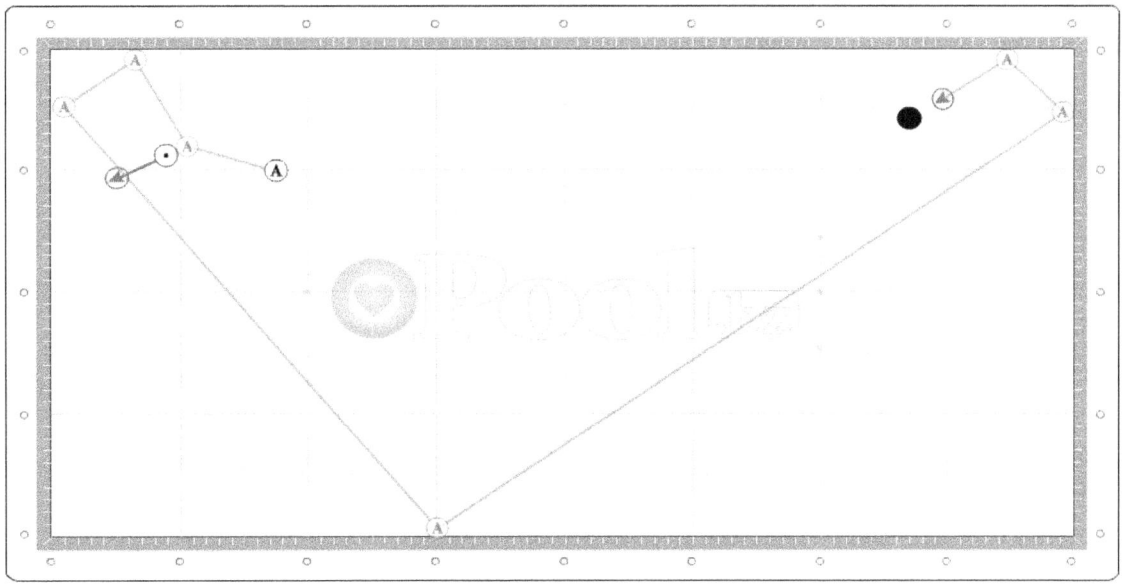

H:2c – Setup

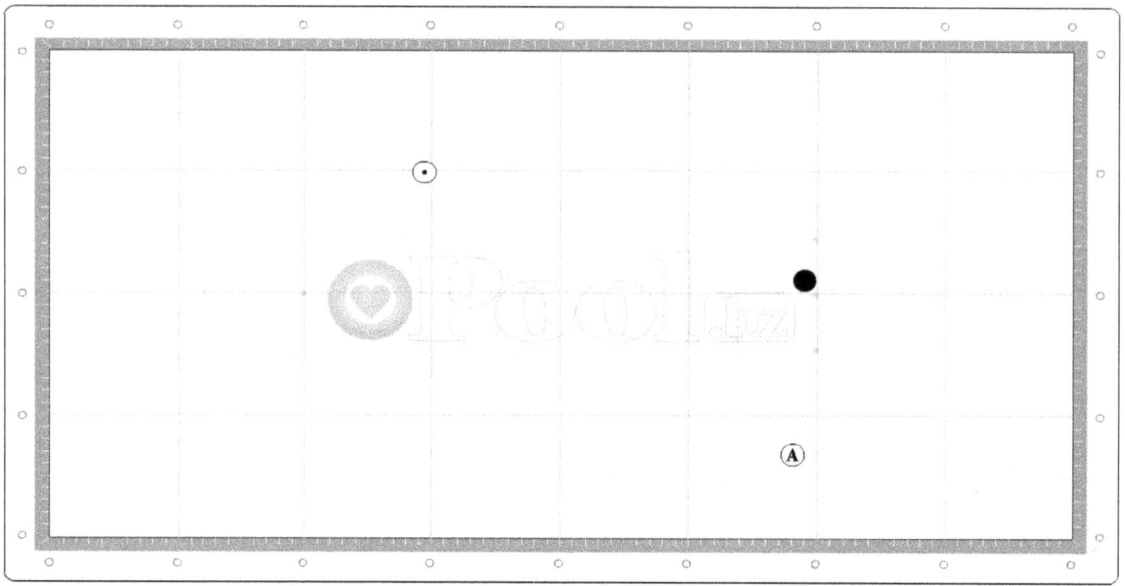

Notater og ideer:

Skudd mønster

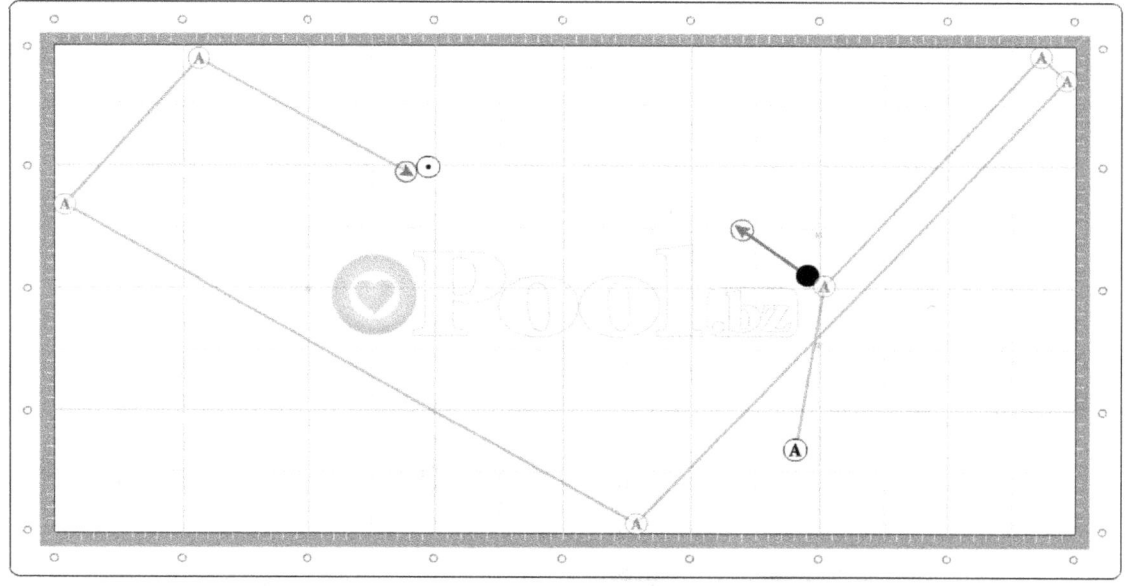

H:2d – Setup

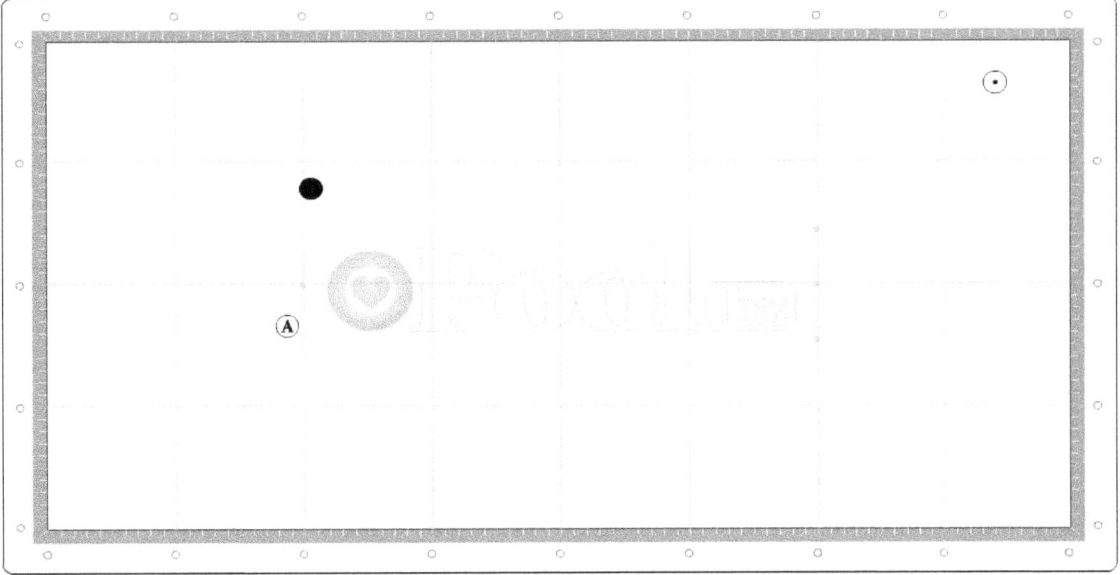

Notater og ideer:

Skudd mønster

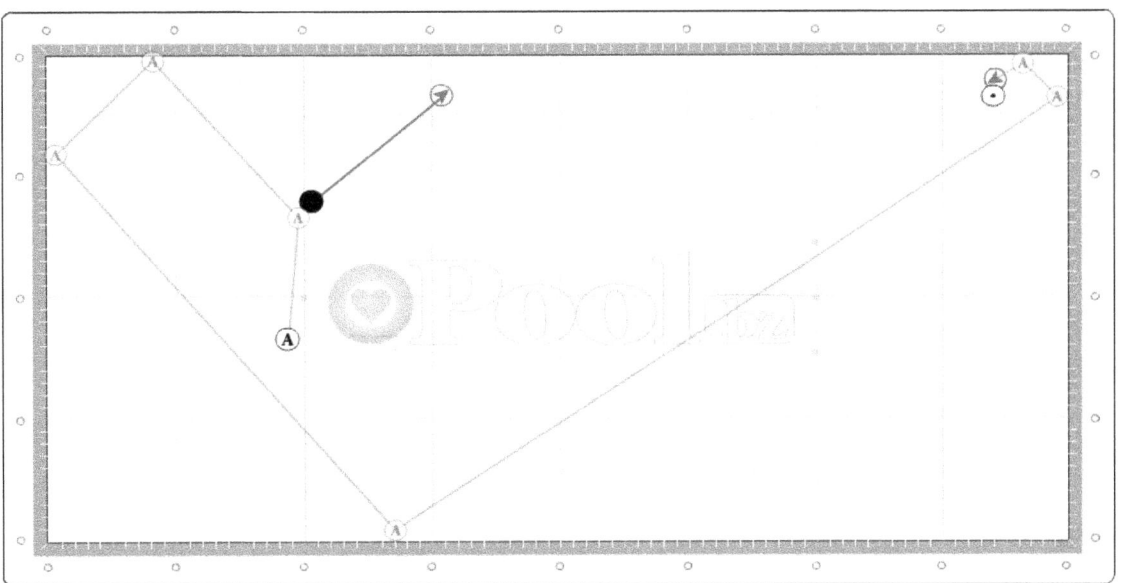

H: Gruppe 3

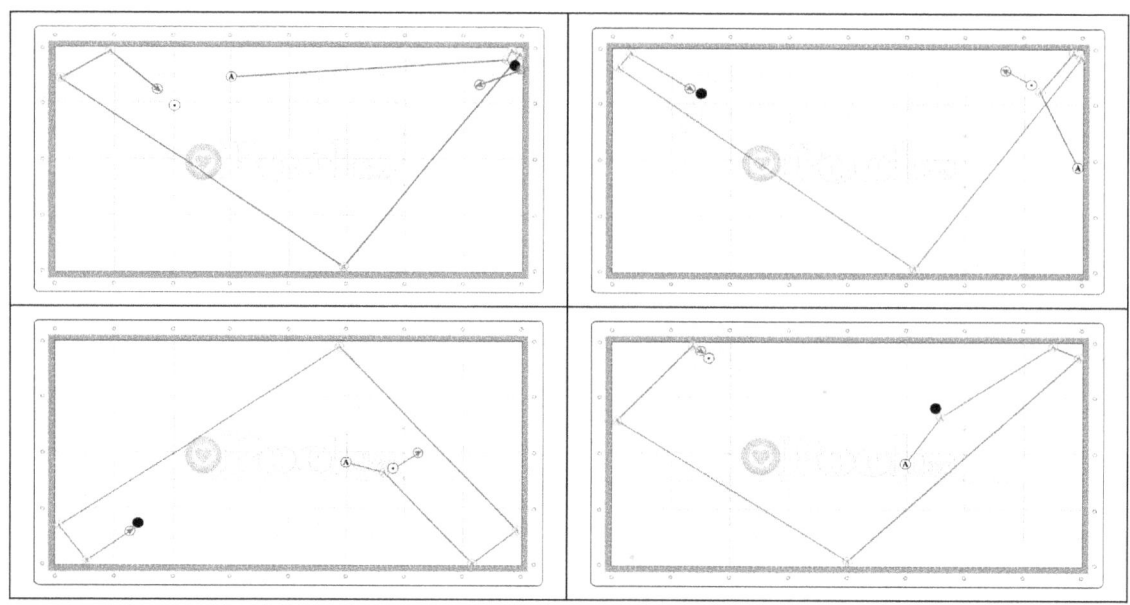

Analyse:

H:3a. _____

H:3b. _____

H:3c. _____

H:3d. _____

H:3a – Setup

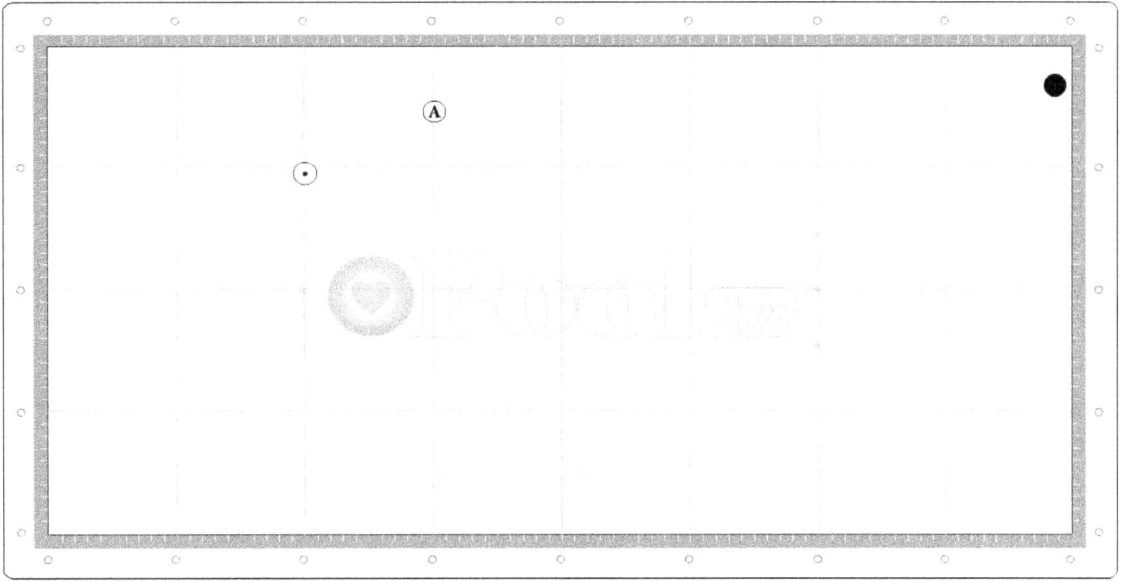

Notater og ideer:

Skudd mønster

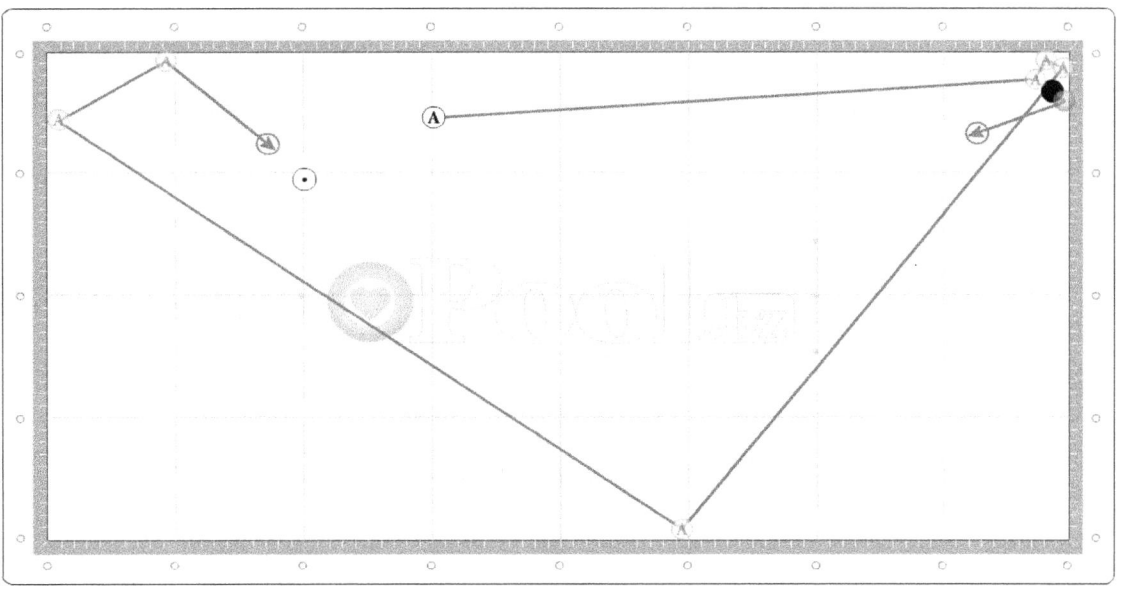

H:3b – Setup

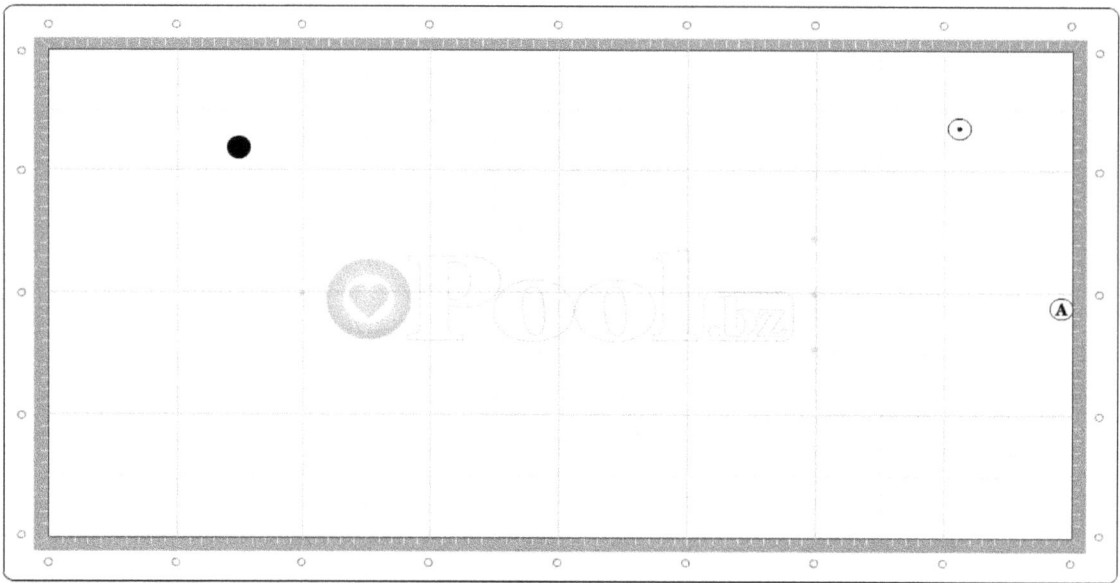

Notater og ideer:

Skudd mønster

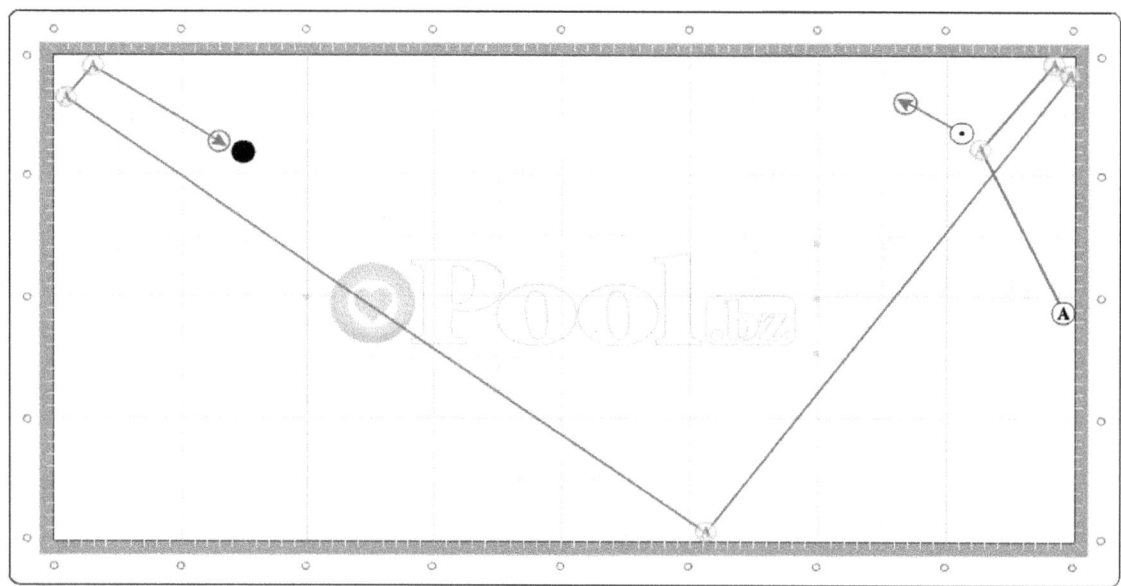

H:3c – Setup

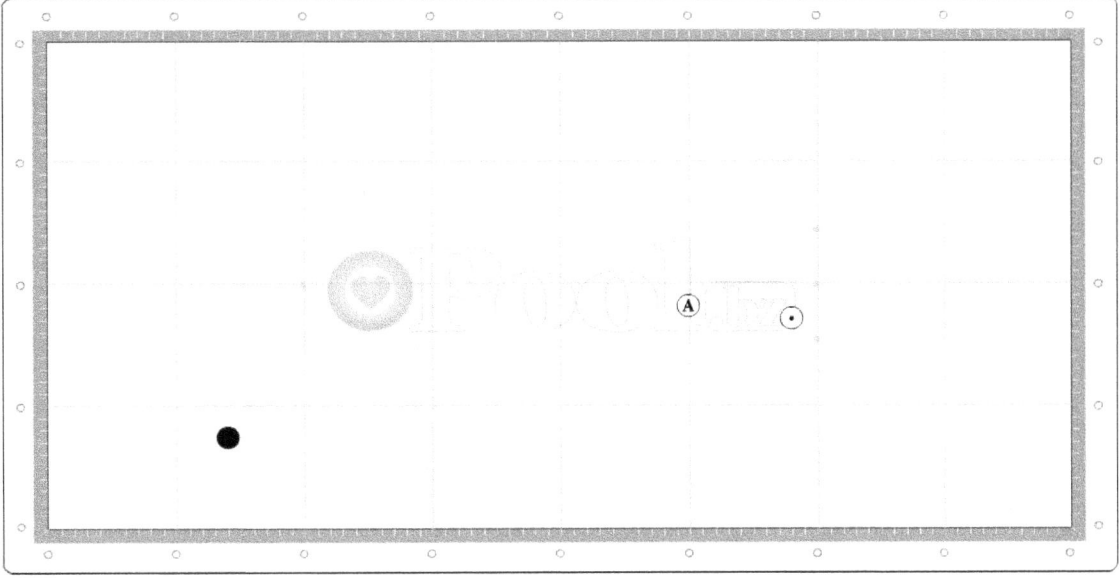

Notater og ideer:

Skudd mønster

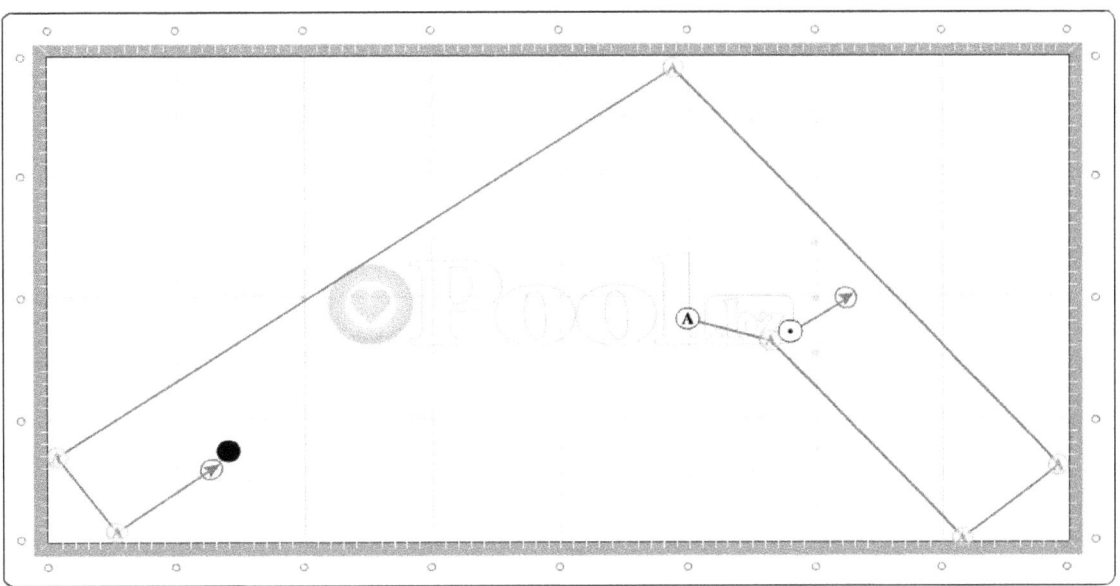

H:3d – Setup

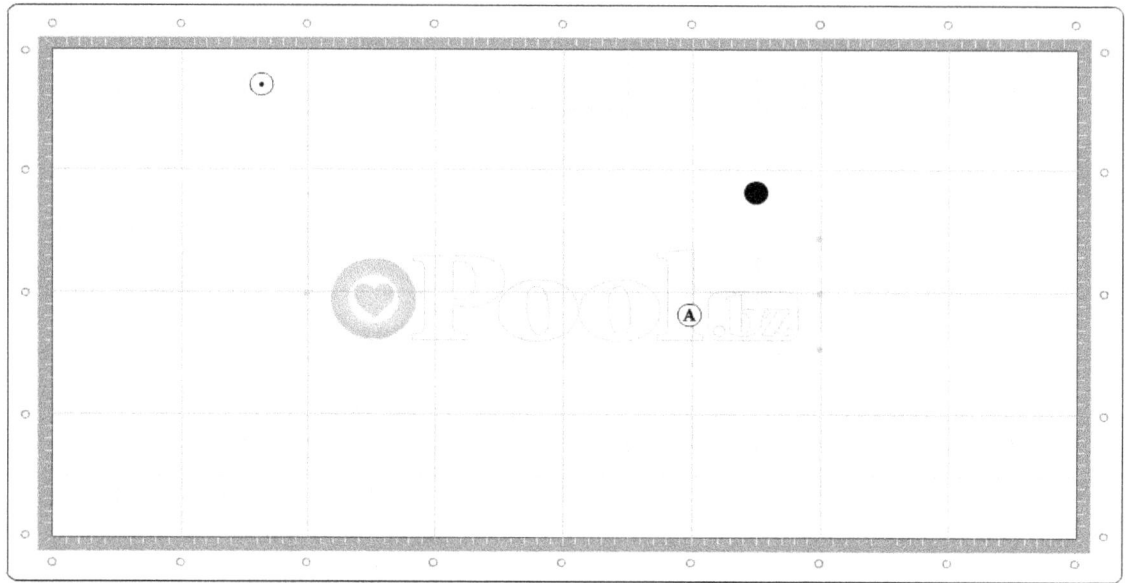

Notater og ideer:

Skudd mønster

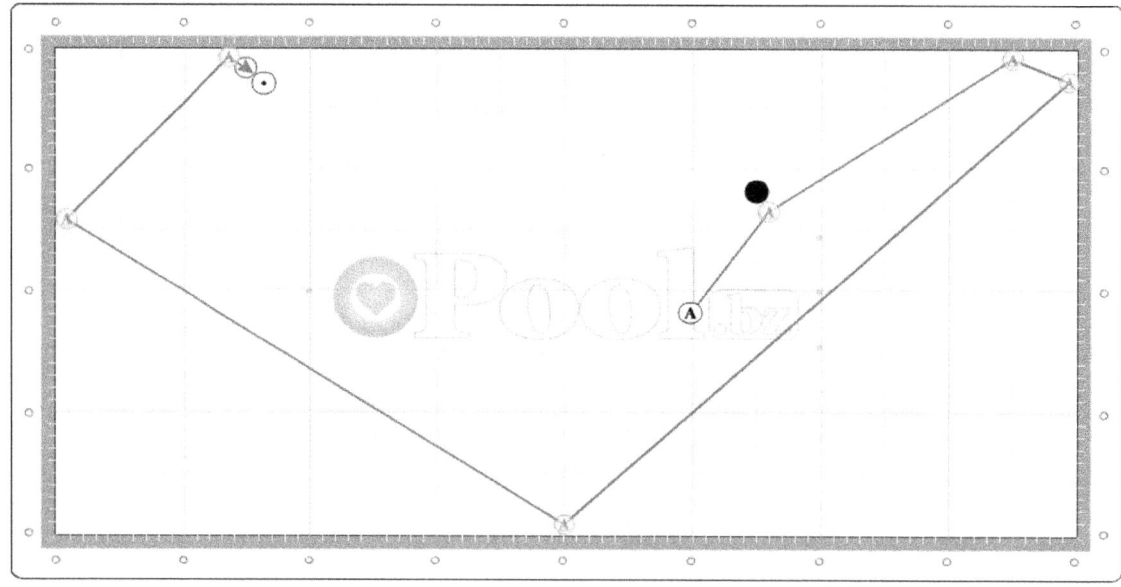

I: Dobbeltkrok (utvidet)

På disse layoutene kommer (CB) av den første (OB) inn i hjørne - lang vant først. (CB) går opp bakken til midten av motsatt lang vant. På nedre baksiden går (CB) inn og ut av motsatt hjørne for å kontakte den andre (OB).

Ⓐ (CB) (biljardkule) - ⊙ (OB) (motstander billiardball) - ● (OB) (rød biljardball)

I: Gruppe 1

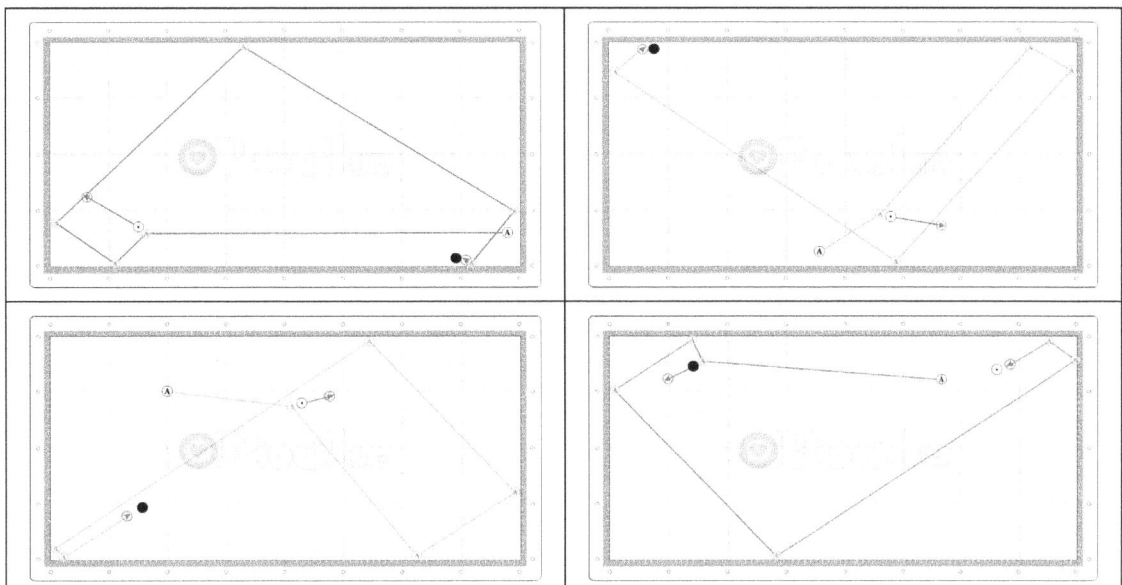

Analyse:

I:1a. _____

I:1b. _____

I:1c. _____

I:1d. _____

I:1a – Setup

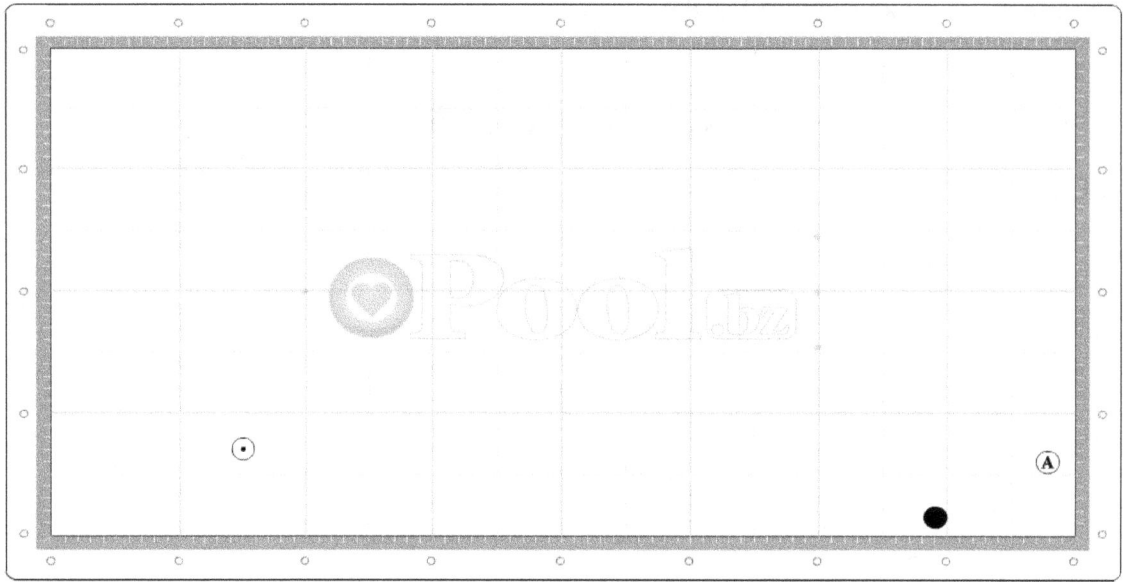

Notater og ideer:

Skudd mønster

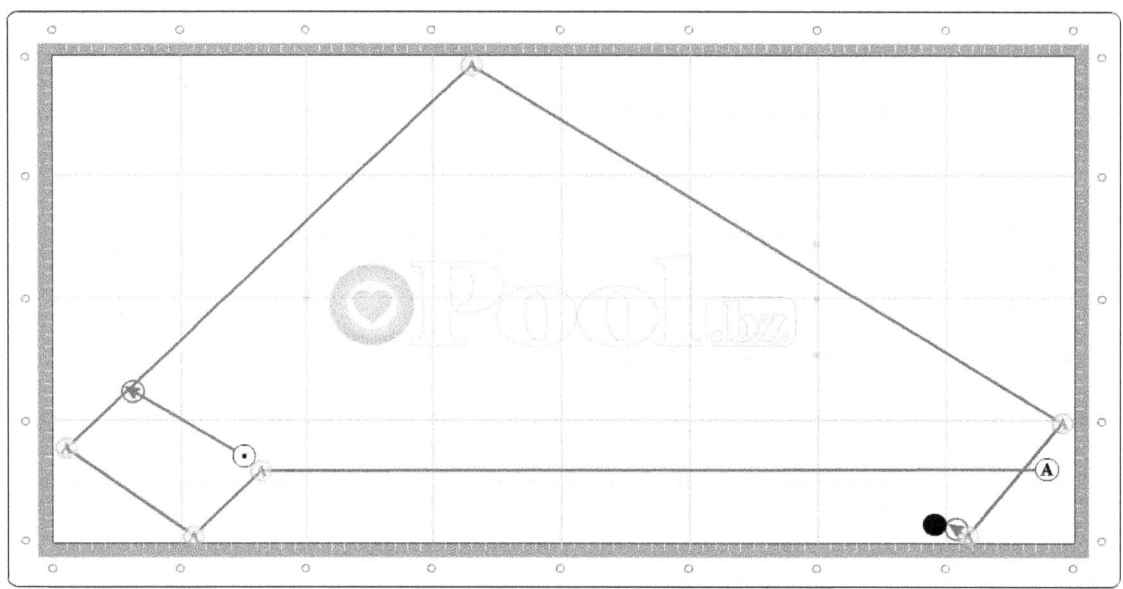

I:1b – Setup

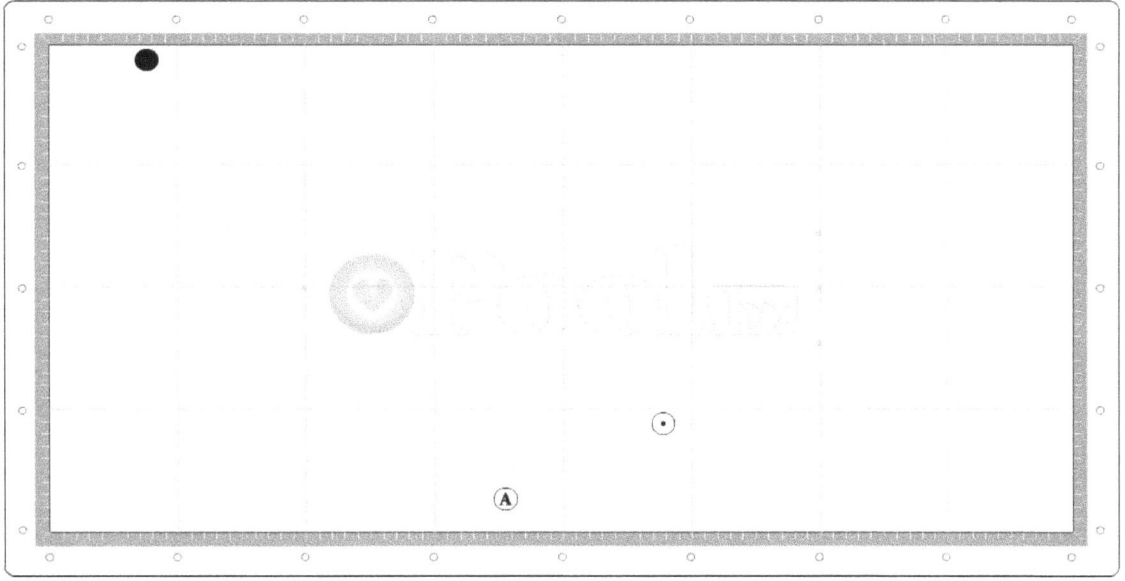

Notater og ideer:

Skudd mønster

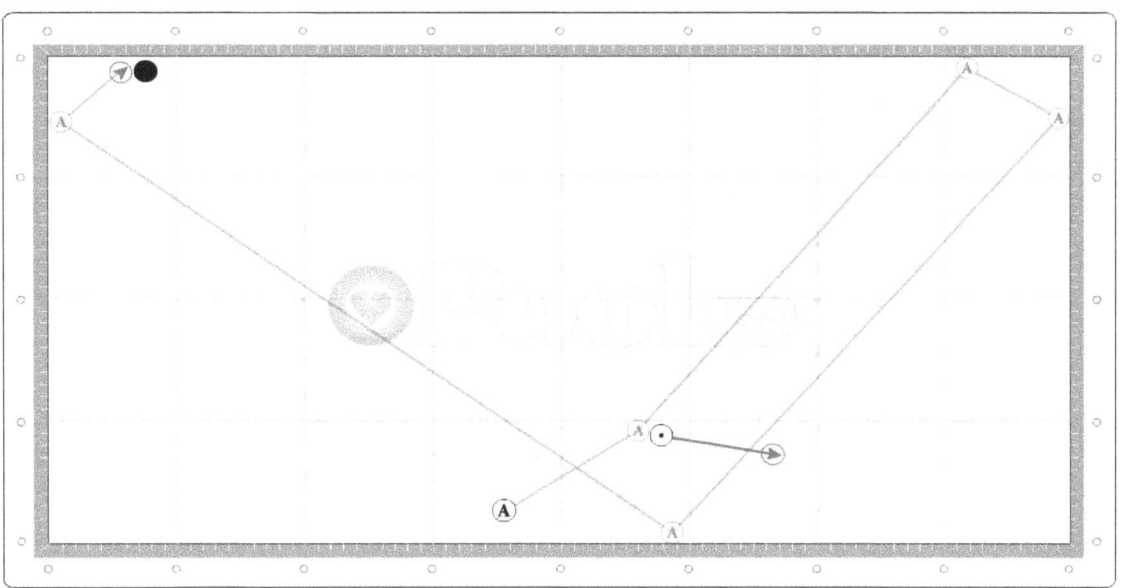

I:1c – Setup

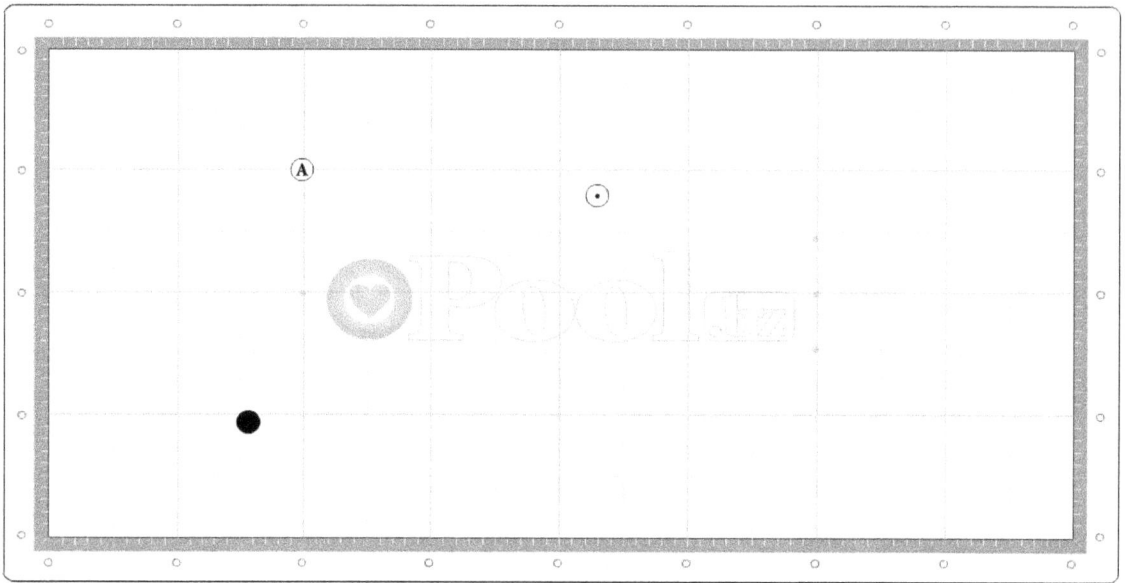

Notater og ideer:

Skudd mønster

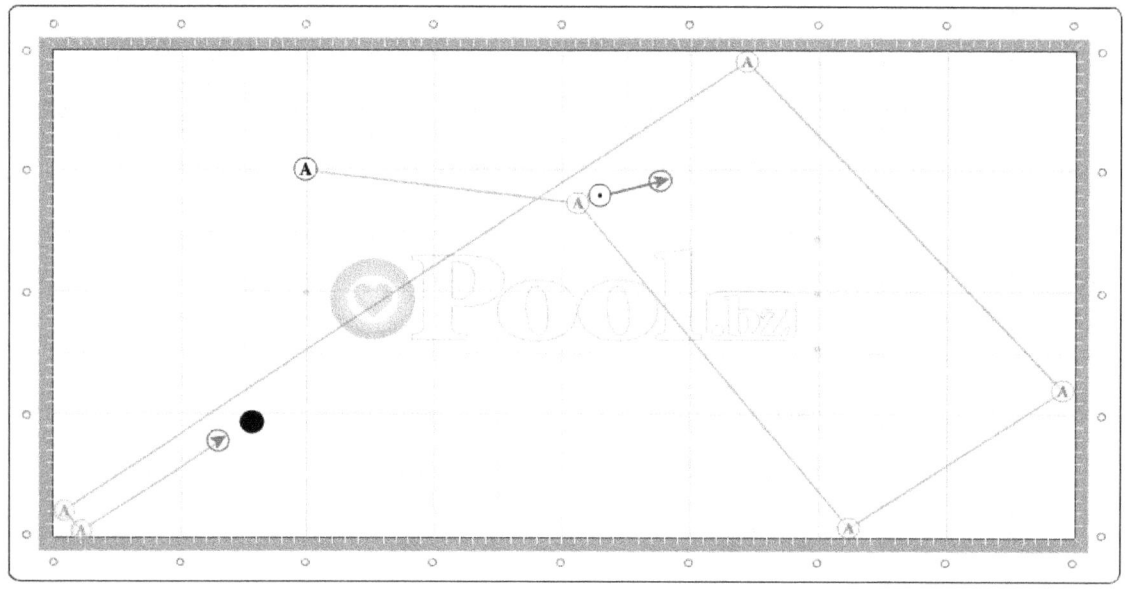

I:1d – Setup

Notater og ideer:

Skudd mønster

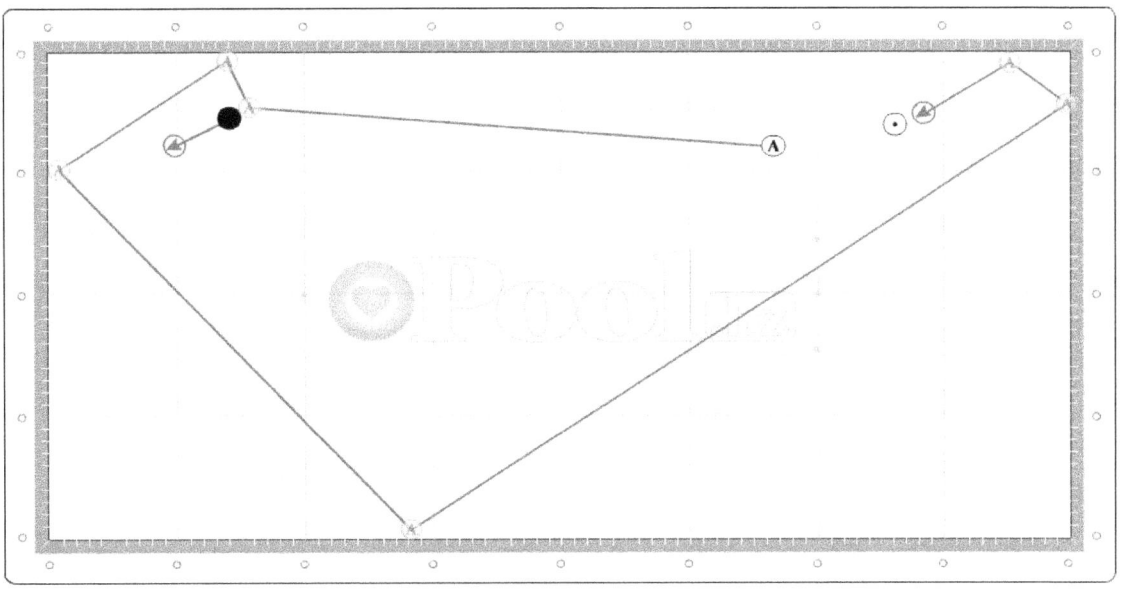

I: Gruppe 2

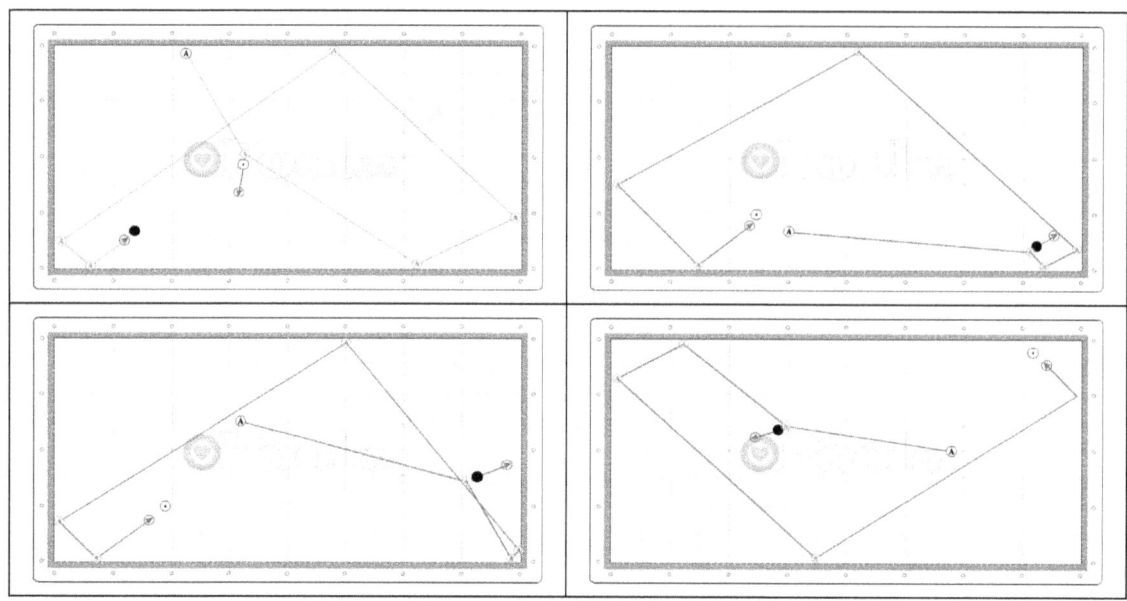

Analyse:

I:2a. _____

I:2b. _____

I:2c. _____

I:2d. _____

I:2a – Setup

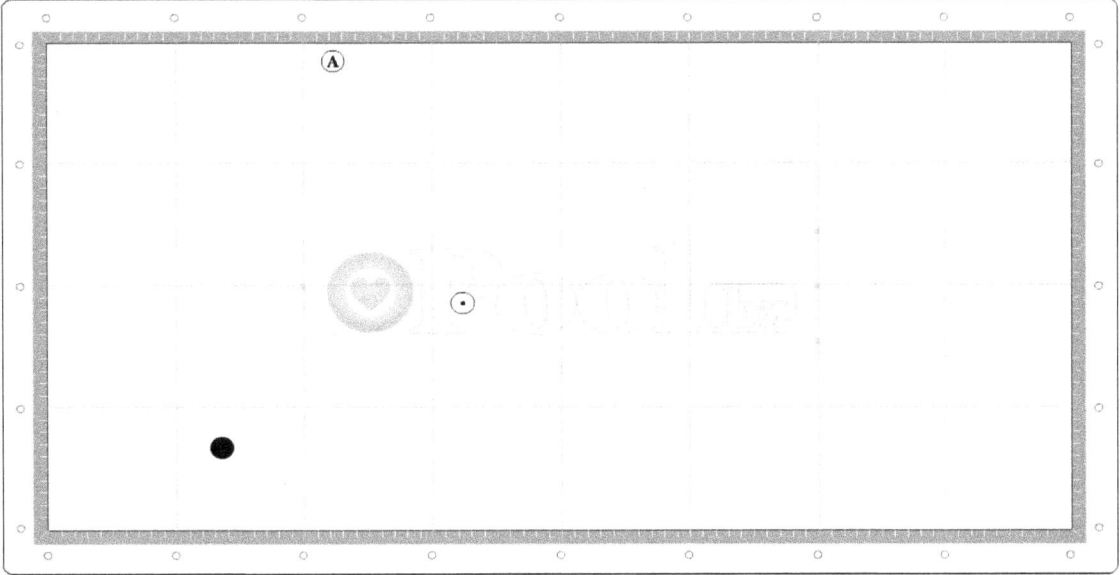

Notater og ideer:

Skudd mønster

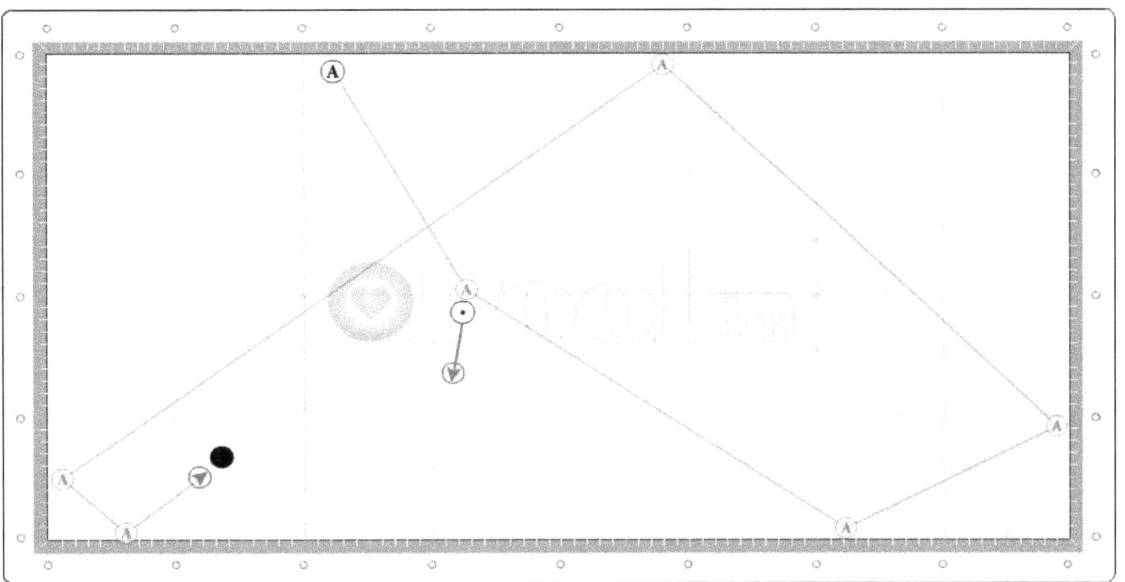

I:2b – Setup

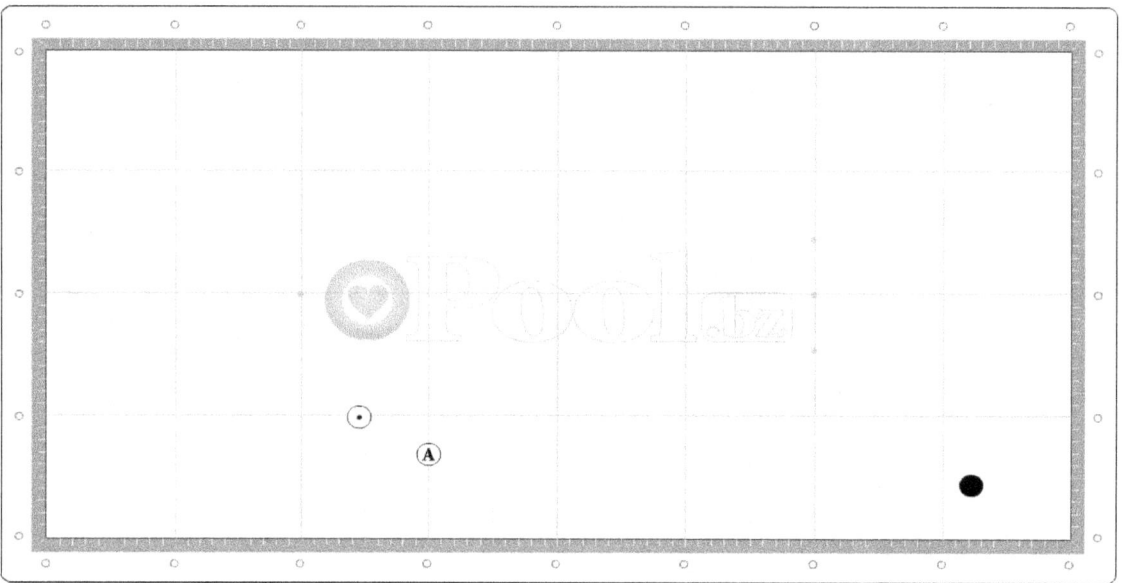

Notater og ideer:

Skudd mønster

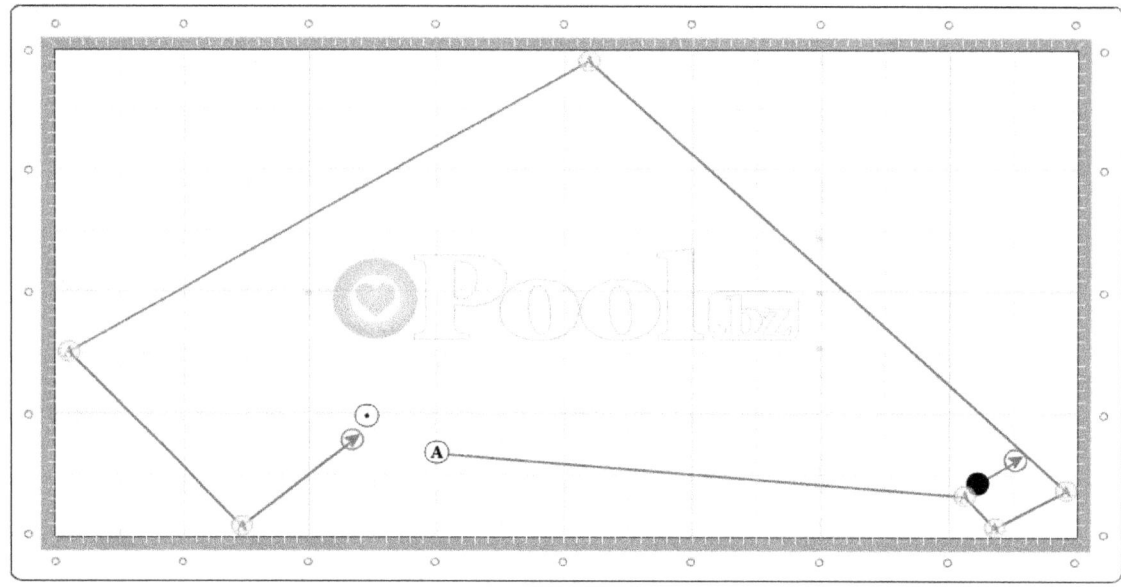

I:2c – Setup

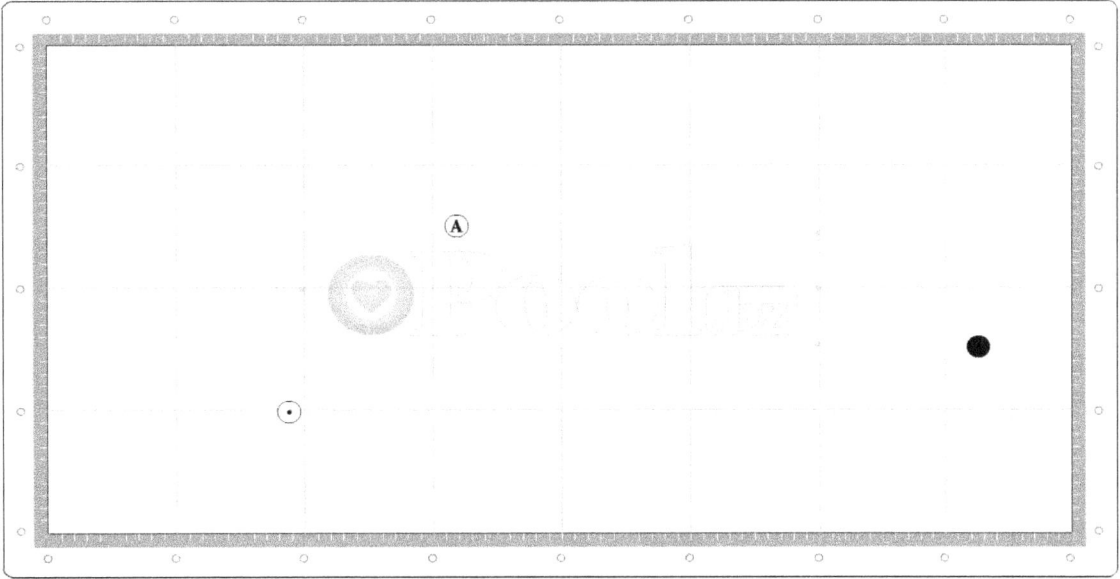

Notater og ideer:

Skudd mønster

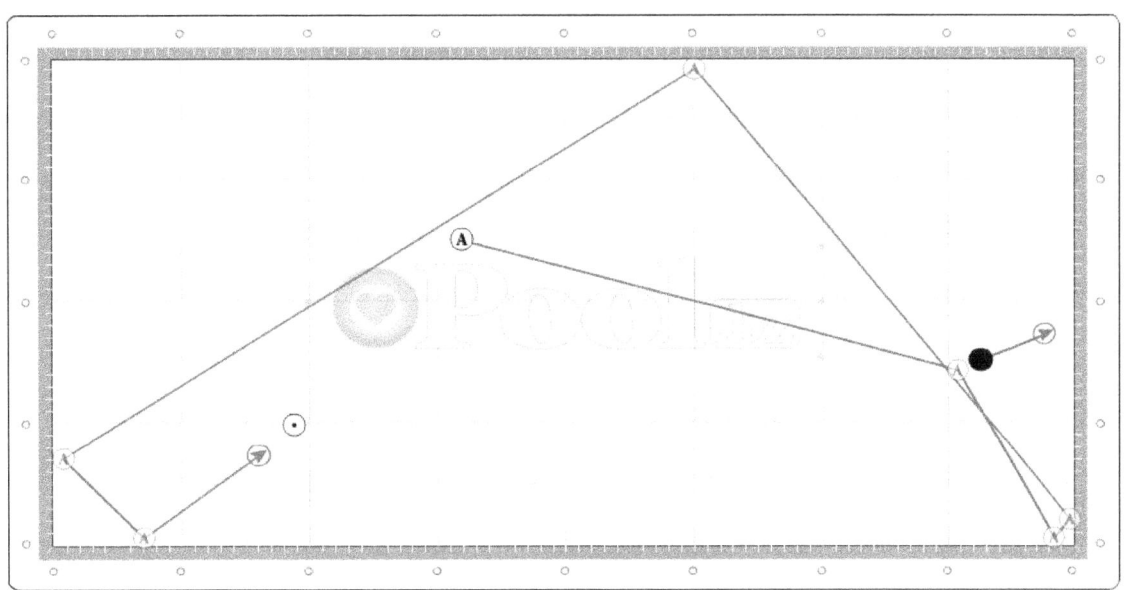

I:2d – Setup

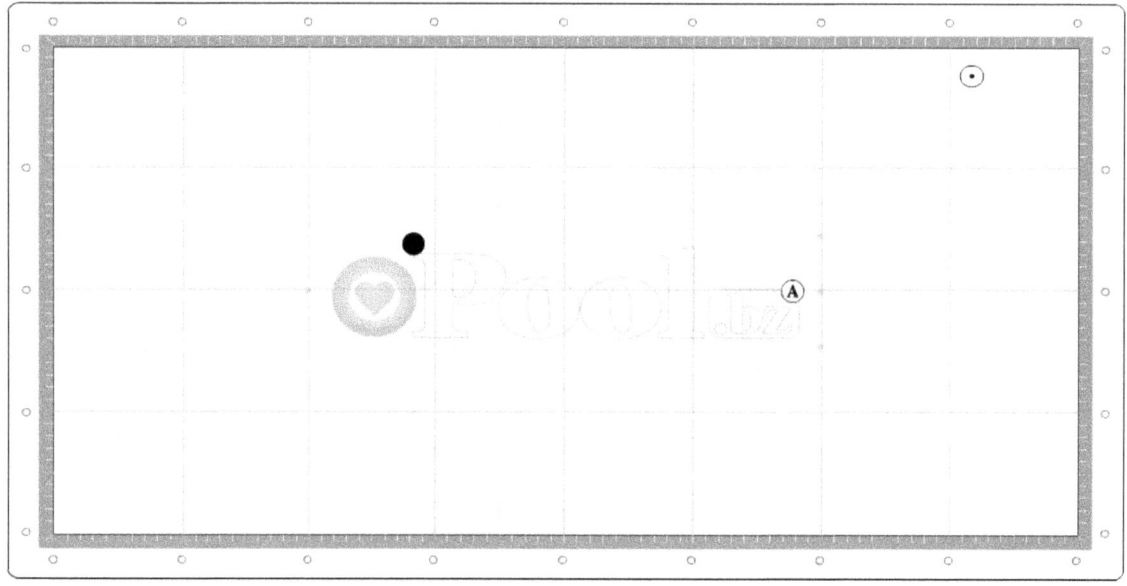

Notater og ideer:

Skudd mønster

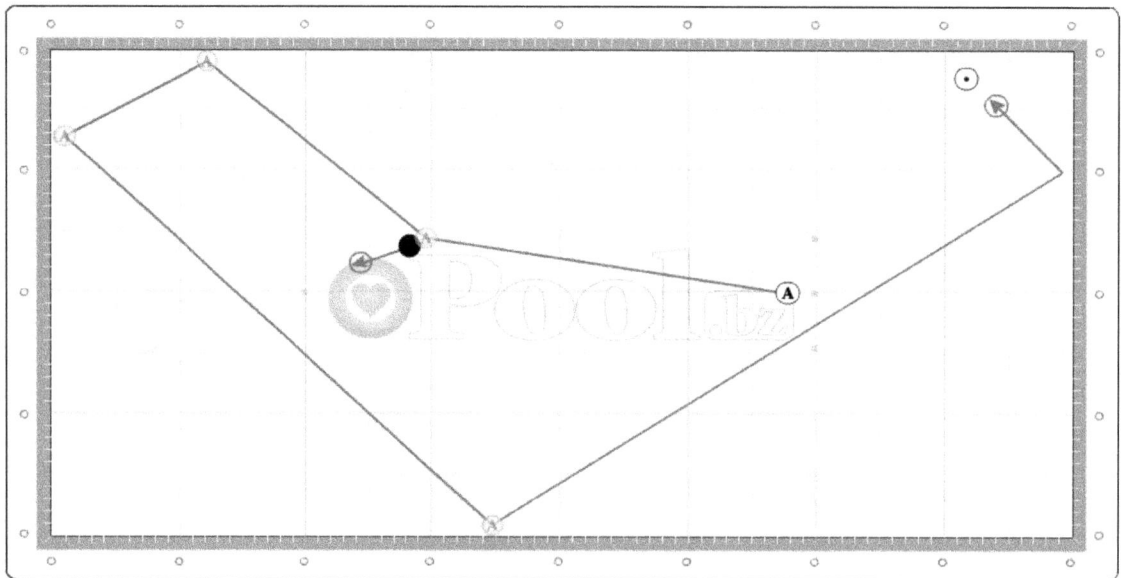

I: Gruppe 3

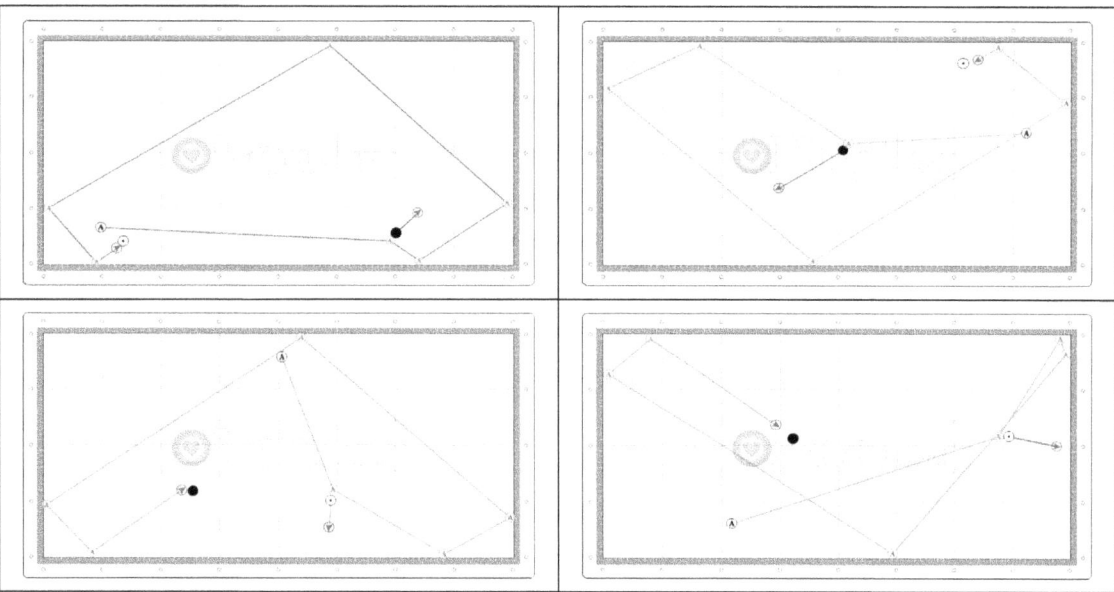

Analyse:

I:3a. _____

I:3b. _____

I:3c. _____

I:3d. _____

I:3a – Setup

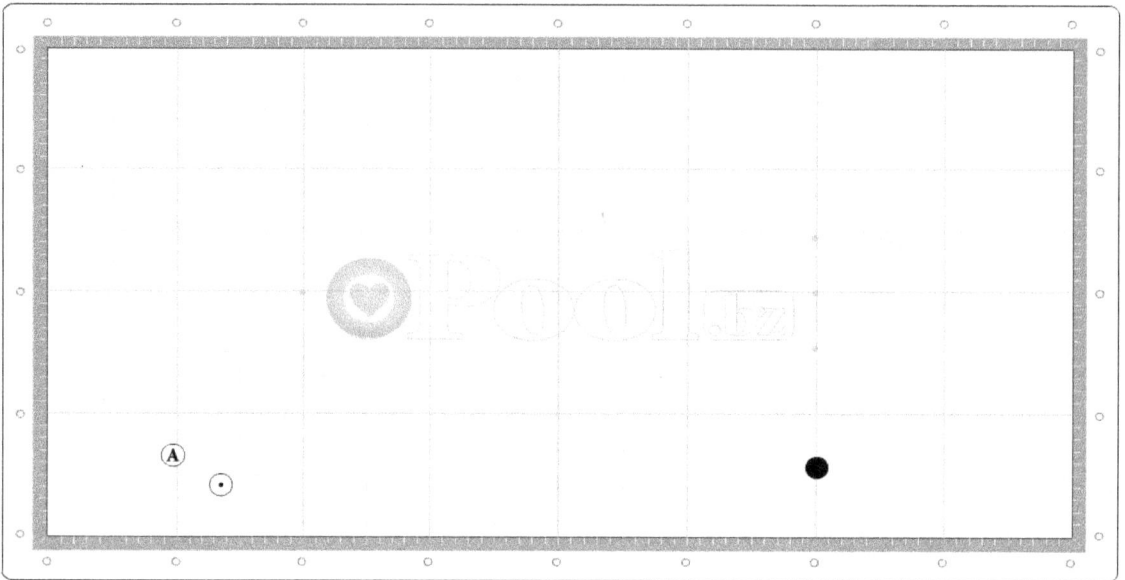

Notater og ideer:

Skudd mønster

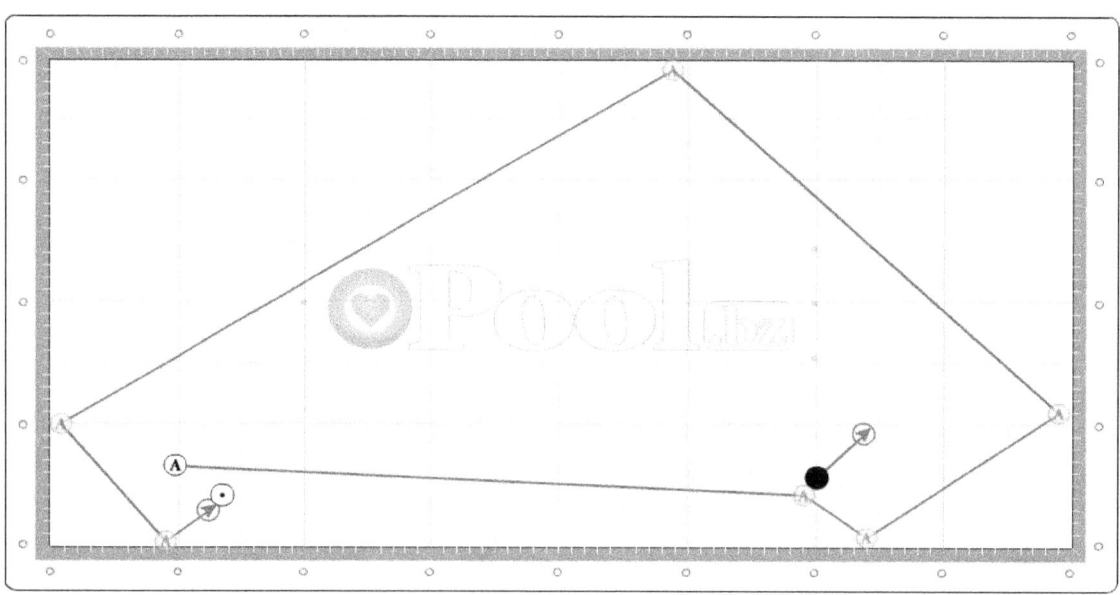

I:3b – Setup

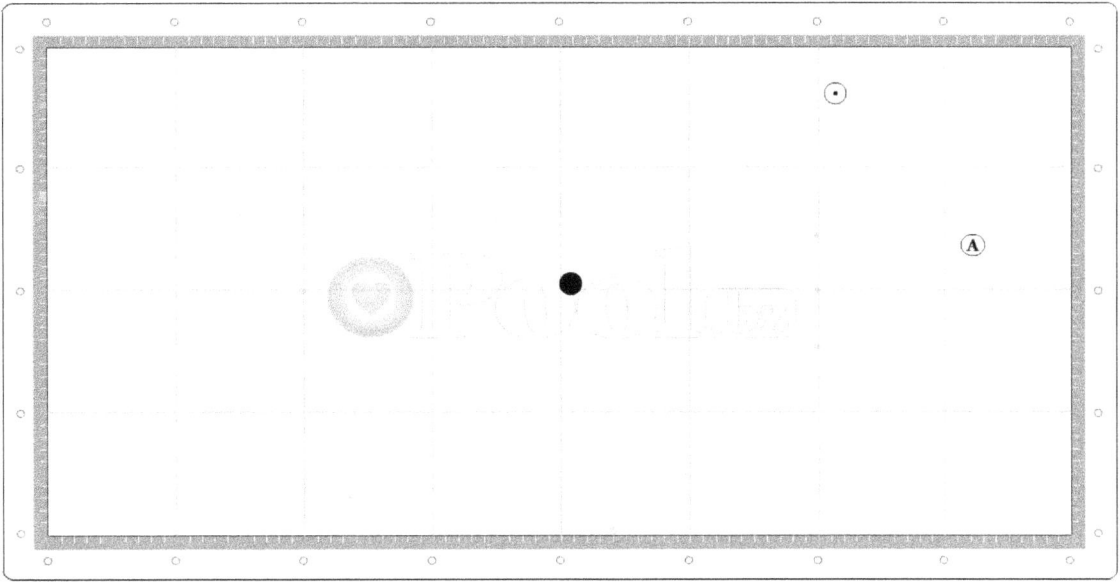

Notater og ideer:

Skudd mønster

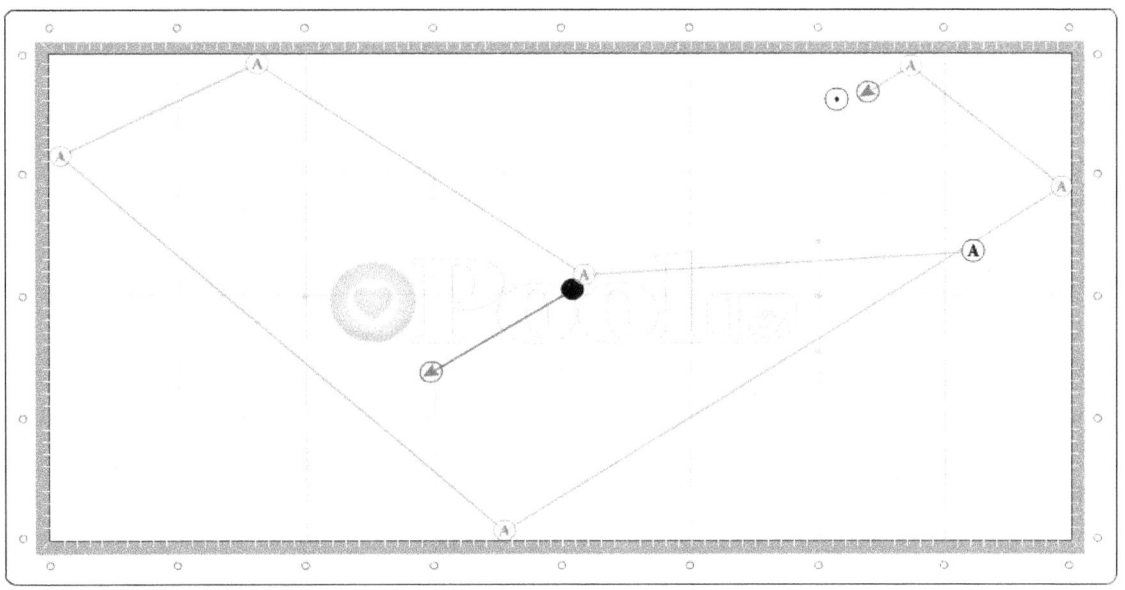

I:3c – Setup

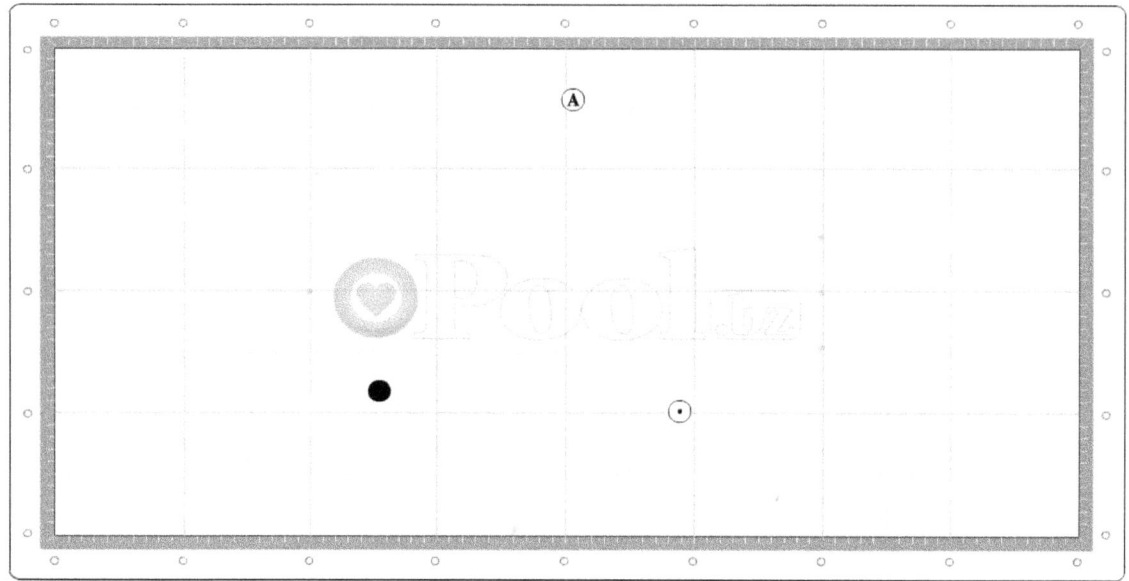

Notater og ideer:

Skudd mønster

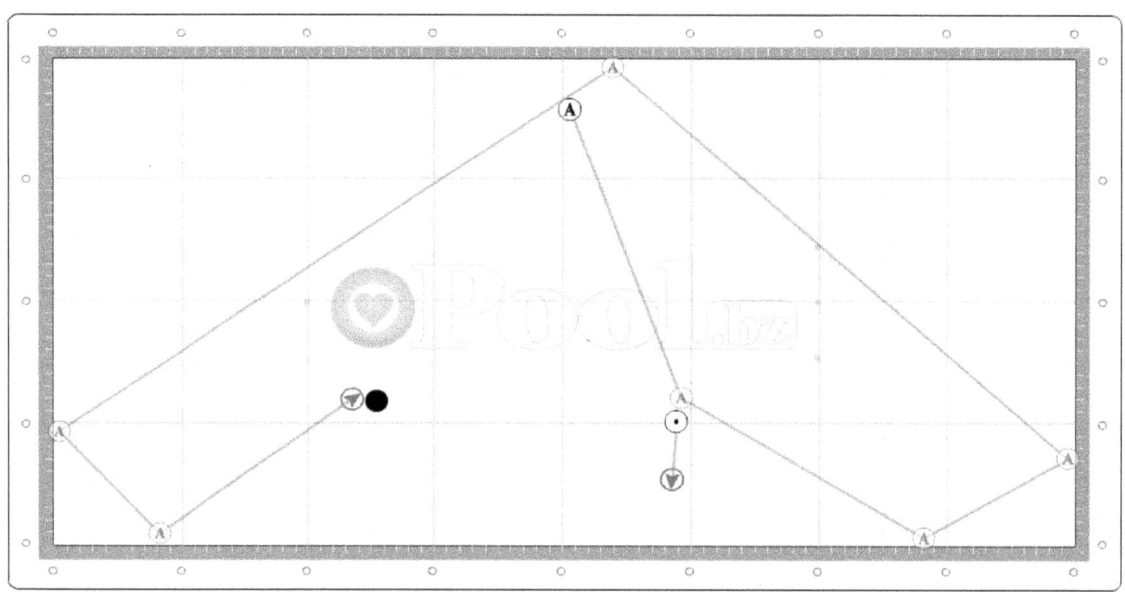

I:3d – Setup

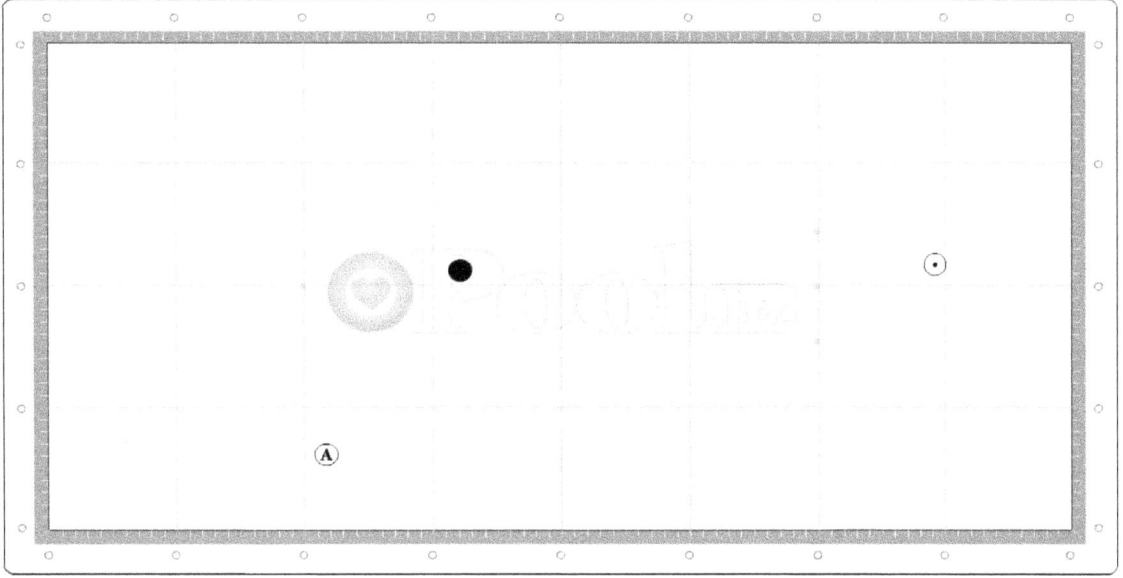

Notater og ideer:

Skudd mønster

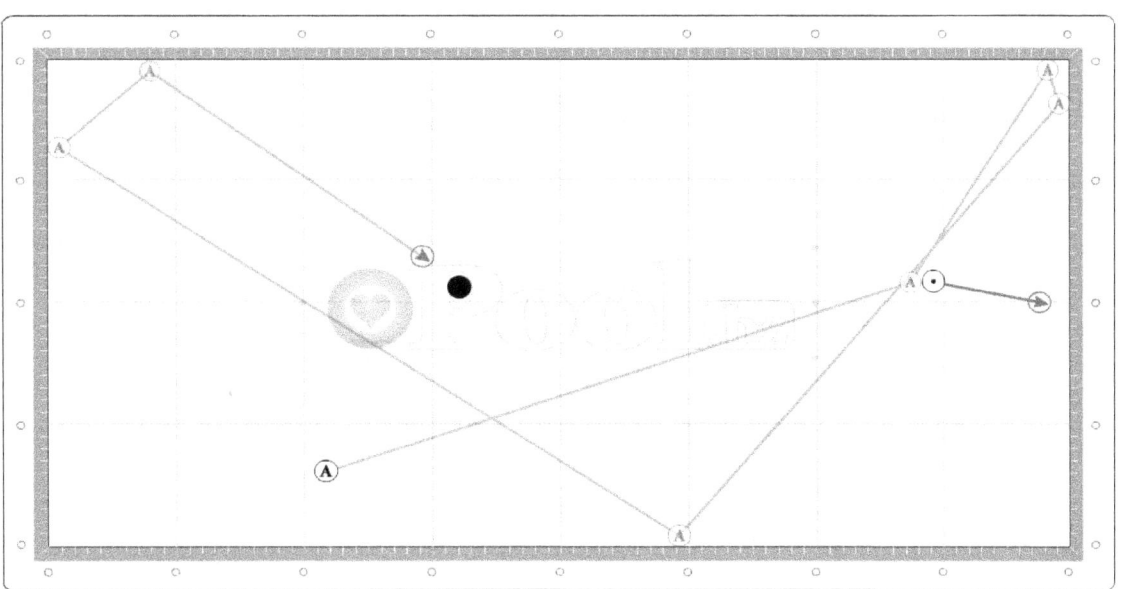

I: Gruppe 4

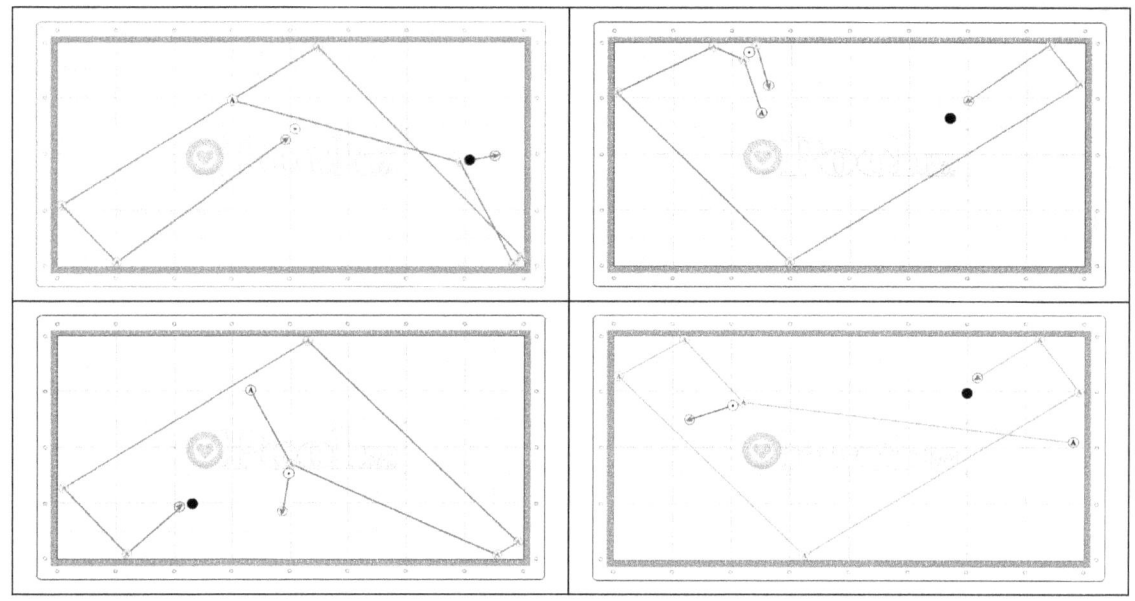

Analyse:

I:4a. _____

I:4b. _____

I:4c. _____

I:4d. _____

I:4a – Setup

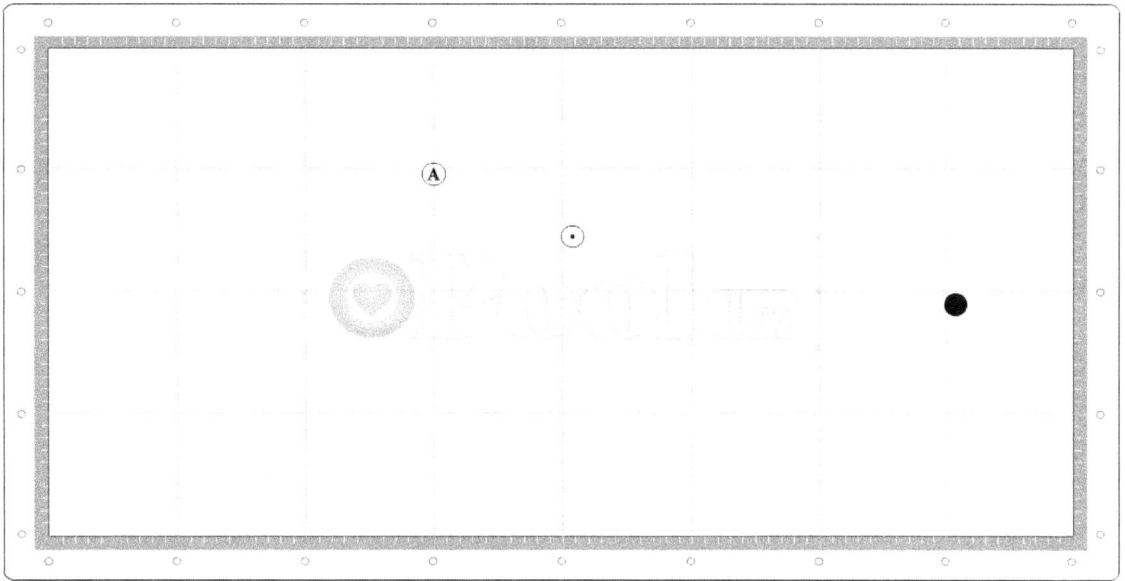

Notater og ideer:

Skudd mønster

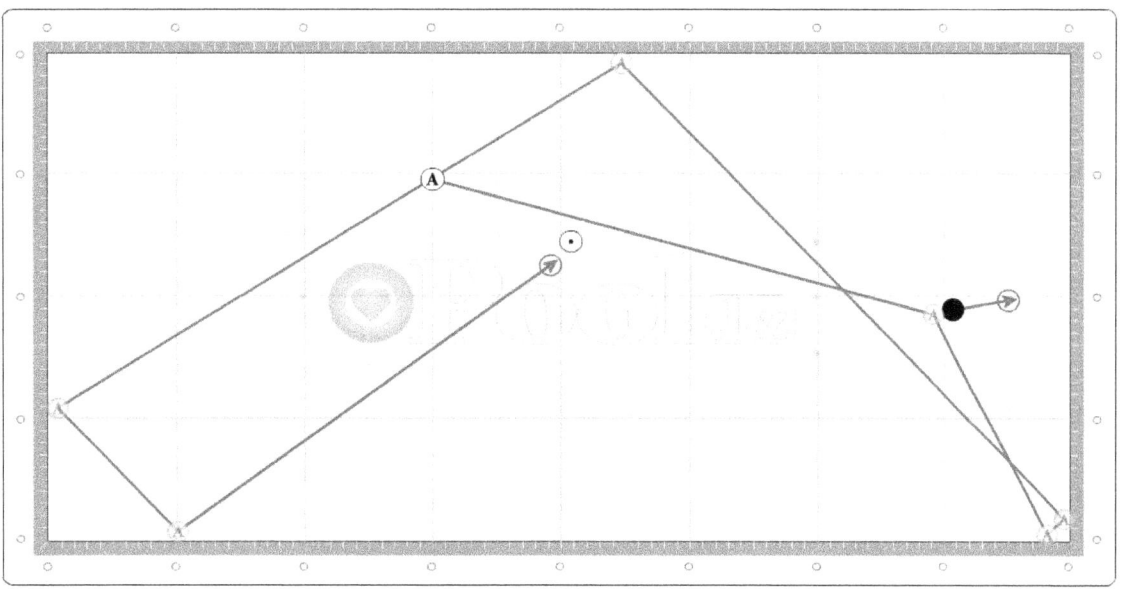

I:4b – Setup

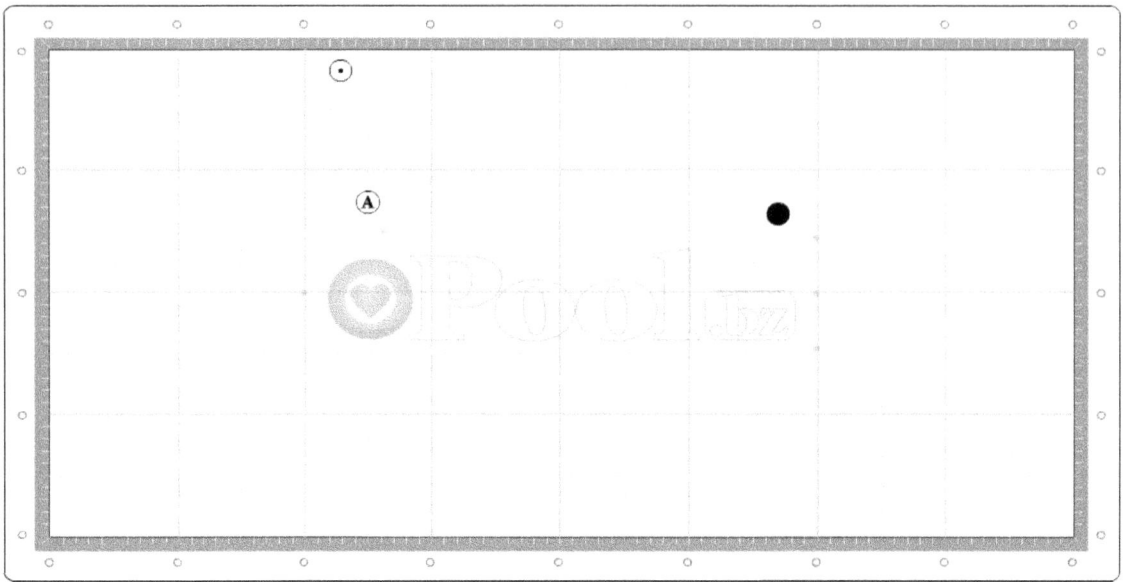

Notater og ideer:

Skudd mønster

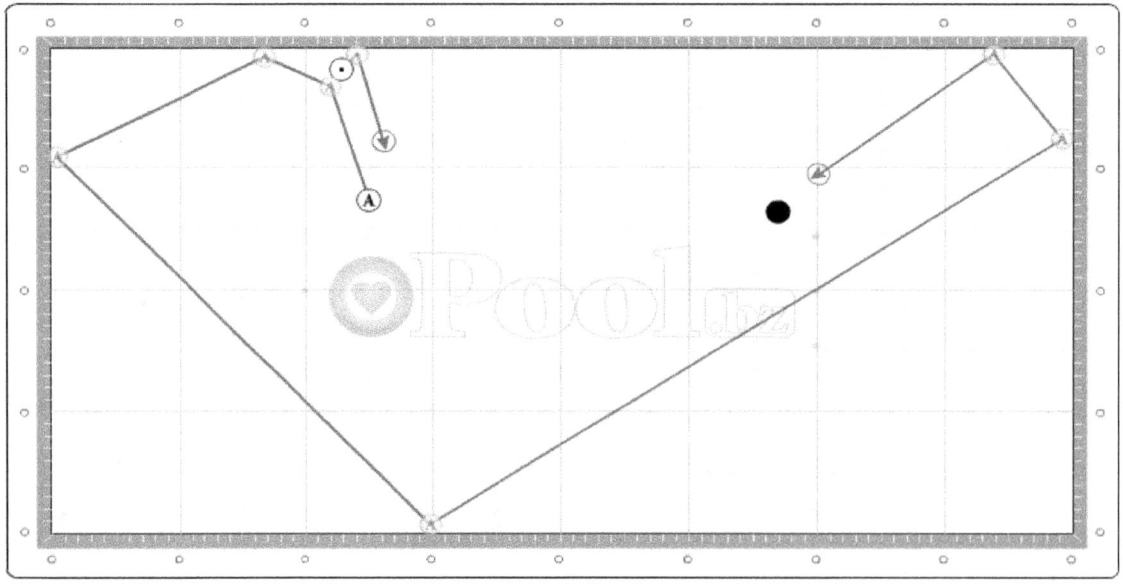

I:4c – Setup

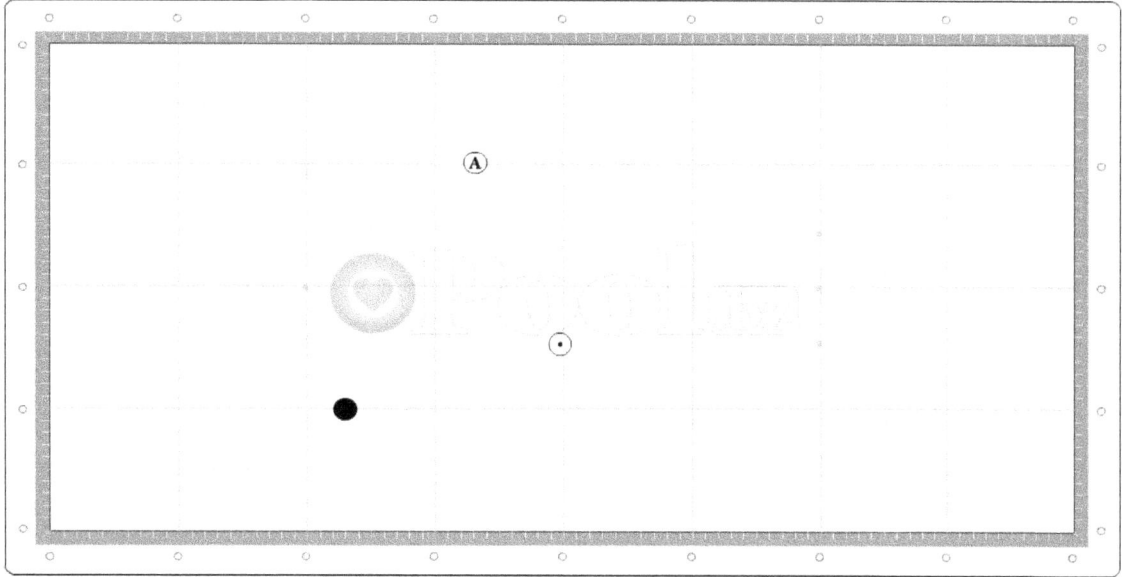

Notater og ideer:

Skudd mønster

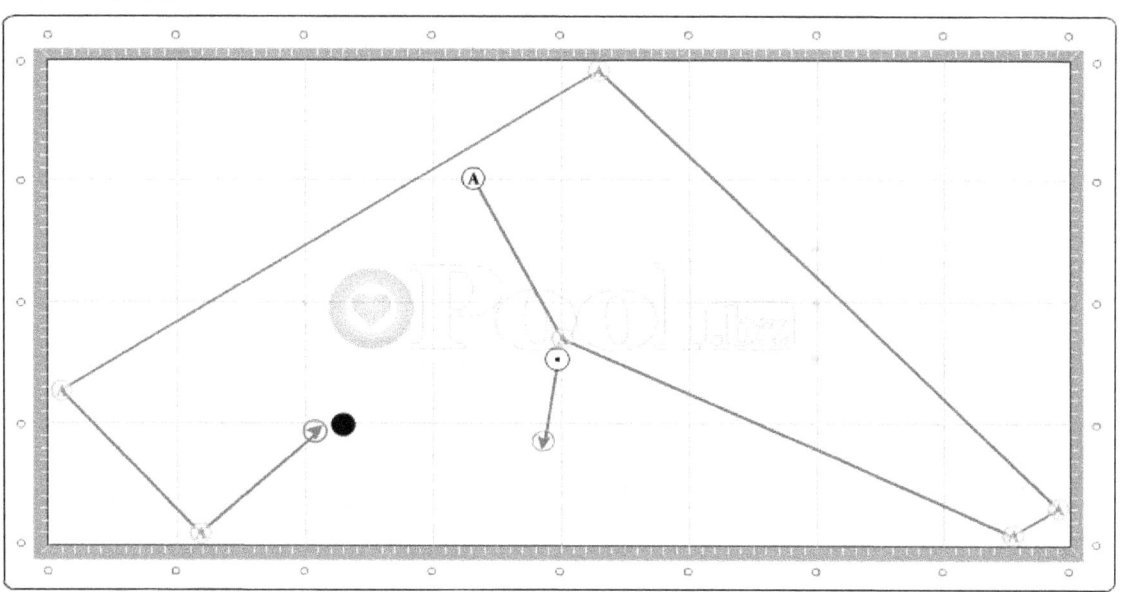

I:4d – Setup

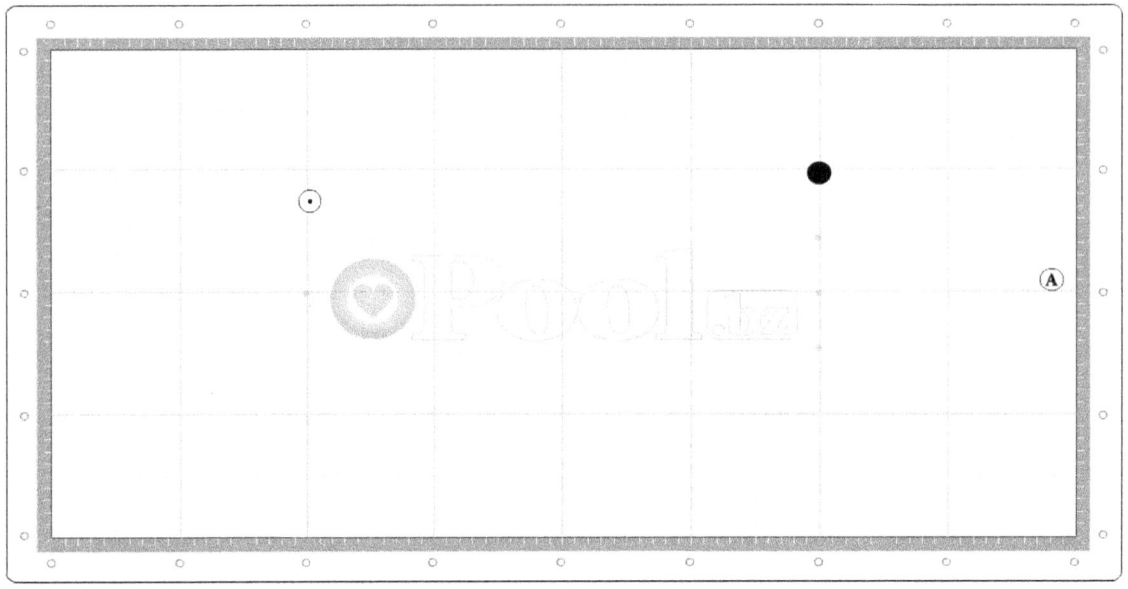

Notater og ideer:

Skudd mønster

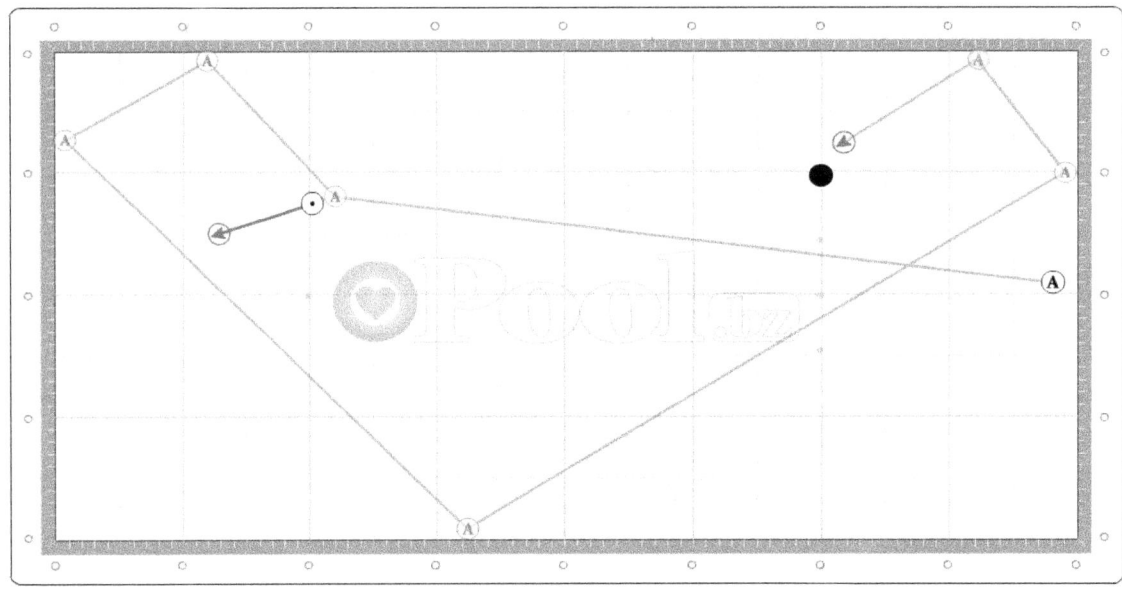

J: Dobbelkrok (med diagonal retur)

Dette er et interessant sett med løsninger. Den (CB) kommer av den første (OB) i hjørnet - lang vant først. Den går opp bakken til motsatt lang vant. Deretter går (CB) inn og ut av motsatt hjørne. Den (CB) reiser diagonalt over bordet til den andre (OB).

Ⓐ (CB) (biljardkule) - ⊙ (OB) (motstander billiardball) - ● (OB) (rød biljardball)

J: Gruppe 1

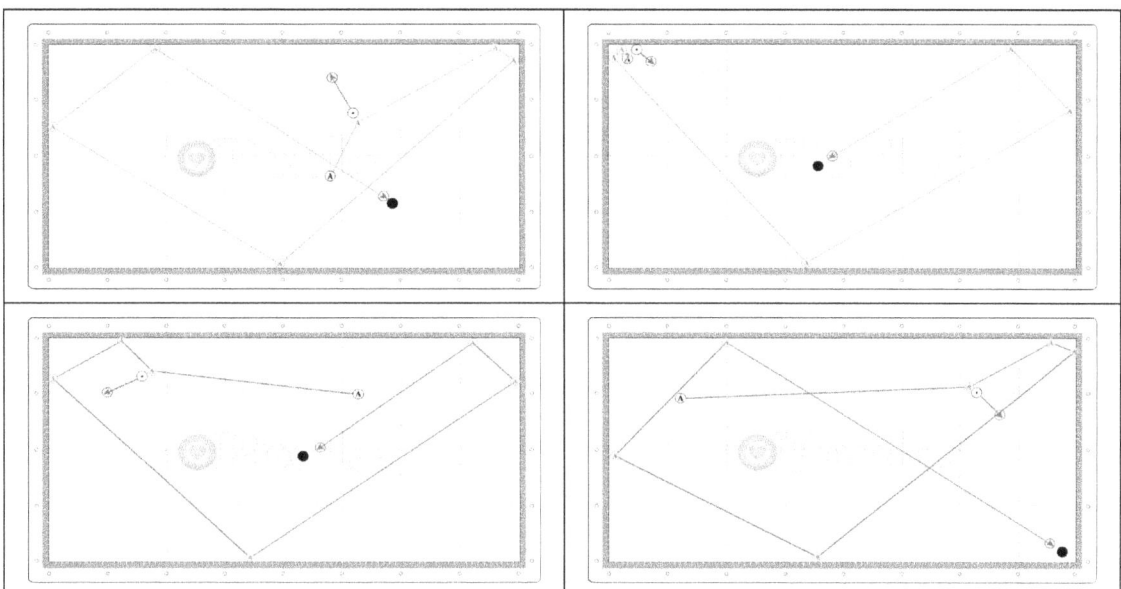

Analyse:

J:1a. _____

J:1b. _____

J:1c. _____

J:1d. _____

J:1a – Setup

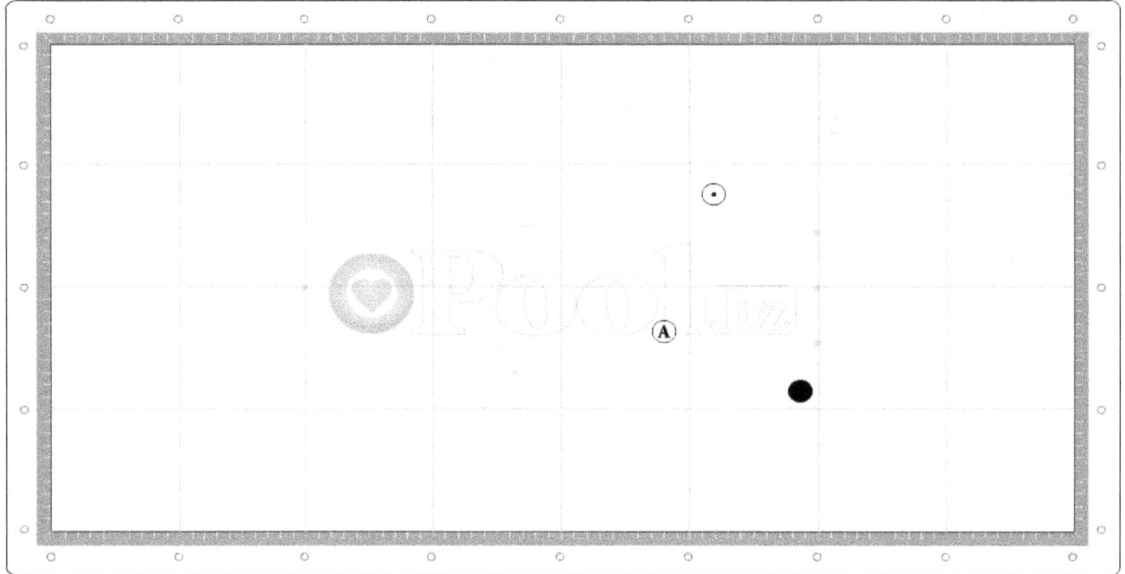

Notater og ideer:

Skudd mønster

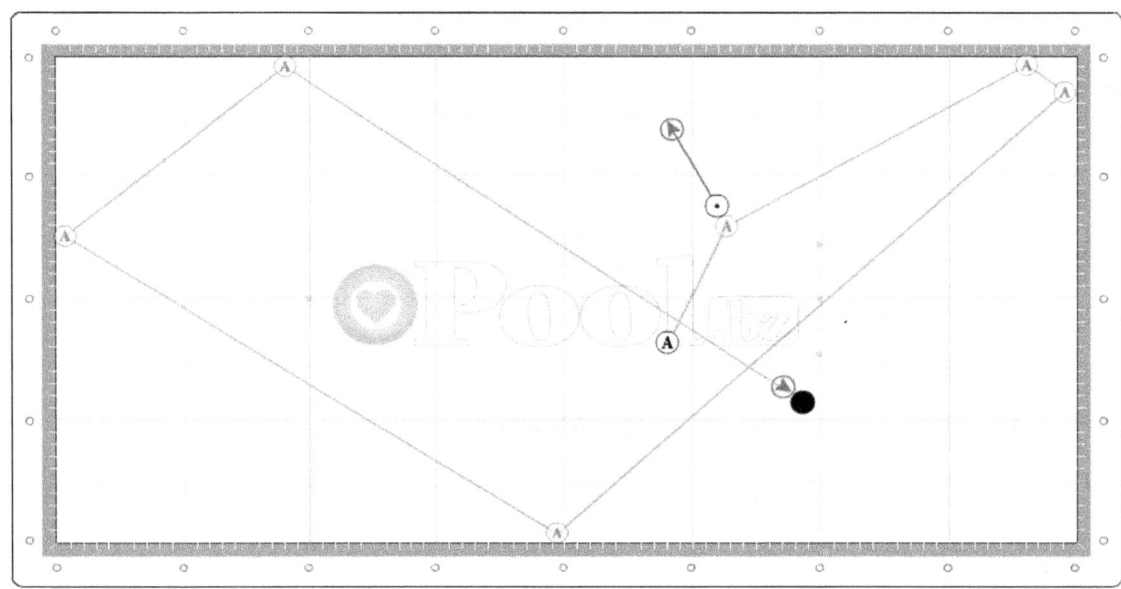

J:1b – Setup

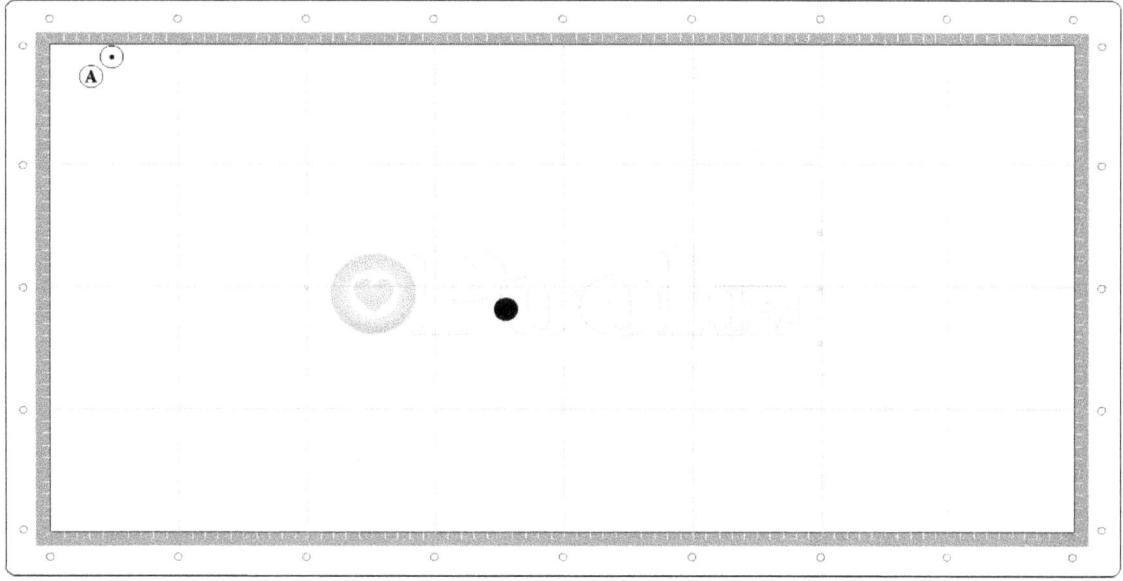

Notater og ideer:

Skudd mønster

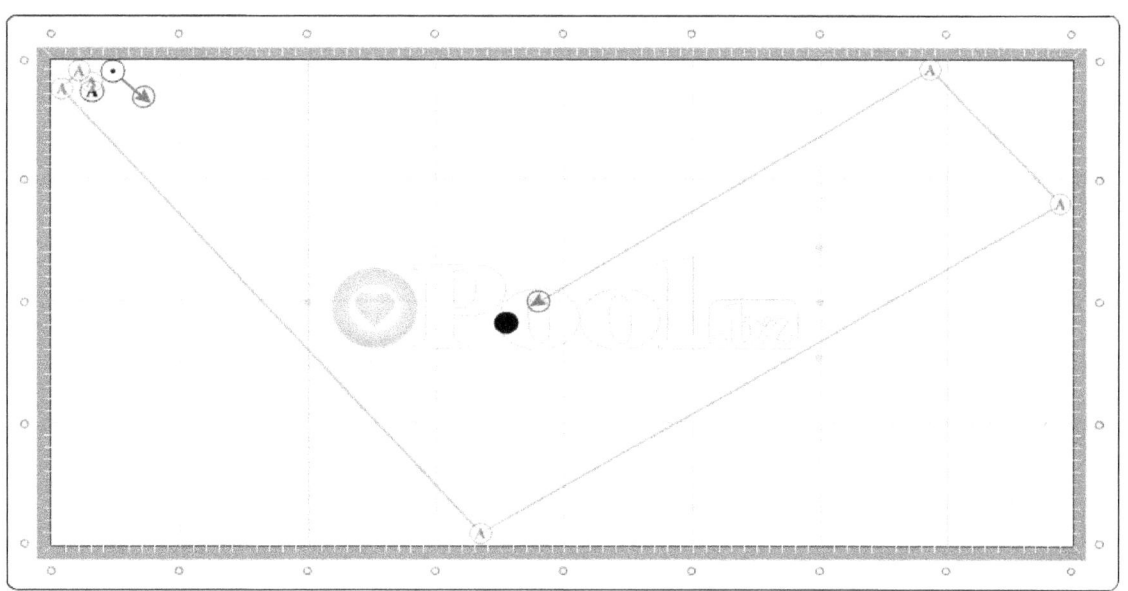

J:1c – Setup

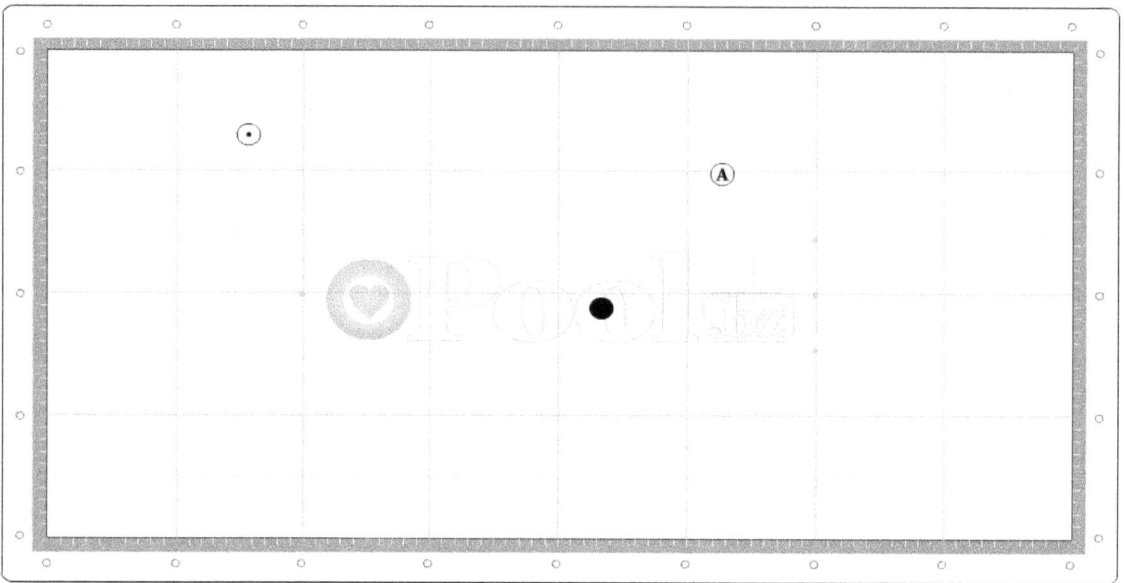

Notater og ideer:

Skudd mønster

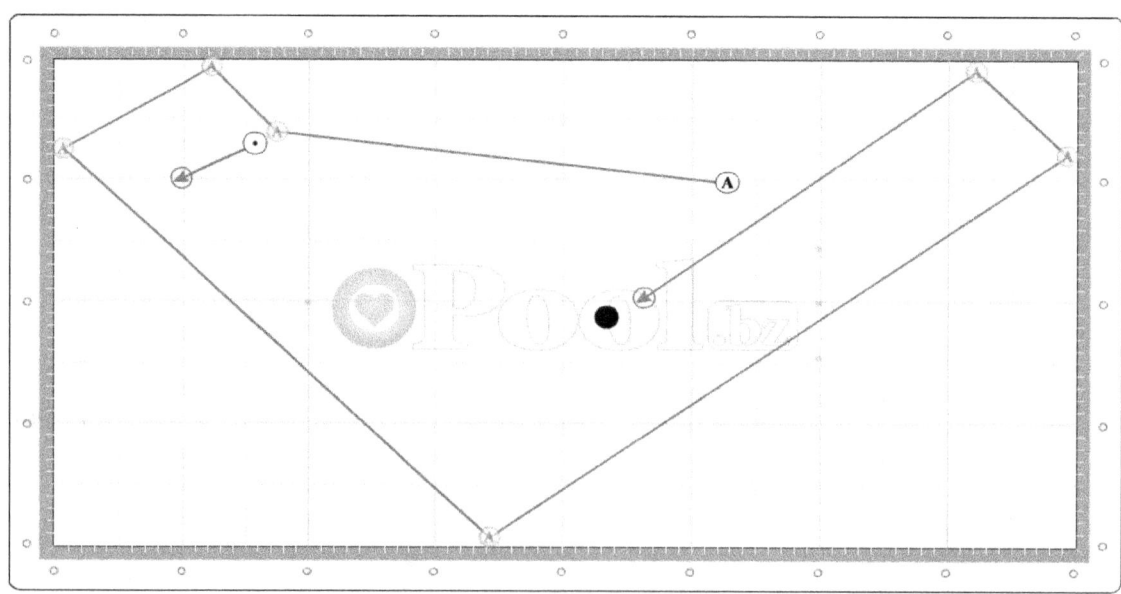

J:1d – Setup

Notater og ideer:

Skudd mønster

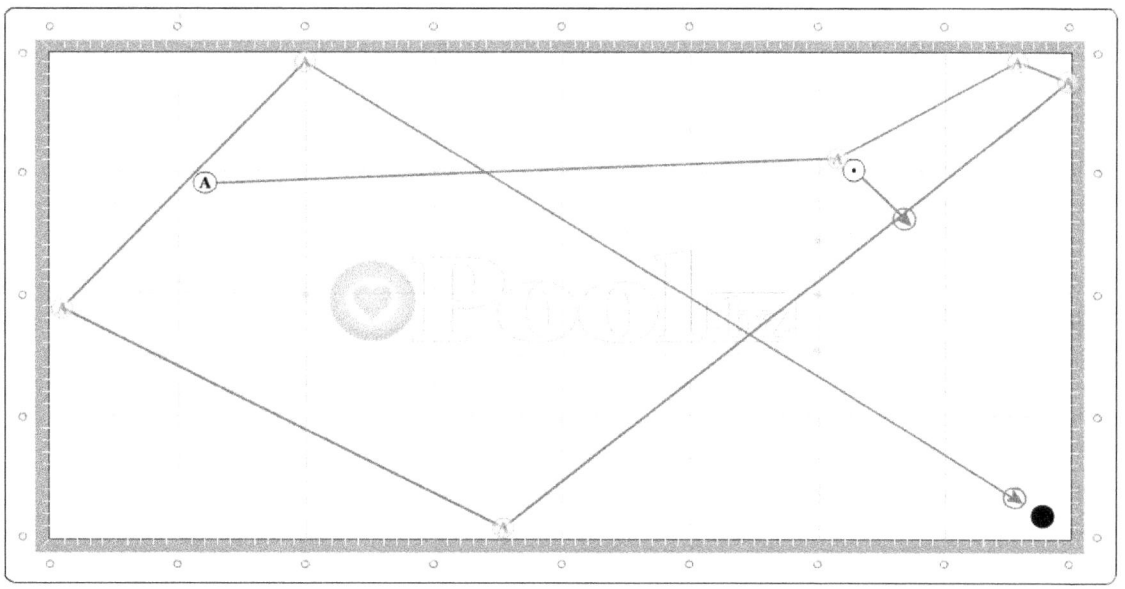

J: Gruppe 2

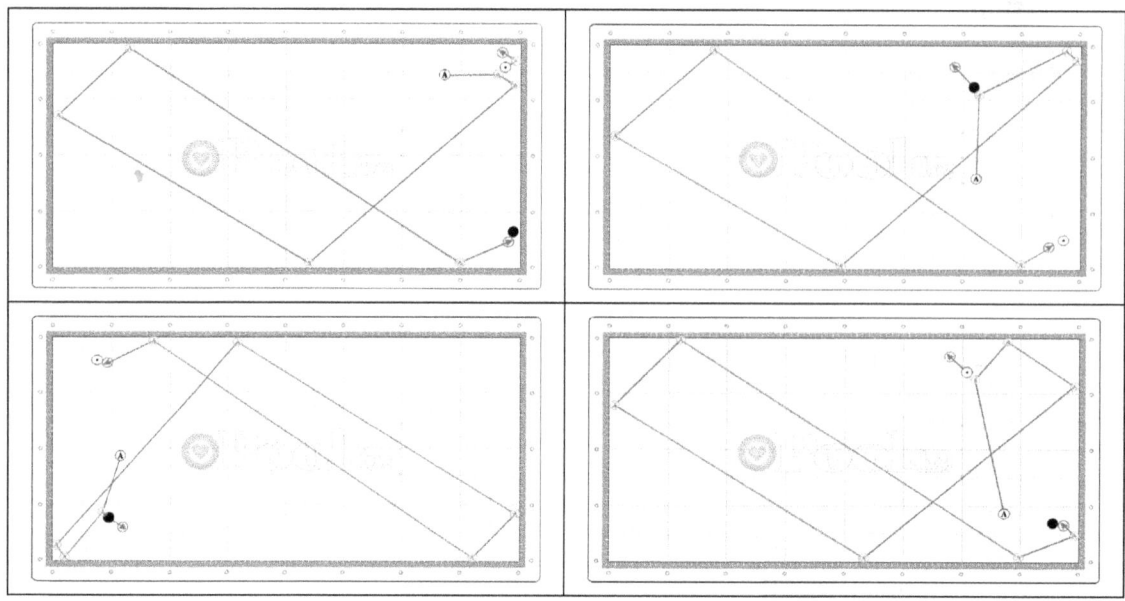

Analyse:

J:2a. _____

J:2b. _____

J:2c. _____

J:2d. _____

J:2a – Setup

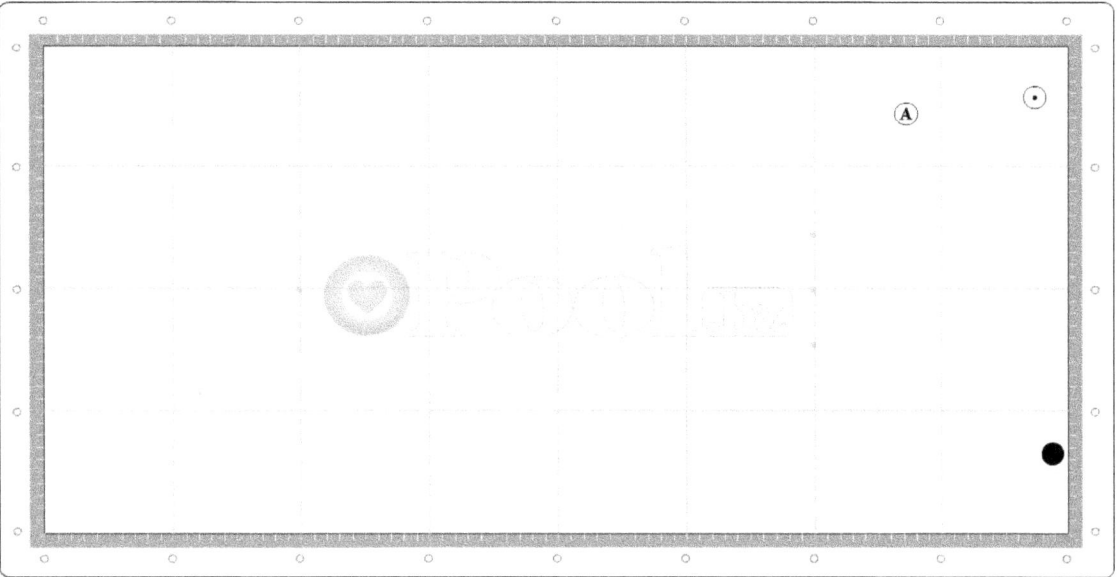

Notater og ideer:

Skudd mønster

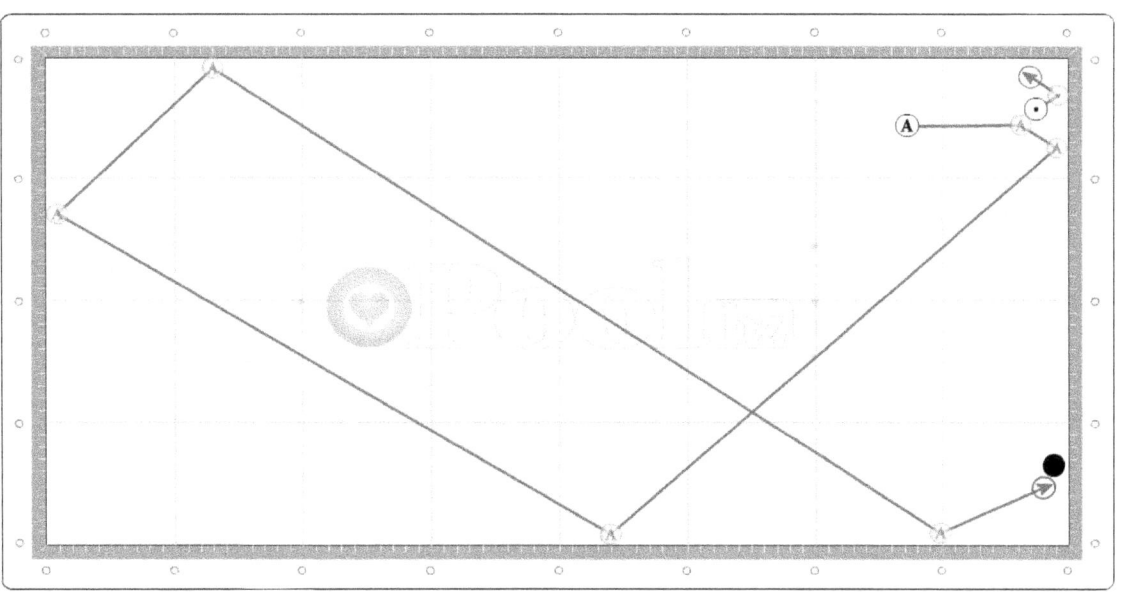

J:2b – Setup

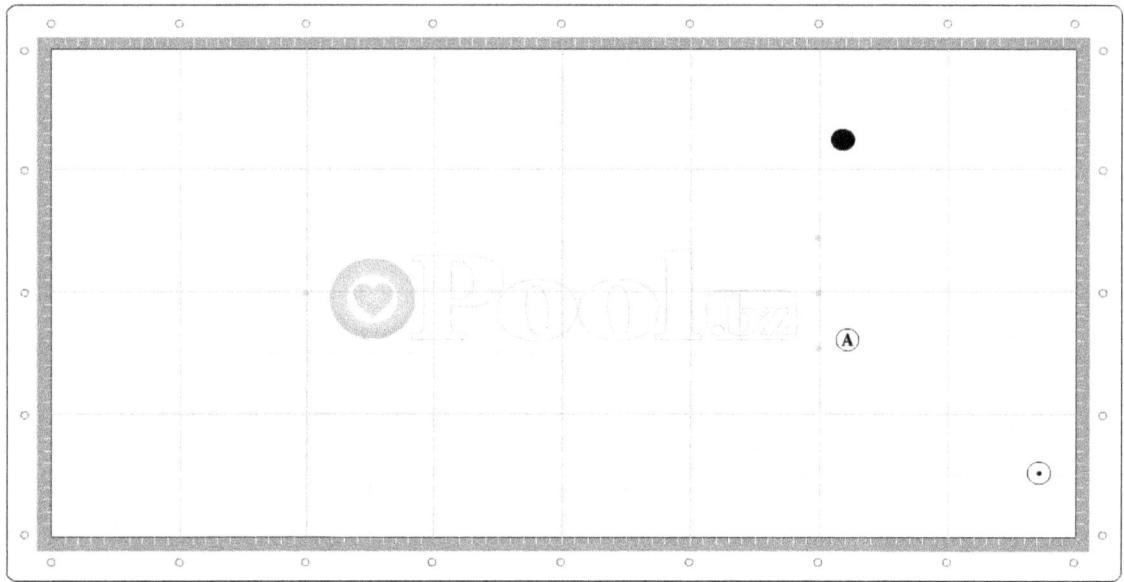

Notater og ideer:

Skudd mønster

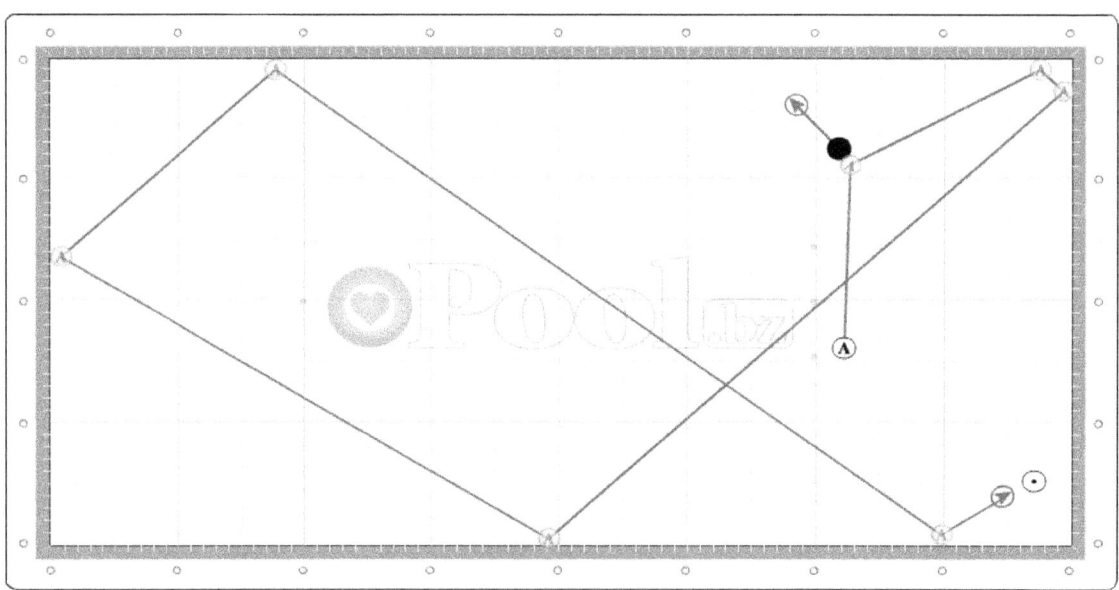

J:2c – Setup

Notater og ideer:

Skudd mønster

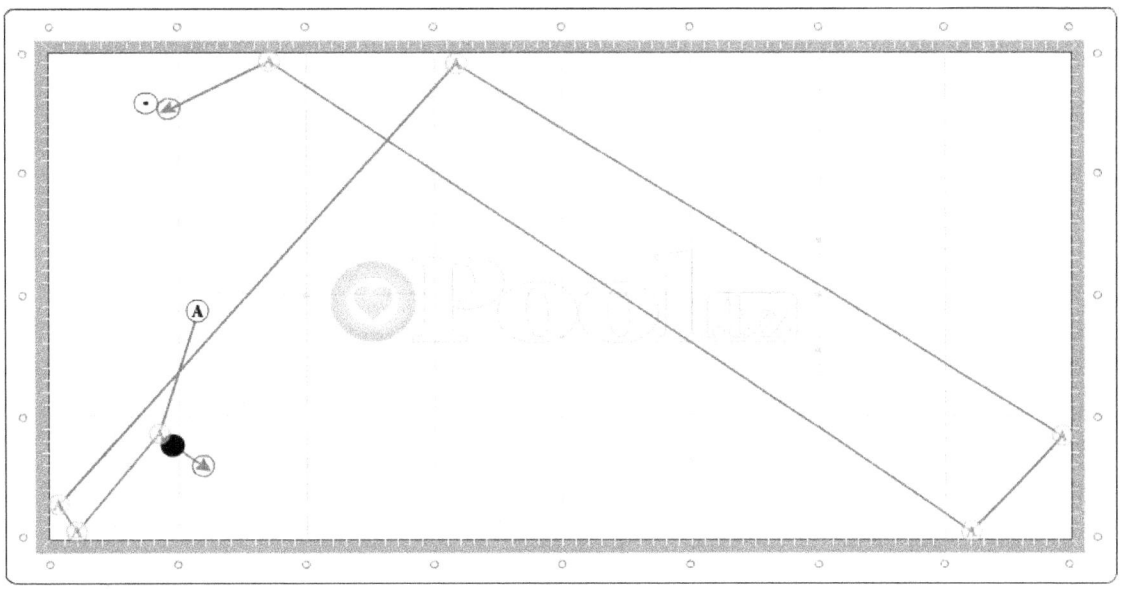

J:2d – Setup

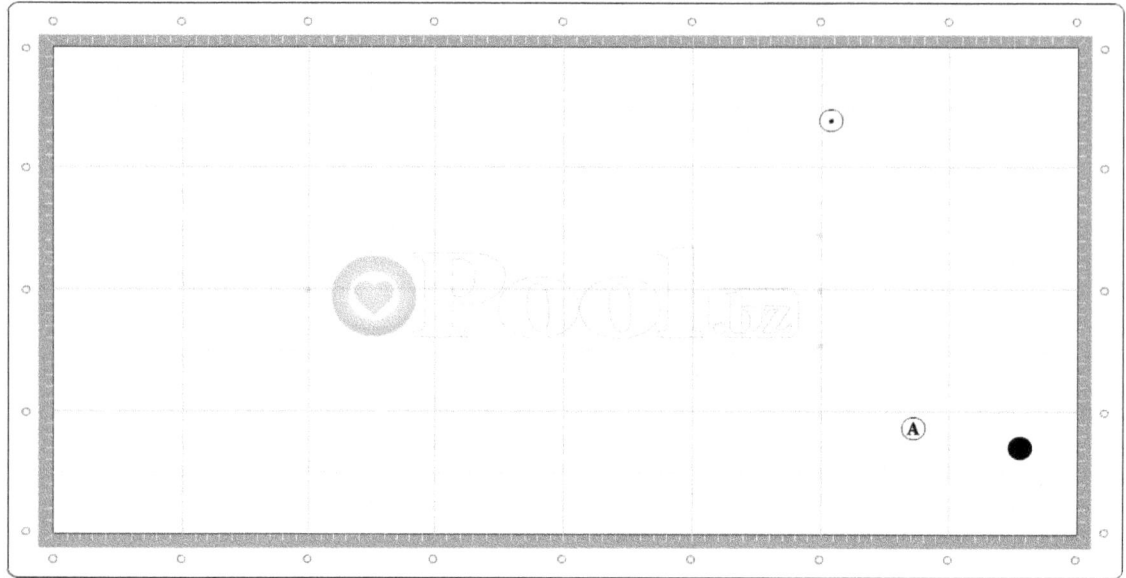

Notater og ideer:

Skudd mønster

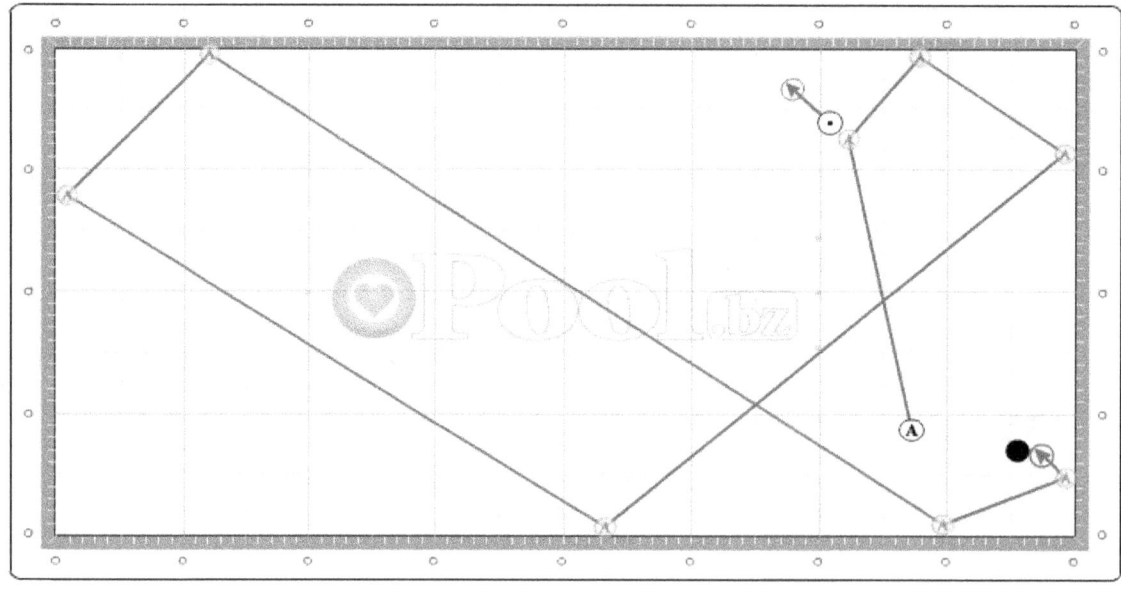

J: Gruppe 3

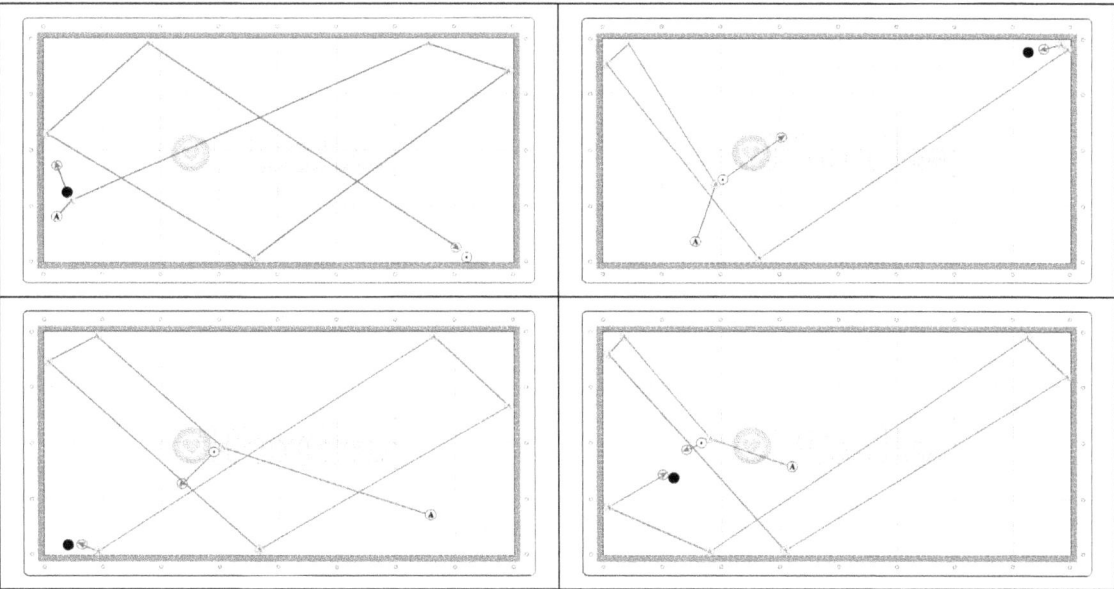

Analyse:

J:3a. _____

J:3b. _____

J:3c. _____

J:3d. _____

J:3a – Setup

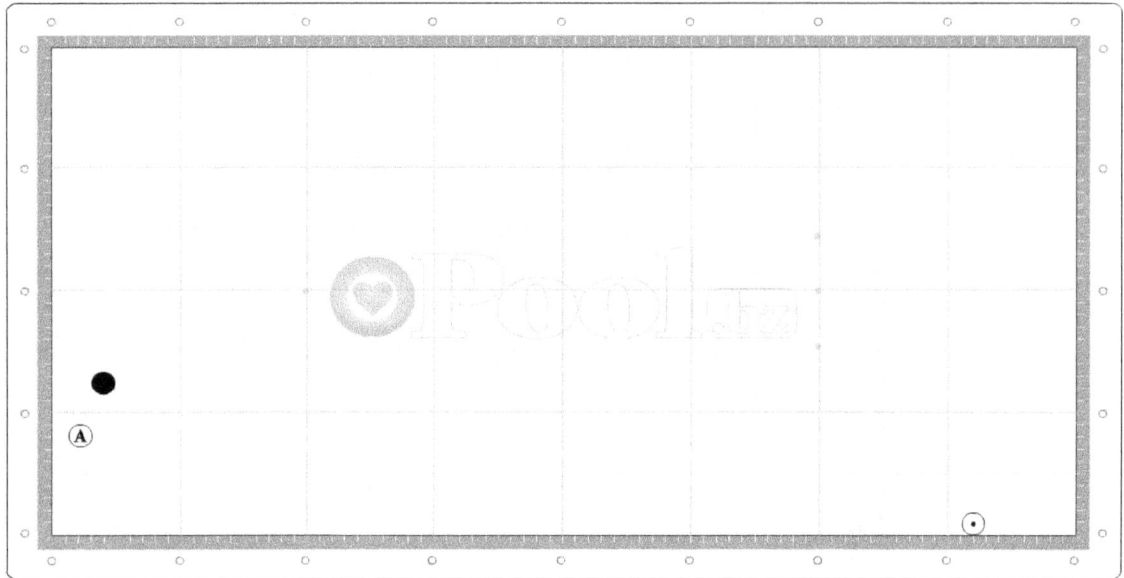

Notater og ideer:

Skudd mønster

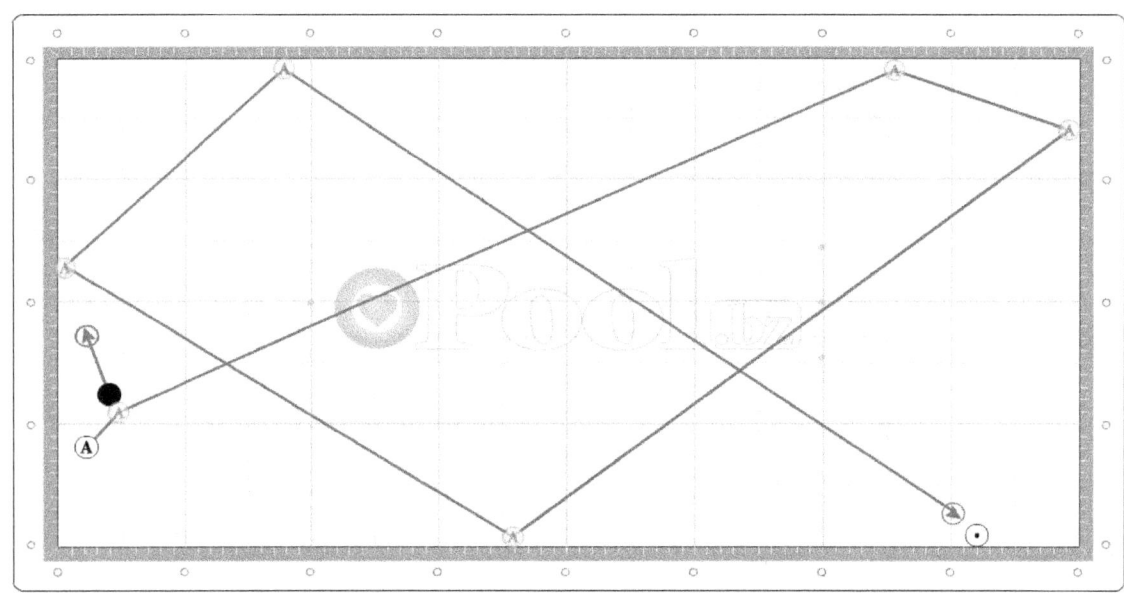

J:3b – Setup

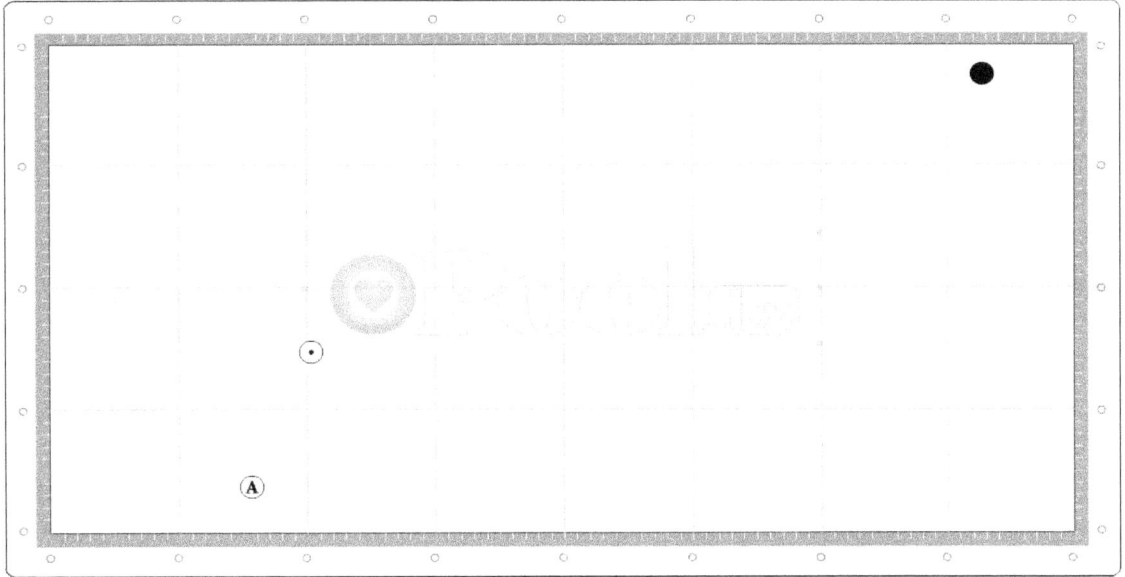

Notater og ideer:

Skudd mønster

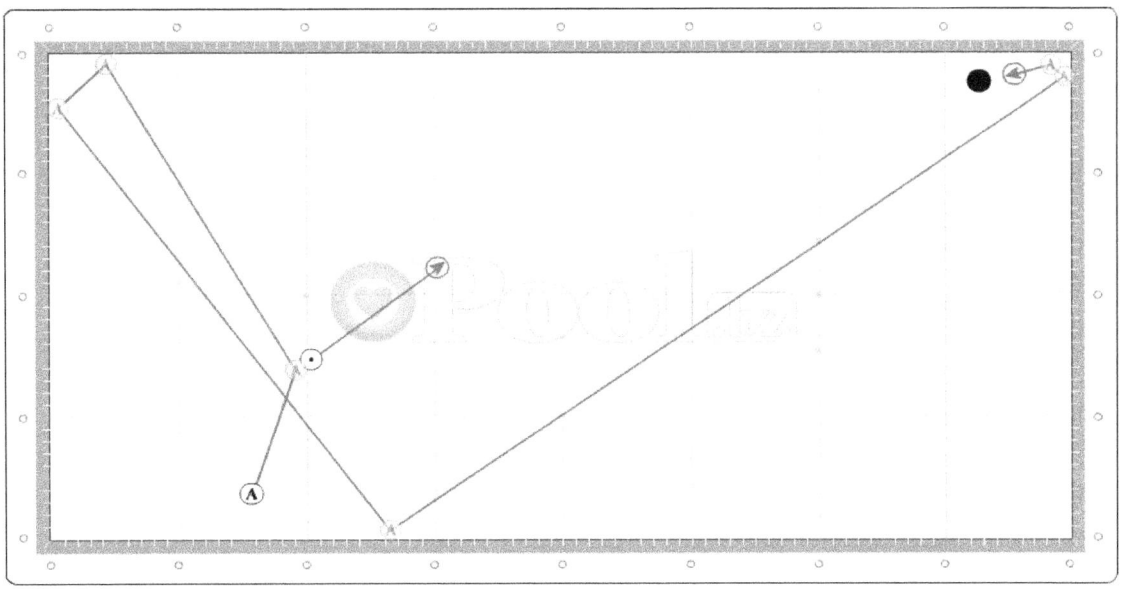

J:3c – Setup

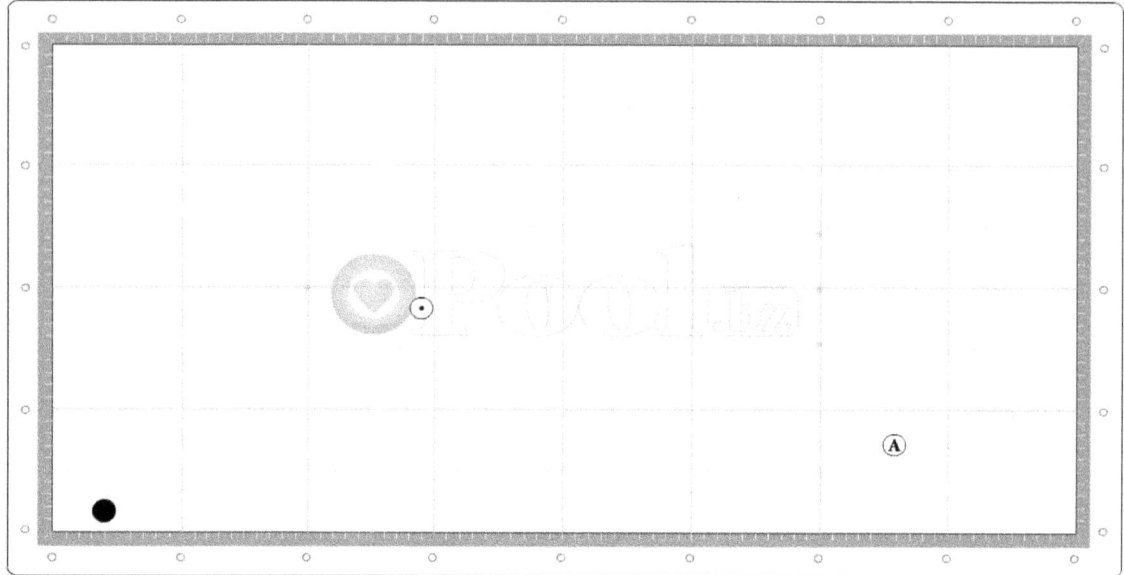

Notater og ideer:

Skudd mønster

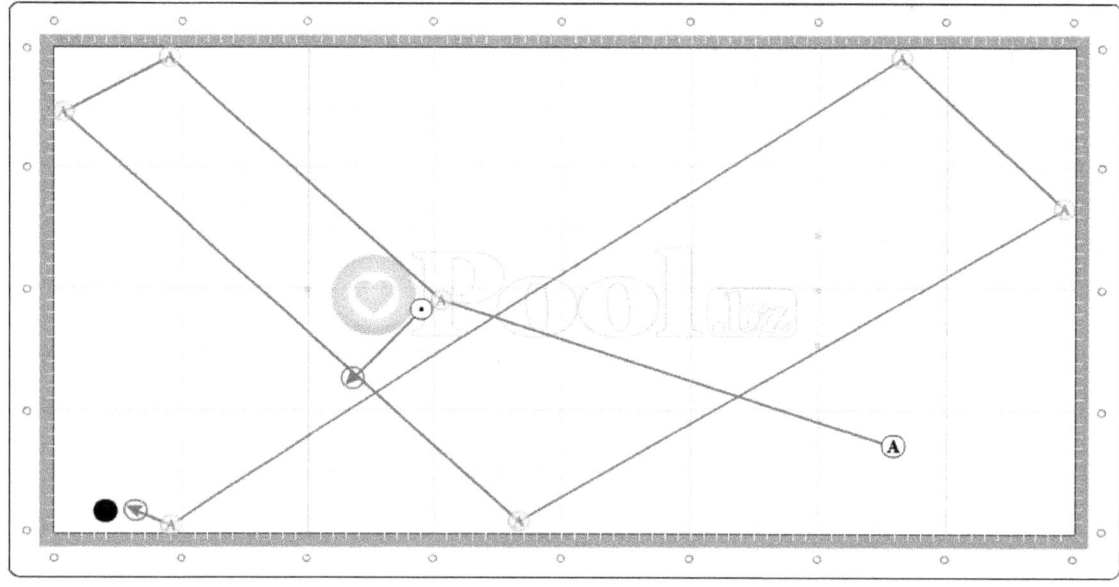

J:3d – Setup

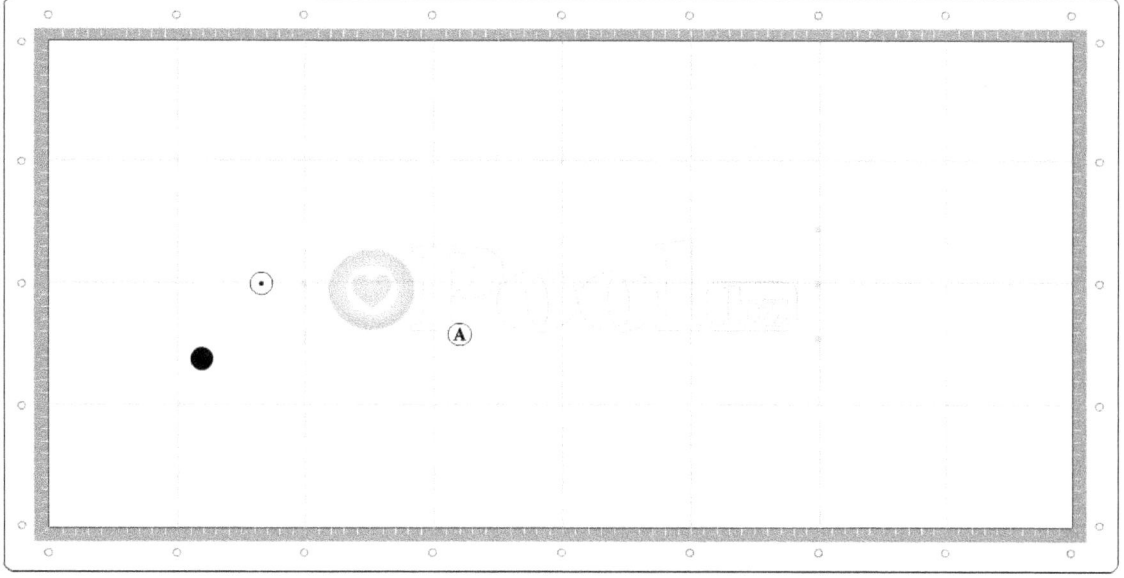

Notater og ideer:

Skudd mønster

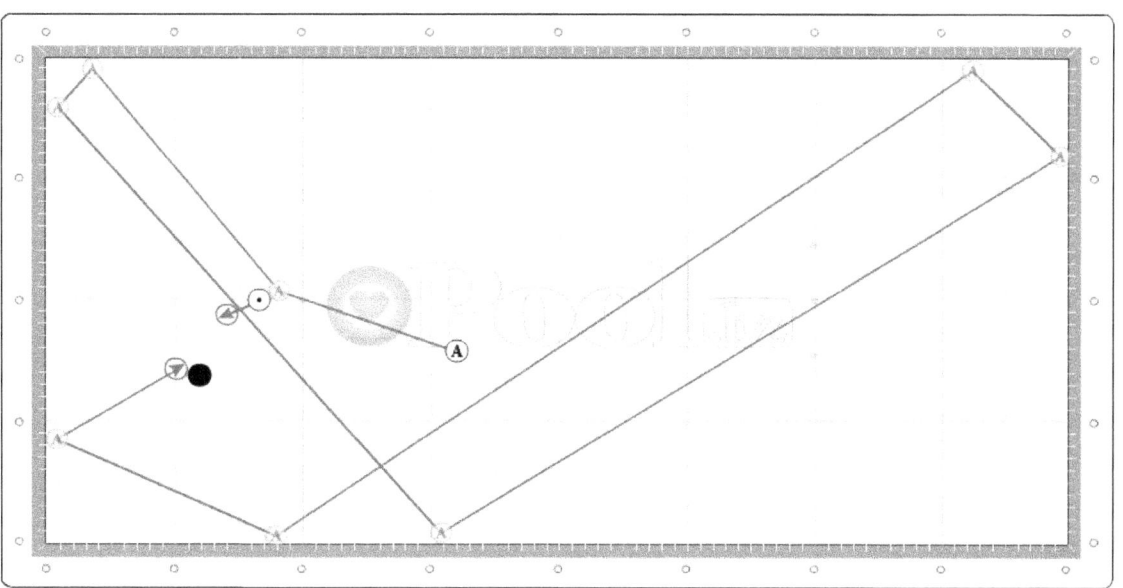

J: Gruppe 4

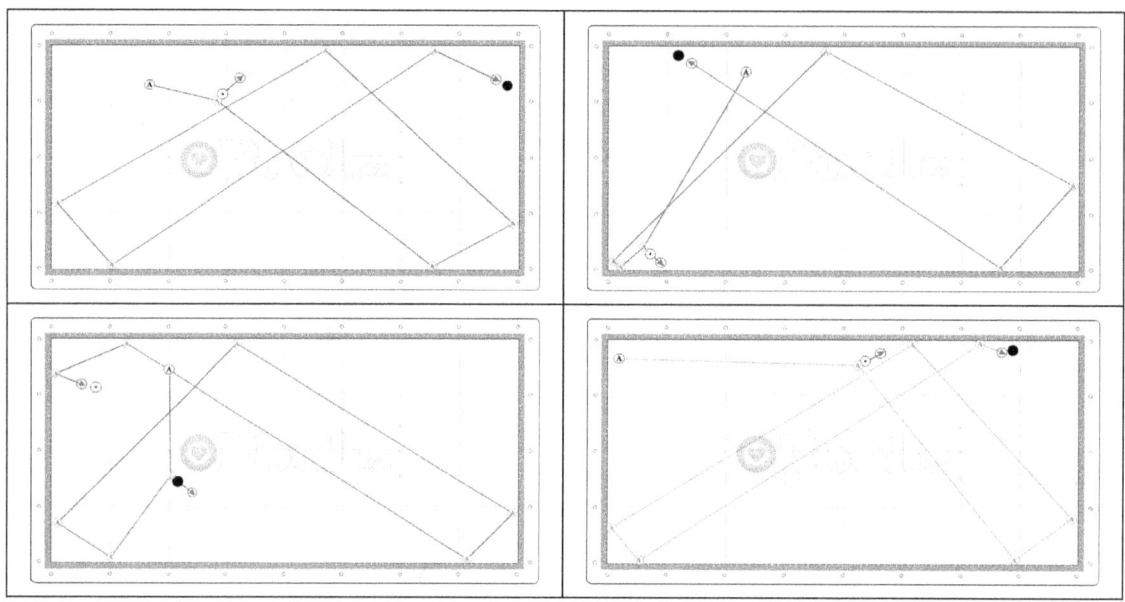

Analyse:

J:4a. _____

J:4b. _____

J:4c. _____

J:4d. _____

J:4a – Setup

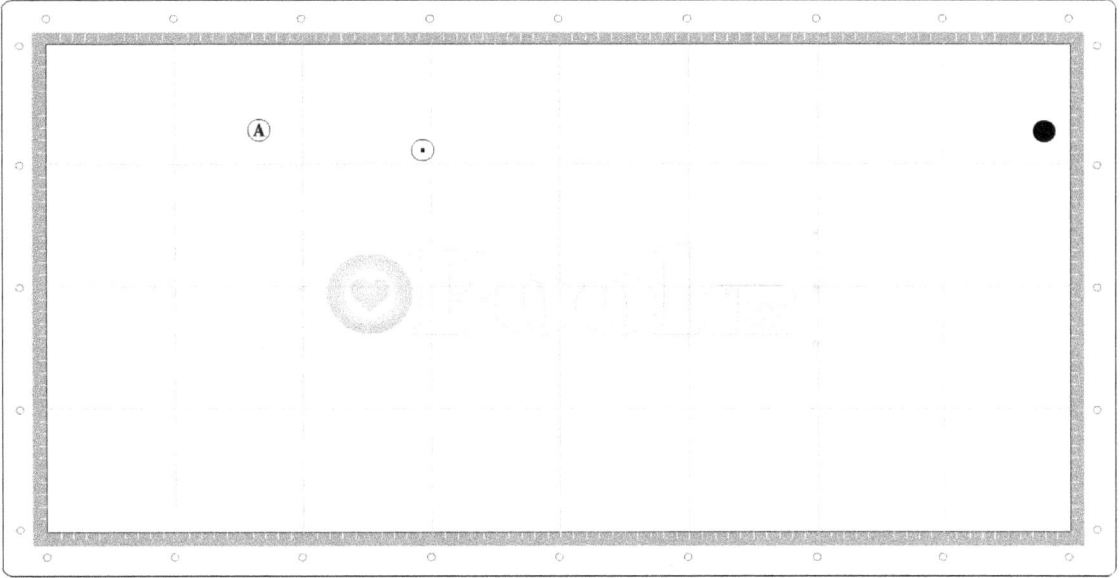

Notater og ideer:

Skudd mønster

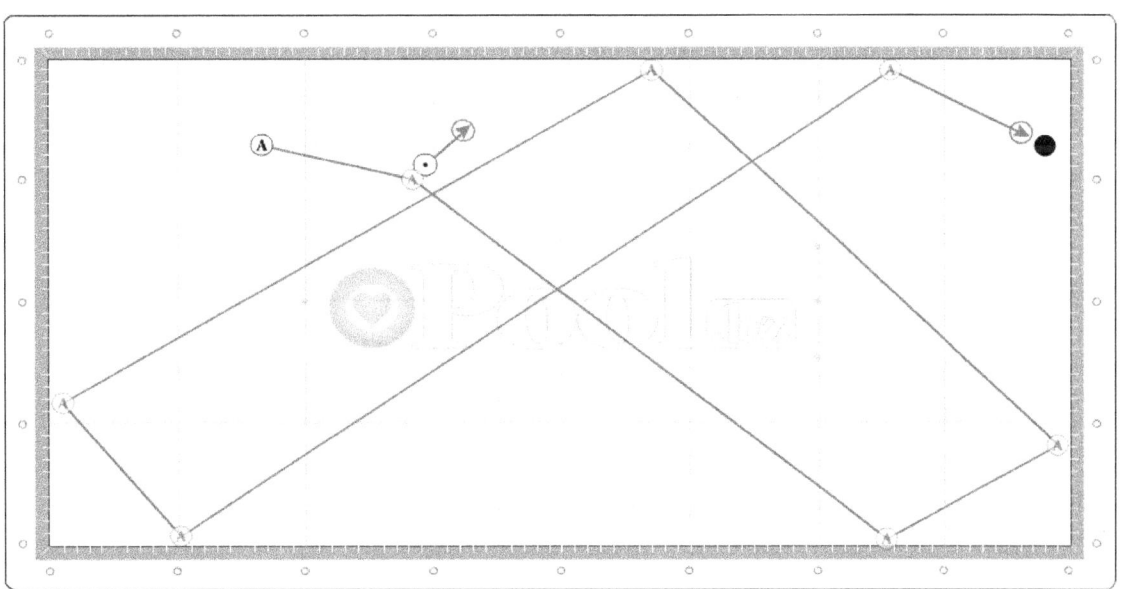

J:4b – Setup

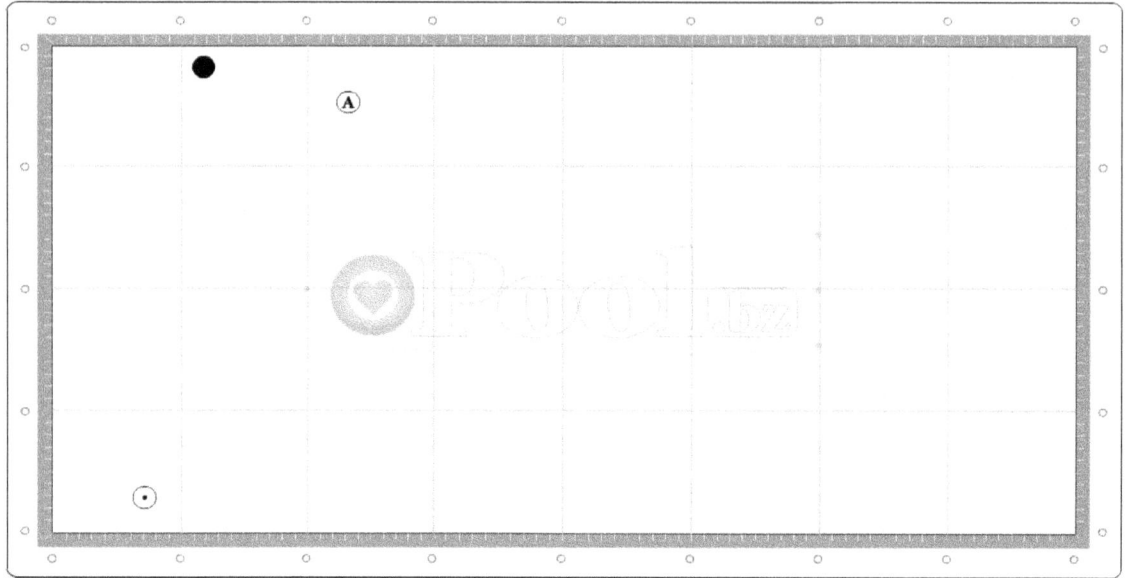

Notater og ideer:

Skudd mønster

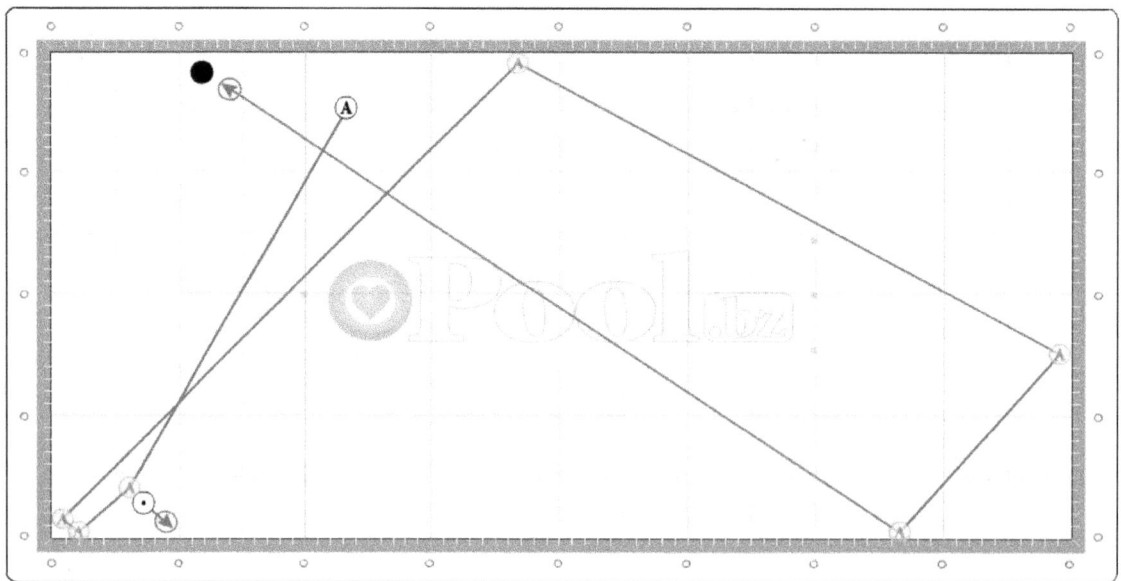

J:4c – Setup

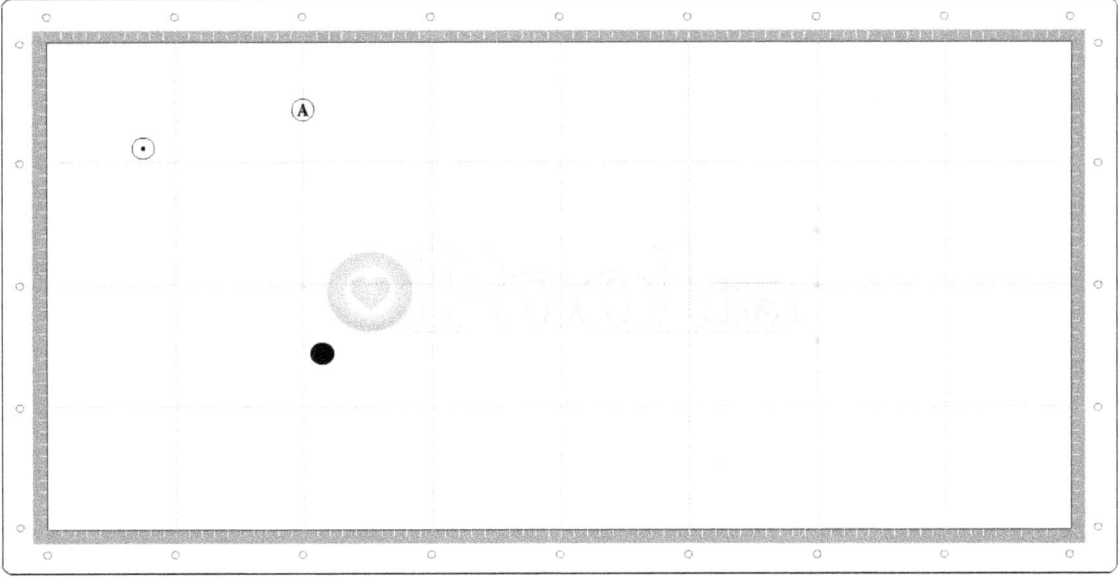

Notater og ideer:

Skudd mønster

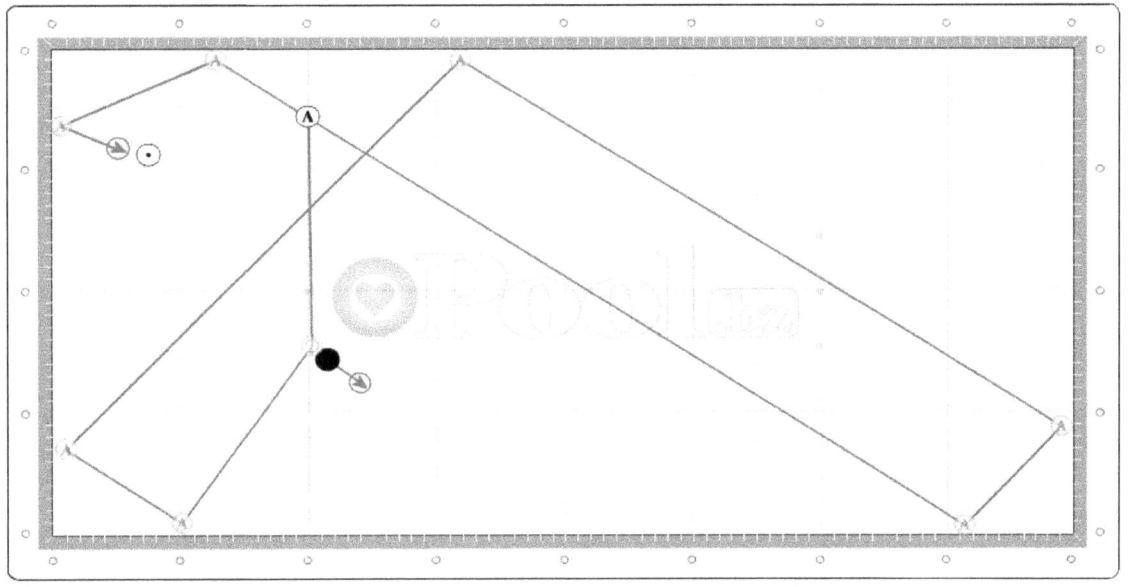

J:4d – Setup

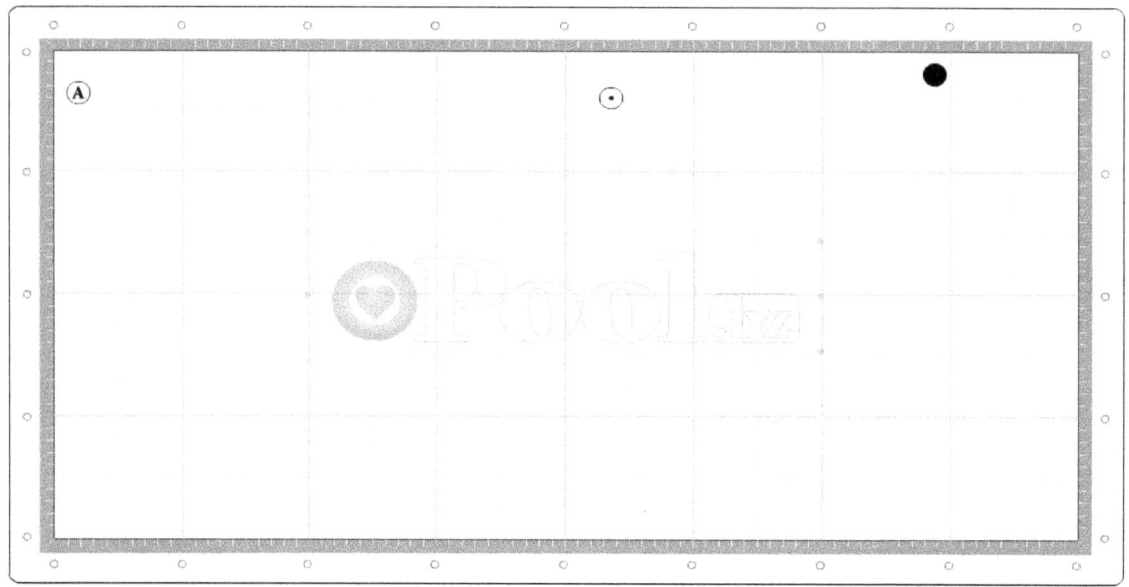

Notater og ideer:

Skudd mønster

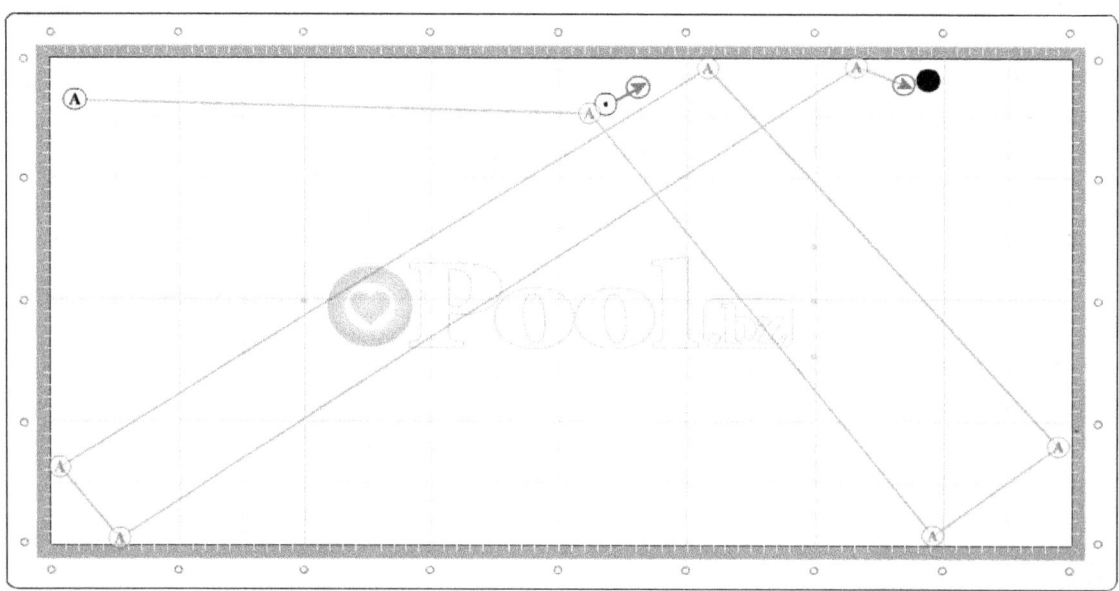

K: Dobbel toppen av bakken

Dette er interessante situasjoner. Den (CB) gjør en dobbel over bakken mønster.

Ⓐ (CB) (biljardkule) - ⊙ (OB) (motstander billiardball) - ● (OB) (rød biljardball)

K: Gruppe 1

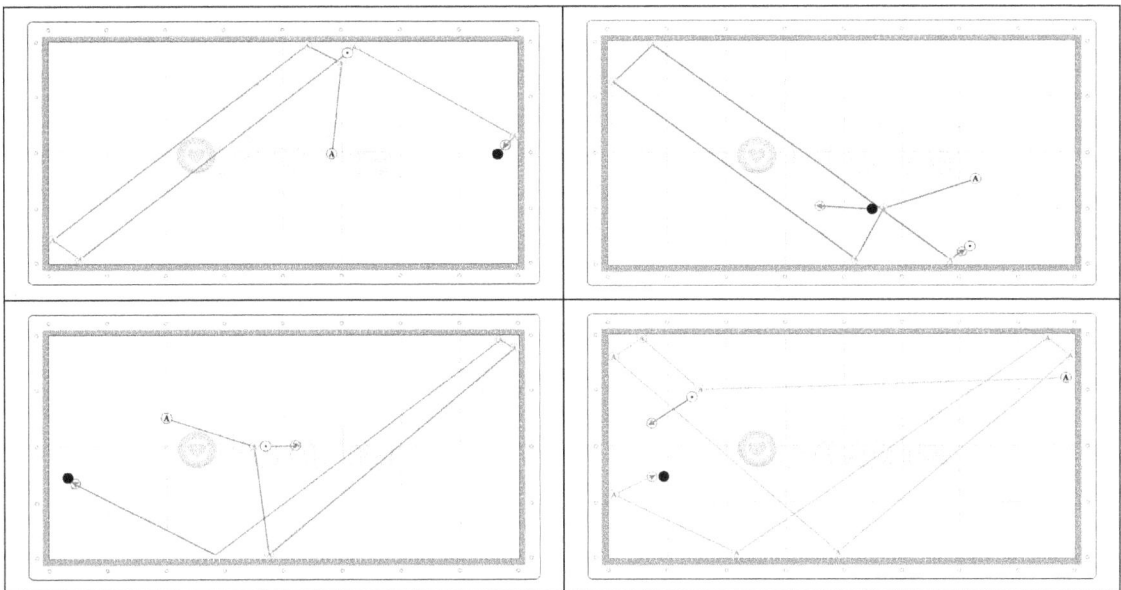

Analyse:

K:1a. _____

K:1b. _____

K:1c. _____

K:1d. _____

Tre vant carambole: Opp og ned fjellmønstrene

K:1a – Setup

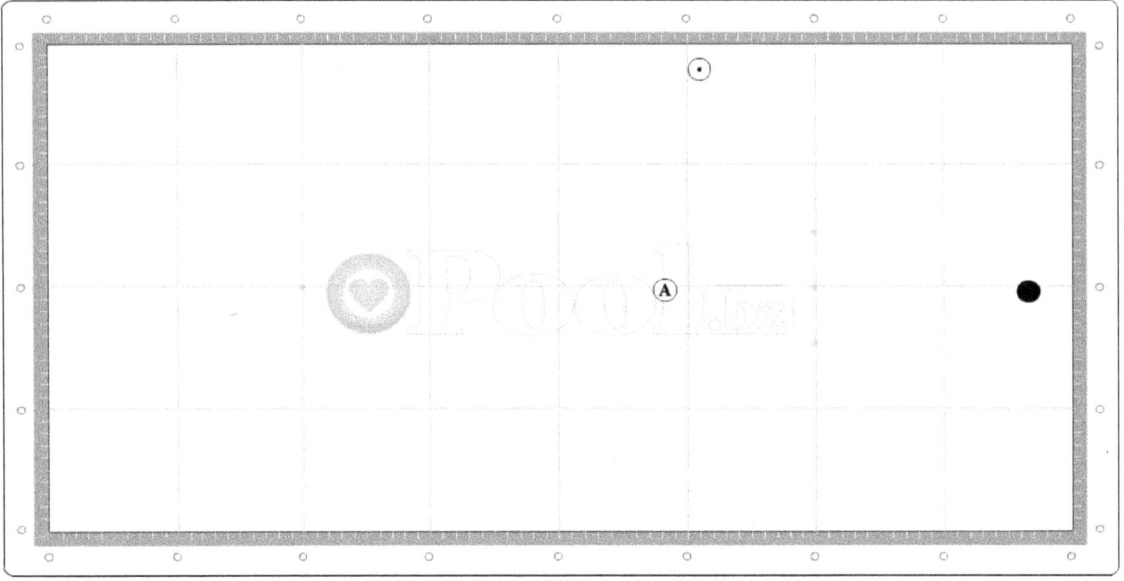

Notater og ideer:

Skudd mønster

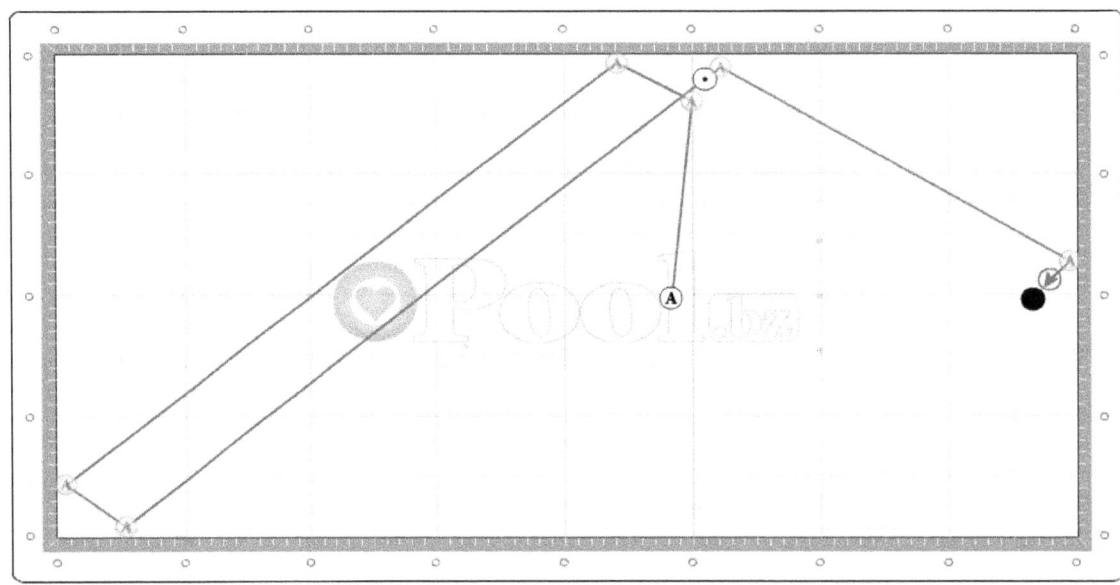

K:1b – Setup

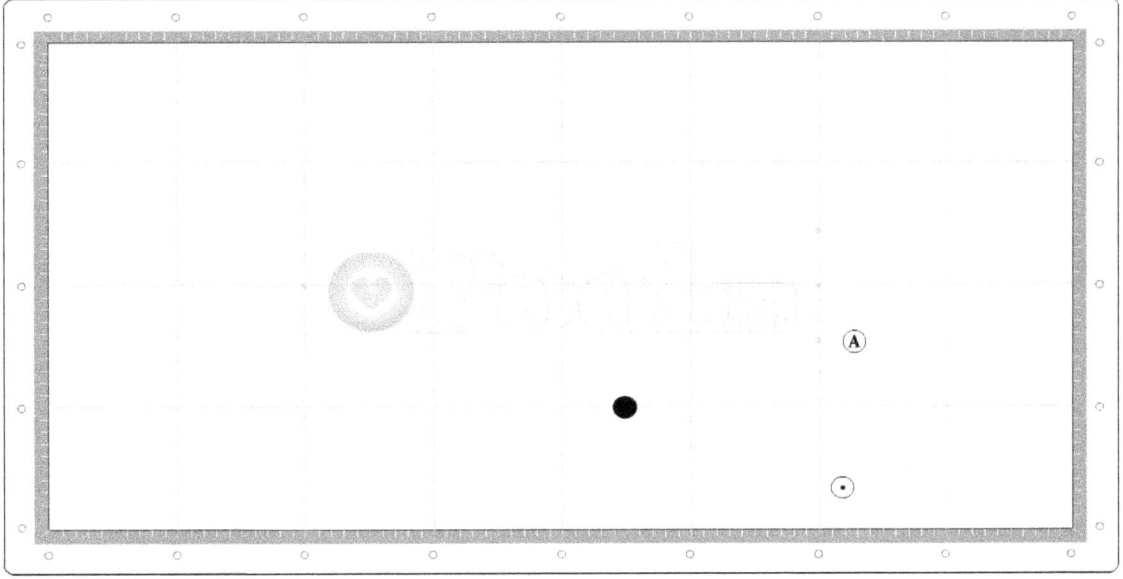

Notater og ideer:

Skudd mønster

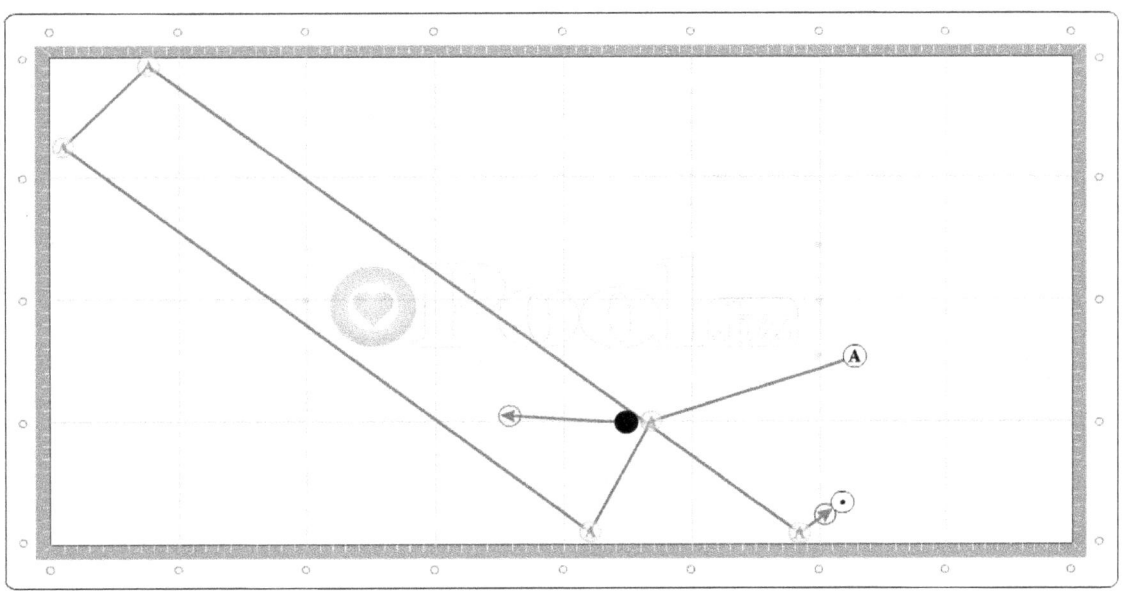

K:1c – Setup

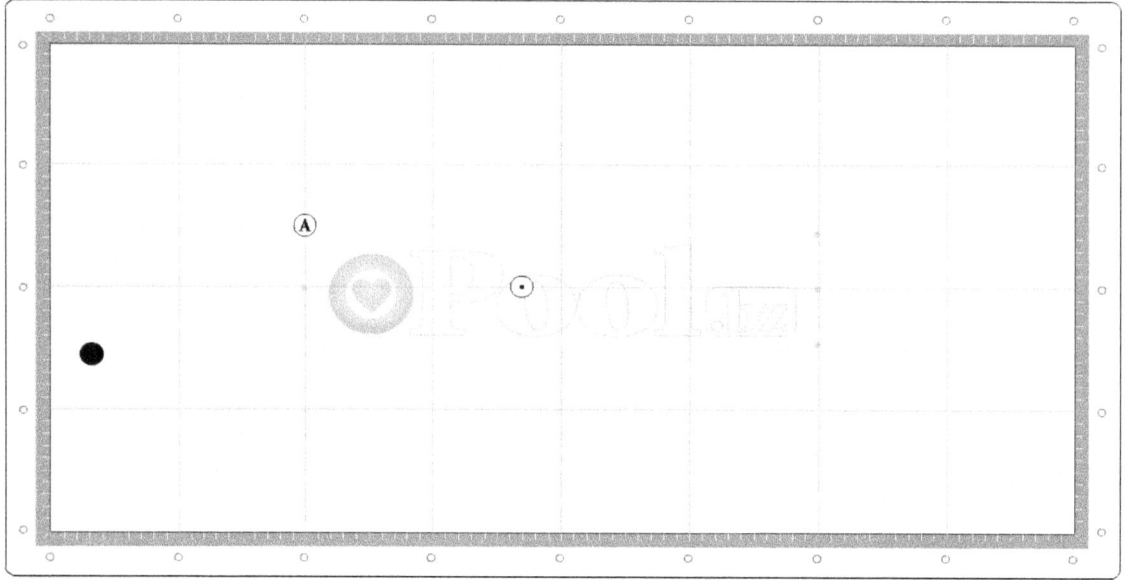

Notater og ideer:

Skudd mønster

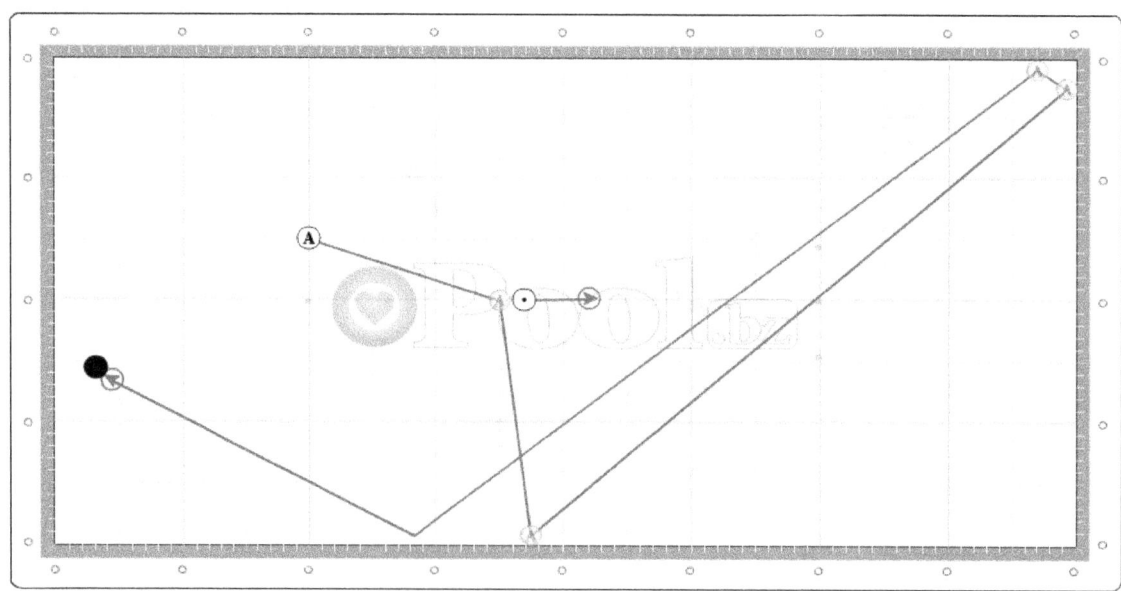

K:1d – Setup

Notater og ideer:

Skudd mønster

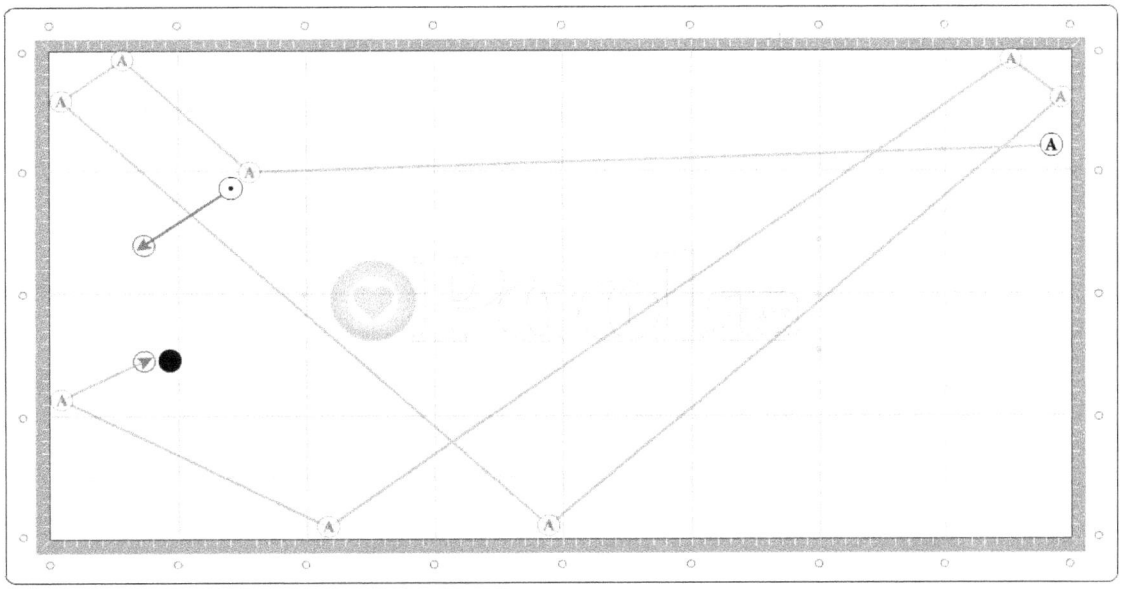

L: Utvendig returkrok

(CB) kontakter den første (OB) og går inn i midten av den lange vant. Den (CB) reiser deretter inn i hjørnet, lang vant først. Da kontakter (CB) den andre (OB).

Ⓐ (CB) (biljardkule) - ⊙ (OB) (motstander billiardball) - ● (OB) (rød biljardball)

L: Gruppe 1

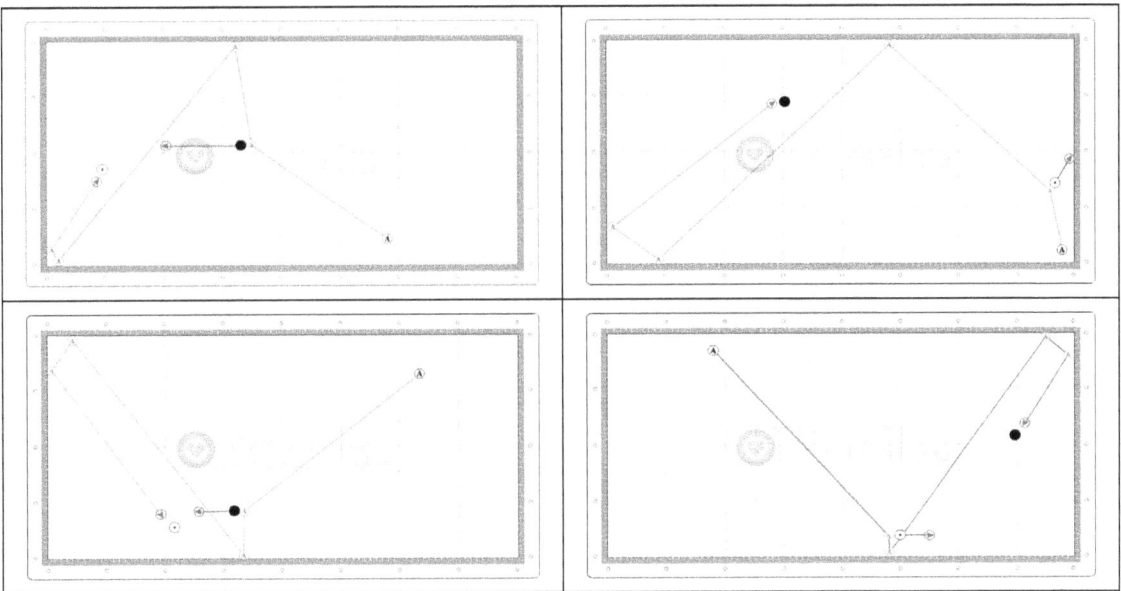

Analyse:

L:1a. _____

L:1b. _____

L:1c. _____

L:1d. _____

L:1a – Setup

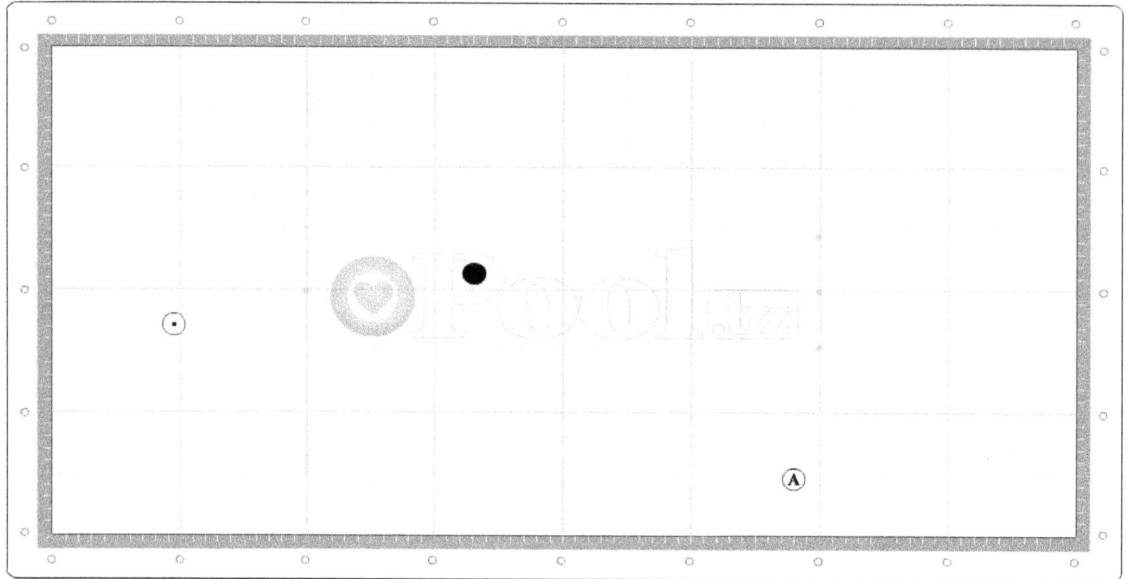

Notater og ideer:

Skudd mønster

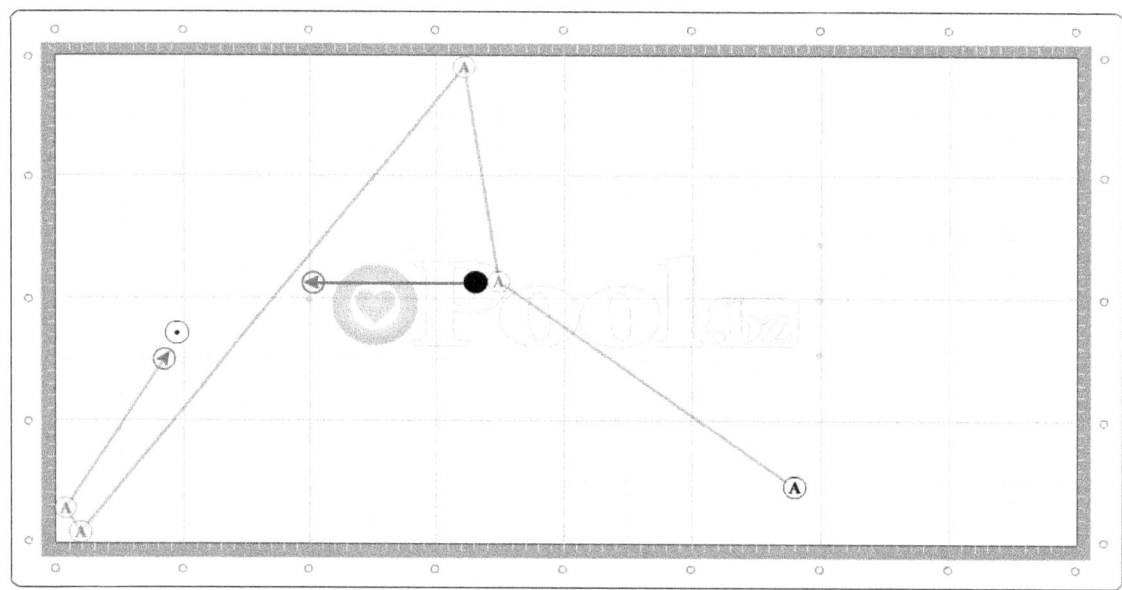

L:1b – Setup

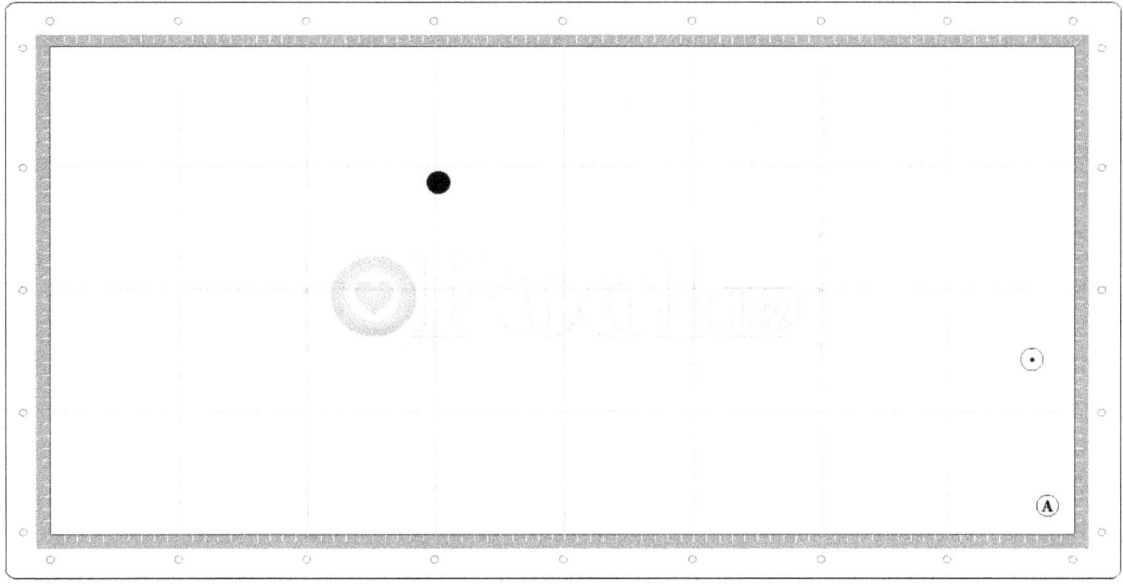

Notater og ideer:

Skudd mønster

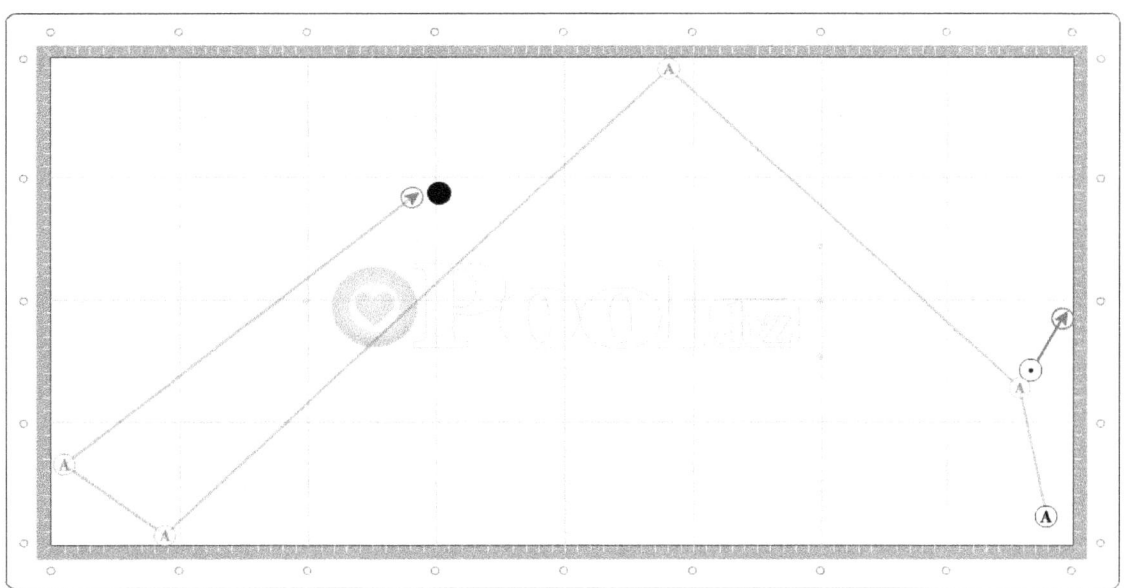

L:1c – Setup

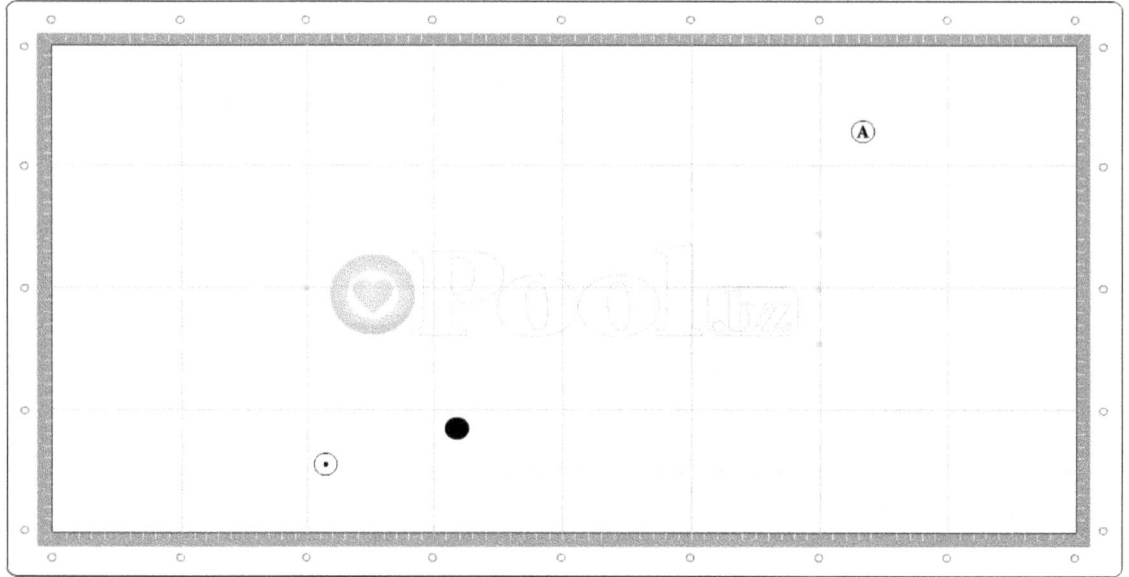

Notater og ideer:

Skudd mønster

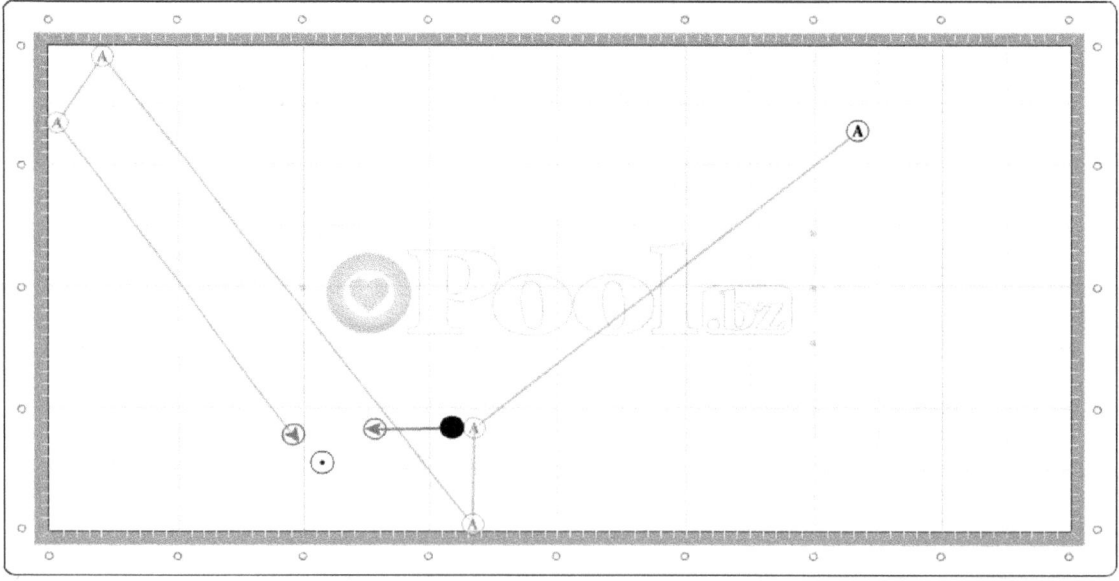

L:1d – Setup

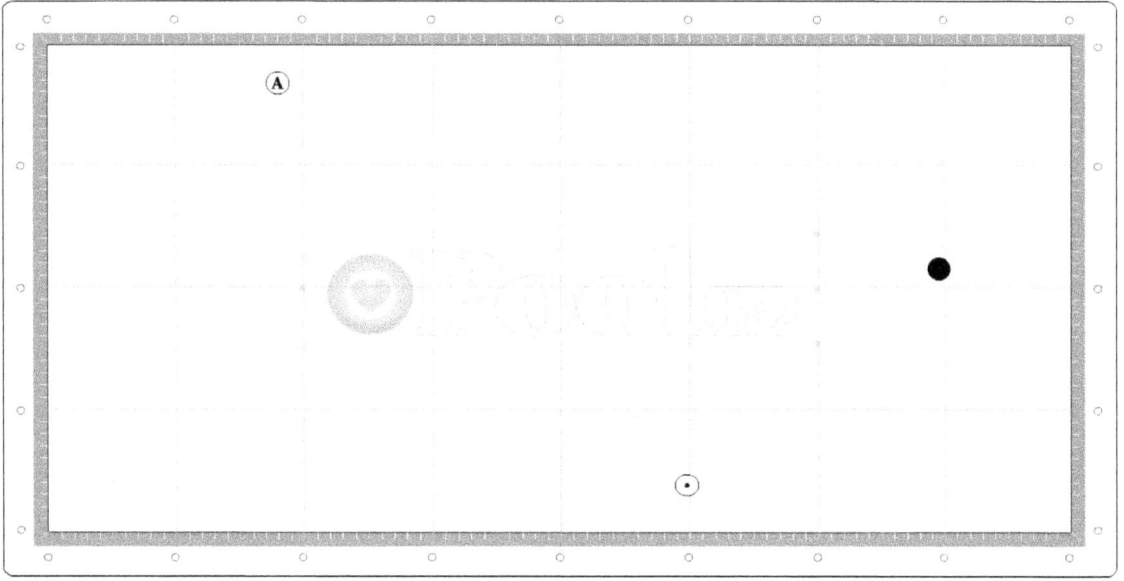

Notater og ideer:

Skudd mønster

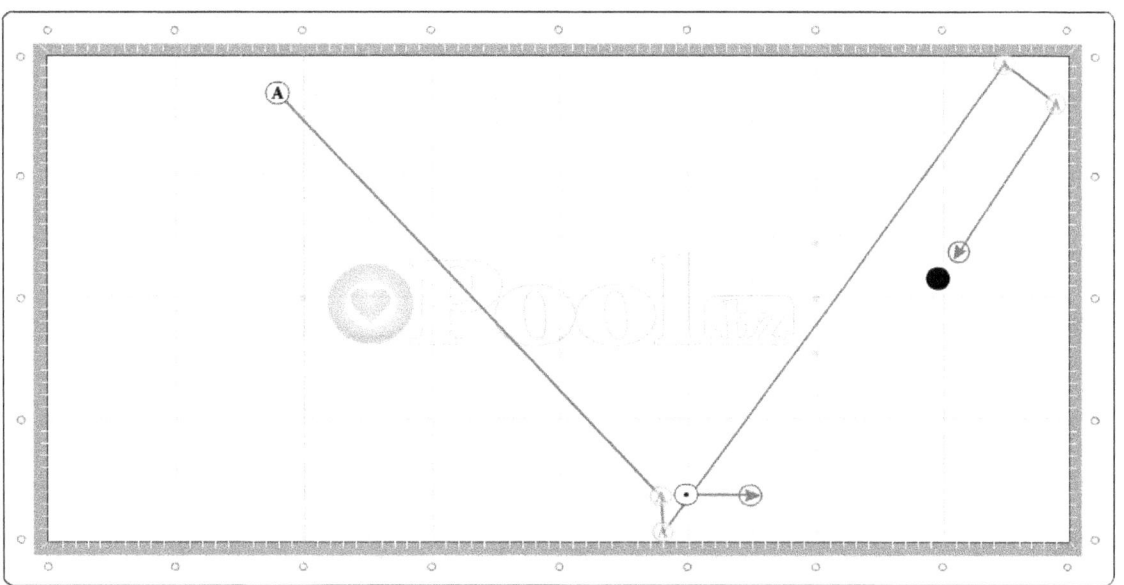

L: Gruppe 2

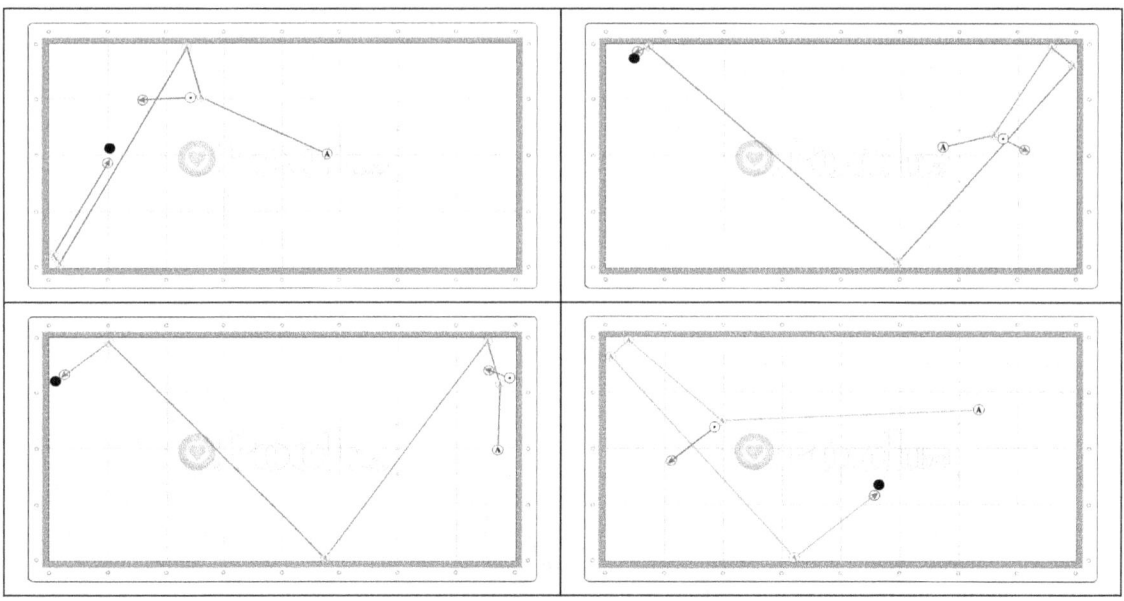

Analyse:

L:2a. _____

L:2b. _____

L:2c. _____

L:2d. _____

L:2a – Setup

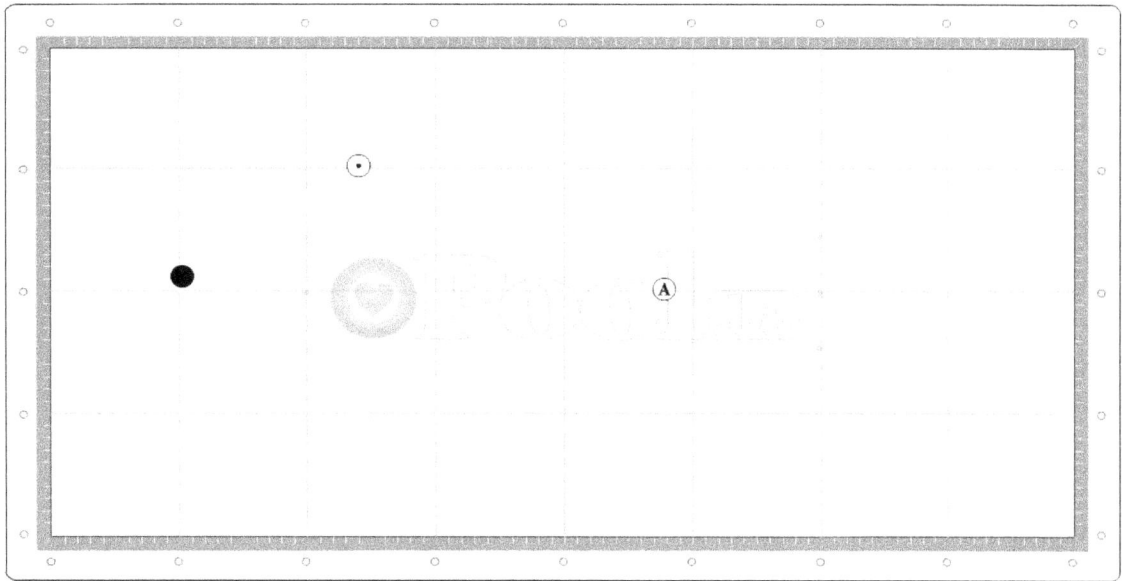

Notater og ideer:

Skudd mønster

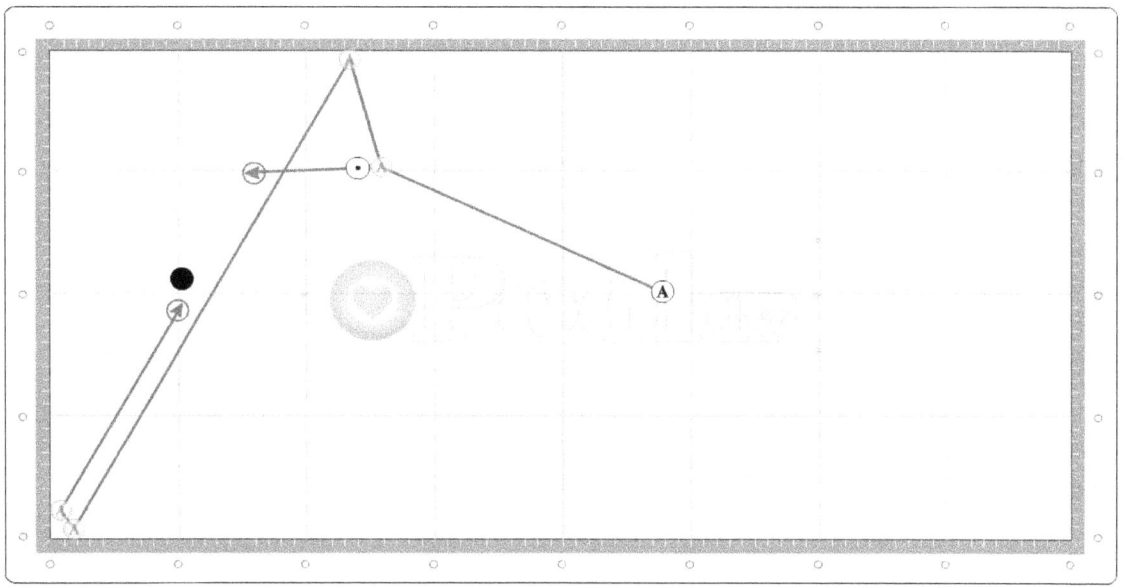

L:2b – Setup

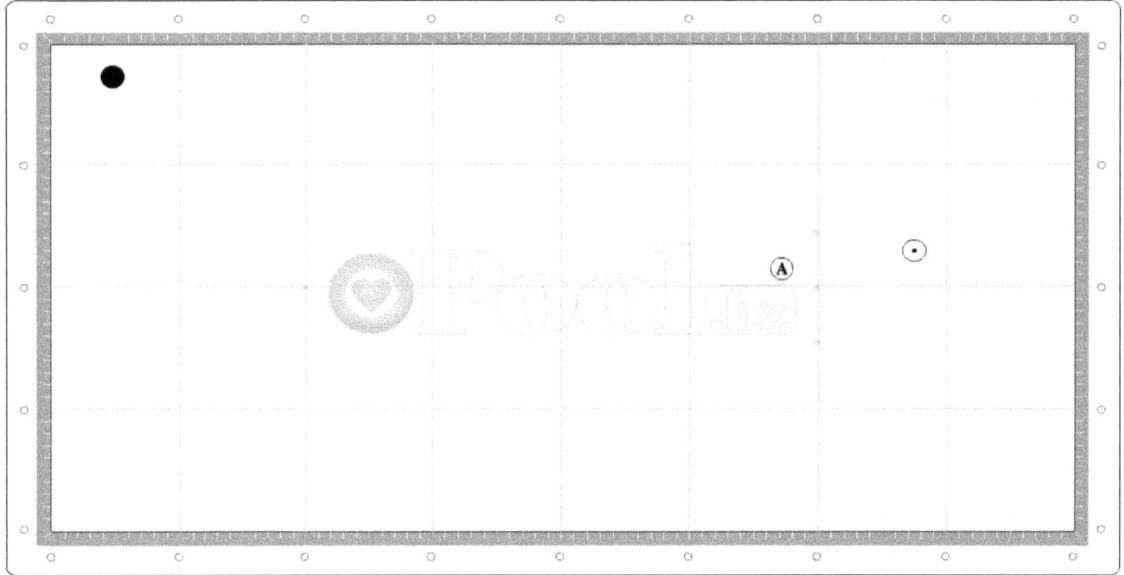

Notater og ideer:

Skudd mønster

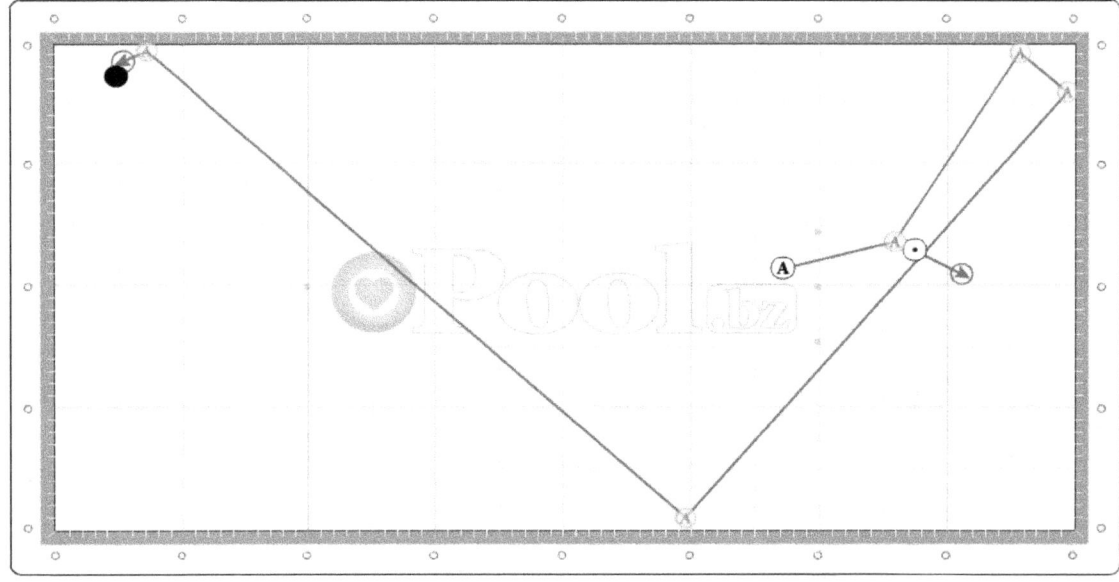

L:1c – Setup

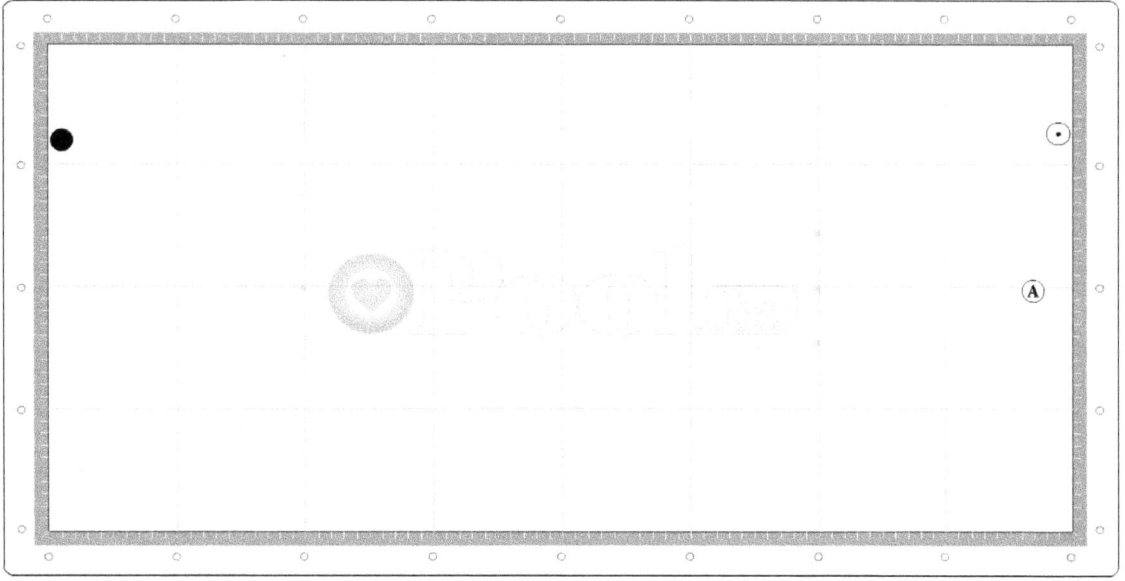

Notater og ideer:

Skudd mønster

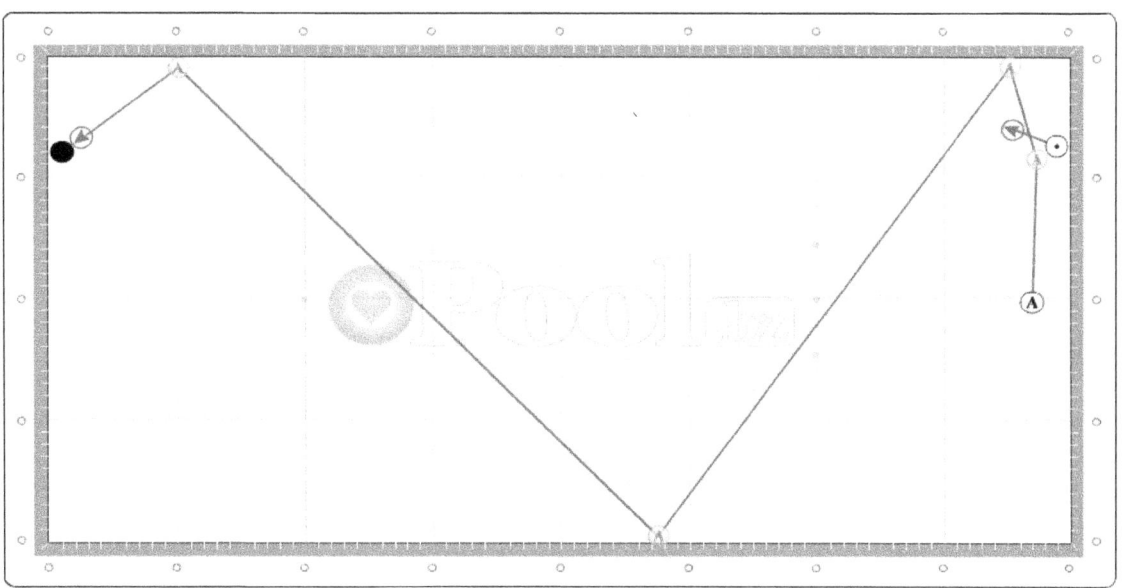

L:2d – Setup

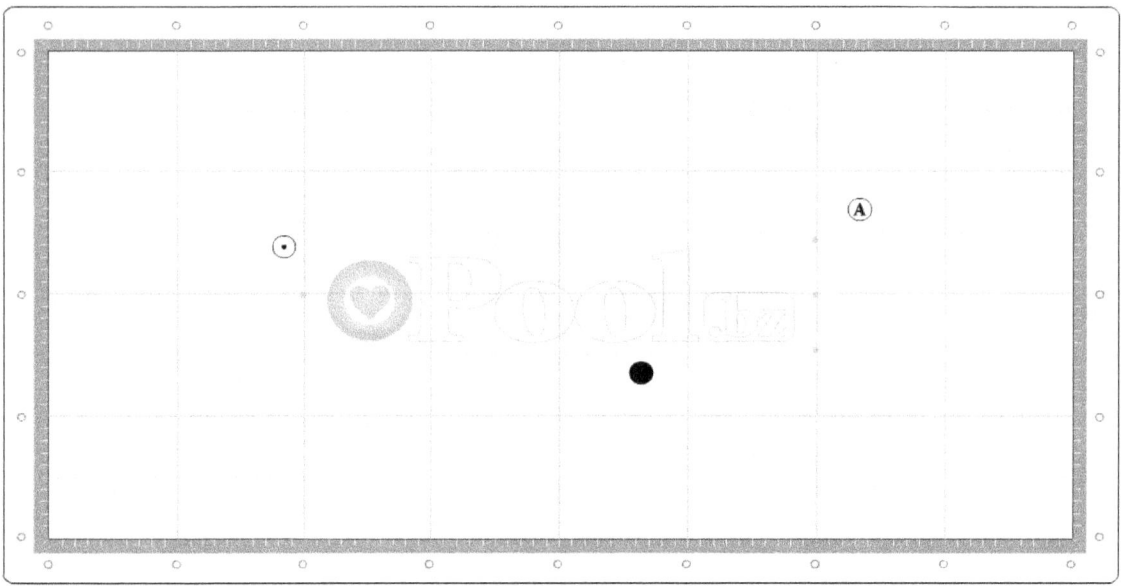

Notater og ideer:

Skudd mønster

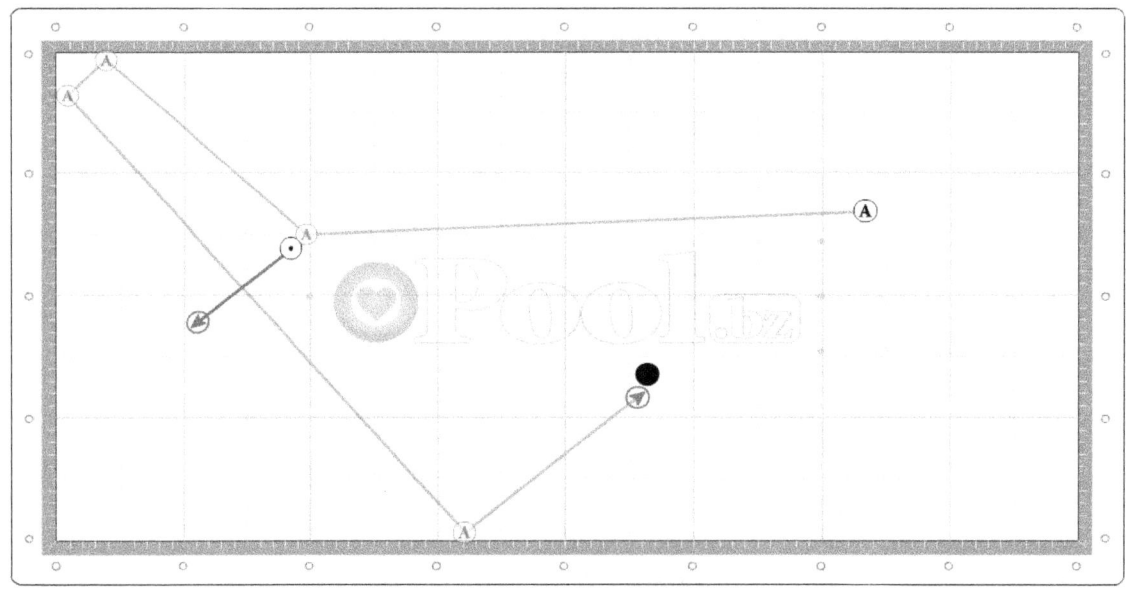

M: Utvendig hjørne retur (kort vant)

Den (CB) kommer av den første (OB) og deretter inn i hjørnet, kort vant først. Den (CB) klatrer bakken. På nedsiden kontakter (CB) den andre (OB).

Ⓐ (CB) (biljardkule) - ⊙ (OB) (motstander billiardball) - ● (OB) (rød biljardball)

M: Gruppe 1

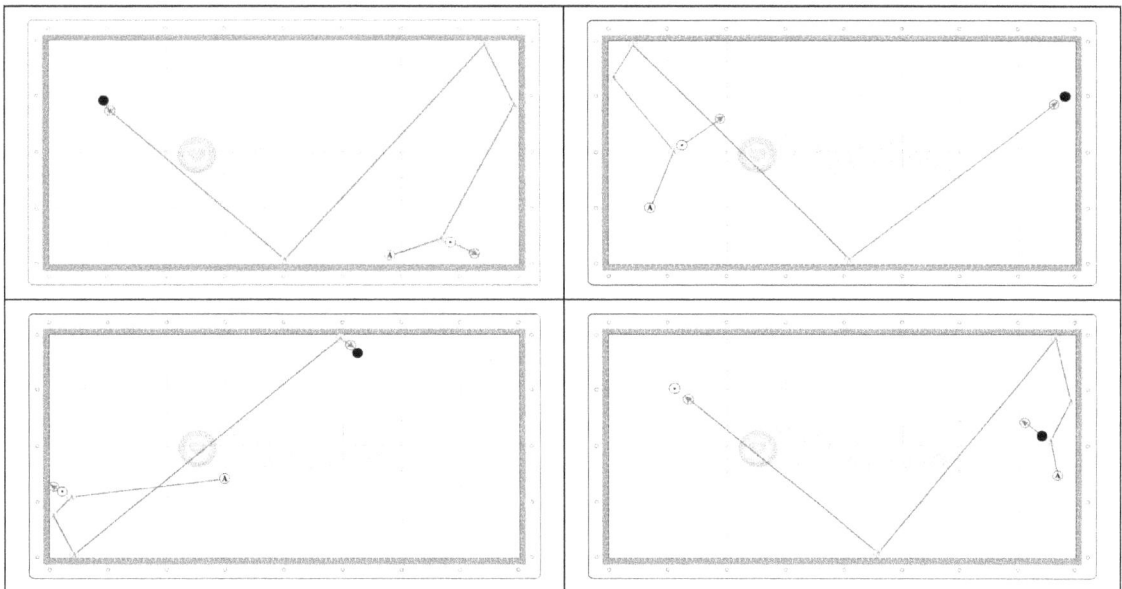

Analyse:

M:1a. _____

M:1b. _____

M:1c. _____

M:1d. _____

M:1a – Setup

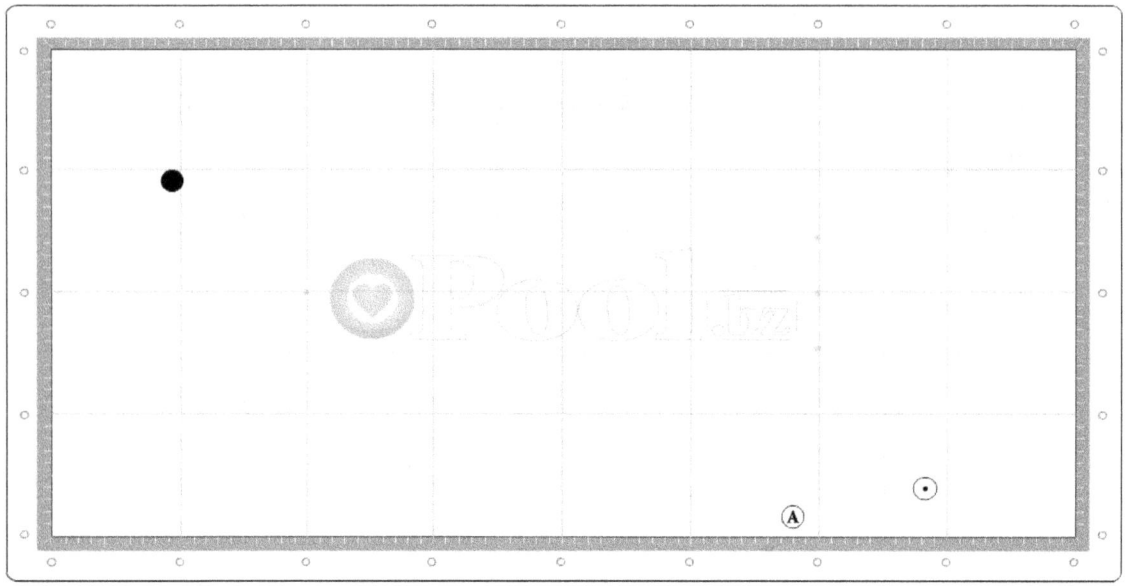

Notater og ideer:

Skudd mønster

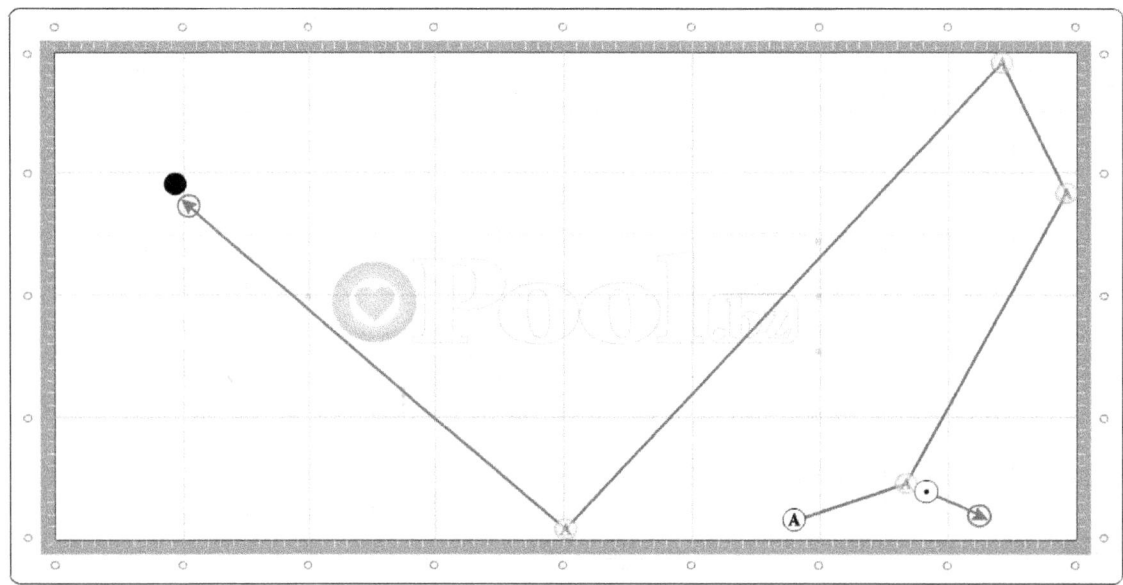

M:1b – Setup

Notater og ideer:

Skudd mønster

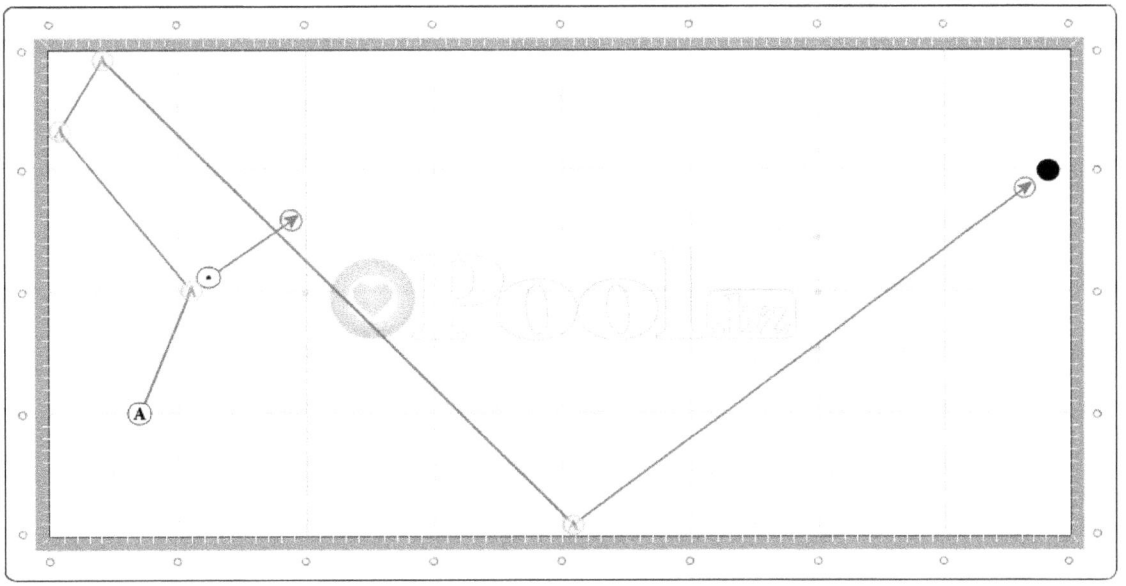

M:1c – Setup

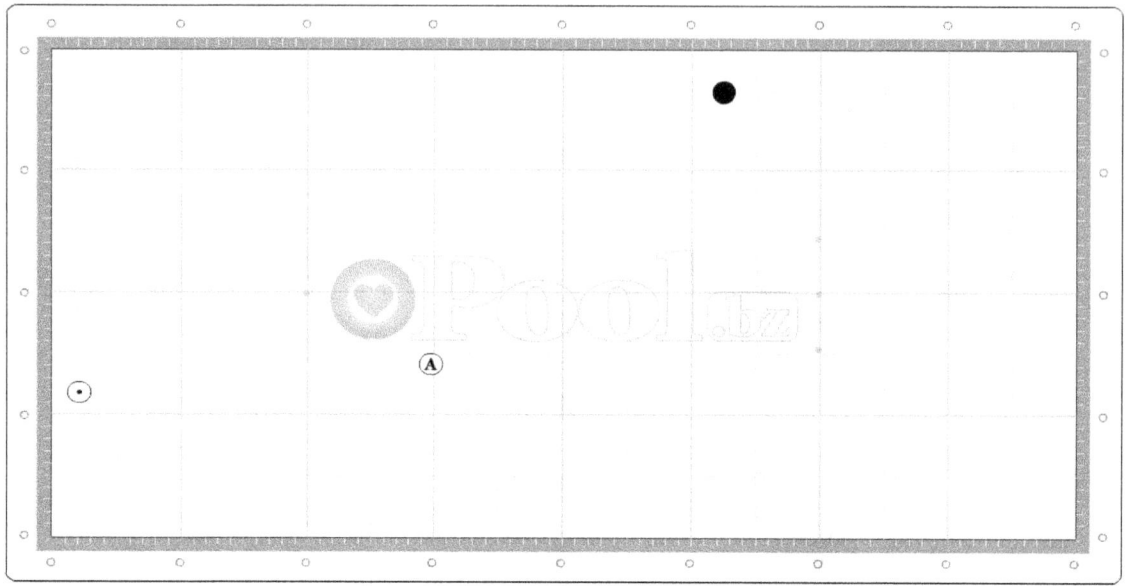

Notater og ideer:

Skudd mønster

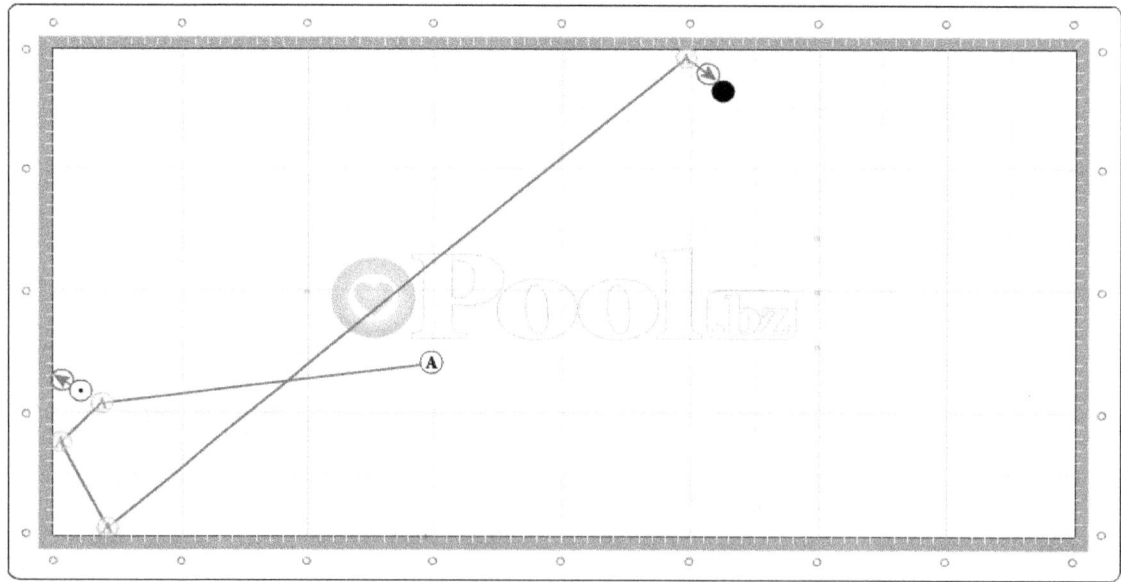

M:1d – Setup

Notater og ideer:

Skudd mønster

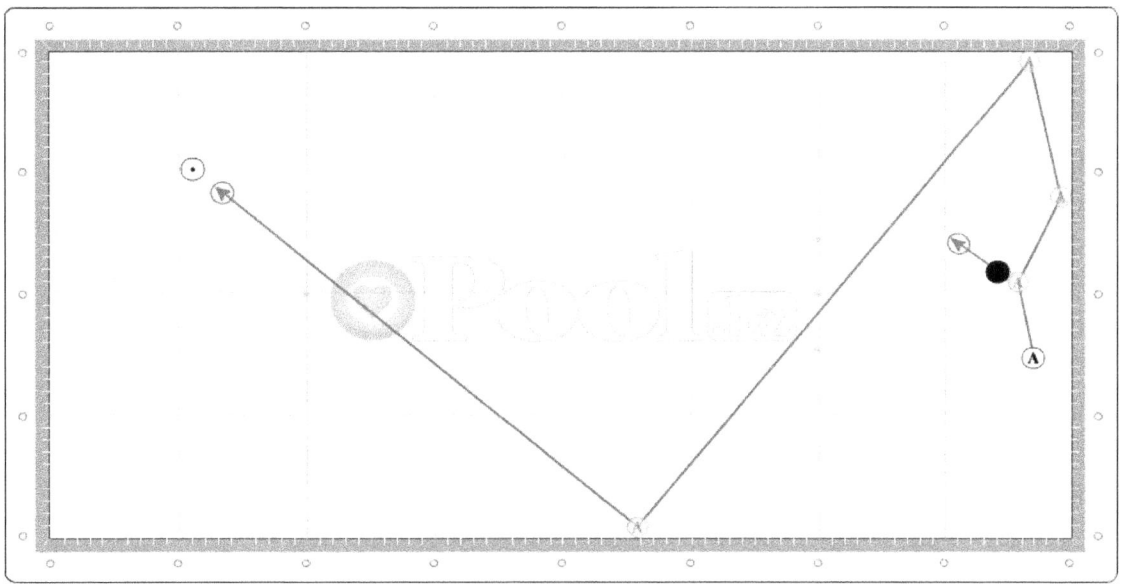

www.ingramcontent.com/pod-product-compliance
Lightning Source LLC
Chambersburg PA
CBHW080337170426
43194CB00014B/2600